일러두기

1. 단행본 도서는 겹낫표(『 』), 논문·보고서는 홑낫표(「 」), 신문·잡지는 겹화살괄호(《 》), TV 프로그램명은 홑화살괄호(〈 〉)로 표기했습니다.
2. 본문에 소개되는 단행본 중에 국내에 번역 출간된 경우에는 국내 번역서의 제목을, 미출간된 경우에는 원서 제목을 번역해 제목으로 표현했습니다.

위기인가 기회인가

트럼프의 귀환

위기인가 기회인가

조병제 | 전 국립외교원장 지음

트럼프의 귀환

월요일의꿈

트럼프가 다시 오고 있다

트럼프가 돌아오고 있다. 미국 정치에 돌풍을 일으키고 있다. '트럼프 1호기(Trump Force One)'라고 써 붙인 보잉 757을 몰고 다니는 슈퍼 부자 트럼프의 뒤를 미국의 '보통 사람들'이 신앙 같은 일체감으로 따라다닌다. 지난 2023년 3월부터 4건의 형사사건에 91개의 혐의를 둔 소송이 진행되는데도 당당히 공화당 대선 후보가 되어 오는 2024년 11월 바이든 대통령과 4년 만의 리턴매치를 한다.

37세의 나이에 뉴욕 한복판에 트럼프 타워를 지어 단숨에 억만장자로 등장한 부동산 사업가. 거래의 달인을 자처하고, 〈어프렌티스(The Apprentice)〉라는 리얼리티 쇼의 호스트로 "당신은 해고야(You're fired)!"라는 말을 유행시킨 도널드 J. 트럼프. 미국의 소외되고 버려진 보통 사람들을 대변하고 기득권을 뒤집겠다는 정치적 이단아 트럼프가 미국의 제45대 대통령에 당선된 것이 8년 전의 일이다.

트럼프는 그때까지 백악관을 거쳐 간 여느 대통령들과 달랐다. 통합이라는 기치를 내걸지 않았다. 오히려 사회와 언론을 '내 편 vs. 네 편'으로 갈랐다. 인종·종교·성별·문화의 차이를 이용해 분열을 격화시켰다. 진영을 구축하고, 진영 안의 지지자들과 함께 진영 밖의 적들과 싸웠다. 미디어와 사법부, 선거제도 등 자유주의의 제도적 기반을 공격했다. 나라 밖에서는 미국이 이끌어온 자유주의 국제질서를 팽개치고 미국의 이익을 최우선의 원칙으로 한다는 '아메리카 퍼스트(America First)'를 내세웠다. 북대서양조약기구(NATO, 나토) 유럽 회원국들이 약속한 만큼의 국방비를 지출하지 않으면, 미국도 방위 공약을 지키지 않겠다고 위협했다. 중국의 시진핑이나 러시아의 푸틴과 같은 권위주의 지도자들에게 친근감을 표시했다.

트럼프는 대통령이 되고 나서 처음 2년 동안 FBI 조사를 받았고, 재임 중 2번 탄핵 소추를 당했다. 2020년 대통령 선거 결과에 승복하기를 거부했다. 트럼프 지지자들은 미국 민주주의를 상징하는 의사당에 난입해 평화적 정권 교체 절차를 중단시키려고 했다. 세계 사람들이 충격을 받았다. 트럼프는 후임자의 취임식에 참석하지 않은 채 플로리다의 개인 리조트에 가버렸다.

그로부터 4년이 지나, 우리는 지금 미국 정치사상 유례가 없는 전직 대통령의 백악관 재도전 드라마를 보고 있다. 도전자는 4년 전의 선거가 부정선거였다고 주장한다. 바이든에게는 타이틀 방어전이지만, 트럼프에게는 '도둑맞은 승리'에 대한 설욕전이다. 트럼프는 2024년 대선의 목표를 '응징'으로 설정한다. 당선되면 바이든과 그 가족을 상대로 정치적 보복을 하겠다고 공언하고, 지난 정부 때 자기를 조사한 FBI를 포함한 정부 안의 숨은 권력 집단, 즉 '딥 스테이트'*를 색출해 제거하겠다고 천명한다. 11월 선거 결과가 어떻게 되

---

* 트럼프가 말하는 '딥 스테이트(Deep State)'는 국민에 의해 선출되지 않았으면서 정부라는 기관에 소속되어 정부의 권한을 실질적으로 행사하는 보이지 않는 권력 집단을 말한다.

든 지금까지만 놓고 보더라도 트럼프의 귀환이다.

미국의 대통령은 미국 국민이 뽑는다. 바이든을 뽑을지, 트럼프를 뽑을지는 미국 국민이 결정한다. 지극히 당연한 말인데, 세계의 많은 사람은 그 이상으로 관심을 집중한다. 초강대국 미국의 일거수일투족은 여전히 전 세계에 영향을 미친다. 오죽하면 "미국 대통령을 뽑을 때는 세계 모든 사람이 투표할 수 있어야 한다"라는 우스개 같지 않은 우스갯소리가 나왔을까.

트럼프가 2016년 대선에 출마했을 때 내걸었던 구호는 "미국을 다시 위대하게 만들자(Make America Great Again)"이다. 줄여서 'MAGA(마가)'라고 한다. 지금도 마찬가지다.

MAGA는 구체적으로 무엇을 추구하는가? 세 가지를 들 수 있다. 이민 제한, 제조업 회복, 그리고 해외개입 축소다. 단, 여기에 국한되지는 않는다. 미국을 위대하게 만드는 데 도움이 되는 것은 모두 MAGA 캠페인이 추구하는 목표다. 트럼프는 2021년 1월 백악관을 떠날 때 지난 4년의 업적을 내놓았다. 감세, 규제 완화, 공정하고 상호적인 무역질서 확립, 에너지 독립, 사법부의 보수화, 이민 통제, 해외개입 축소, 국방력 강화, 법과 질서, 낙태 반대 등이었다. 모두 트럼프가 생각하는 MAGA 의제들이다. 세 가지 목표는 이들을 압축한 것이다. 이민 통제, 사법부의 보수화, 법과 질서, 낙태 금지는 미국의 사회·문화적 보수가 추구하는 가치다. 감세, 규제 완화, 공정하고 상호적인 무역질서 확립과 에너지 독립은 제조업 재건에 포함된다. 국방력 강화는 해외개입 축소와 불가분의 관계에 있다. 지난 2023년 9월 애리조나주에서 한 어느 연설에서 바이든이 말했다. "MAGA는 우리의 민주주의적 제도에 대한 위협이다." 트럼프가 나중에 지지자들 앞에서 반박한다. "바이든은 MAGA가 무슨 뜻인지도 모른다. 미국을 위대하게 만들자는 데 반대한다고?" 미국의 이익을 우선하자는 '아메리카 퍼스트'는 MAGA 의제를 추구하는 접근법이자 자세이고 태도다.

트럼프가 플로리다로 내려간 다음 백악관에 들어온 바이든 신임 대통령은 "미국이 돌아왔다(America is back)"라고 선언했다. 트럼프 4년은 일탈이었으며, 이제 미국은 정상화되었다. 트럼프가 추진해온 MAGA 의제와 '아메리카 퍼스트' 접근법도 한쪽으로 밀려났다. 트럼프가 시행한 수많은 이민 통제 조치를 폐기하거나 완화했으며, 멕시코 국경의 장벽 건설도 중단했다. 기후변화협약에 다시 가입했고, 권위주의 연대에 대응하기 위해 다시금 동맹 네트워크 강화에 나섰다. 유럽에서는 NATO를 강화하고, 아시아에서는 인도태평양전략 강화에 나섰다. 한국에 대해서도 대북 억지를 중시하는 전통적인 정책 노선으로 돌아갔다. 바뀌지 않은 것도 있다. 중국과 '전략적 경쟁'의 틀은 그대로 유지했다. 트럼프가 설정한 기본 노선을 이름만 '중산층을 위한 외교'라고 바꾸었다. 환태평양경제동반자협정(TPP)을 대신해 인도태평양경제프레임워크(IPEF)를 구축했다.

바이든 집권 4년이 끝나가는 2024년 대선에서 트럼프가 다시 백악관을 차지할 것인가? 그렇게 되면 어떤 일이 일어날까? 트럼프의 귀환이 한국에게는 위기인가, 기회인가?

트럼프의 귀환, 즉 트럼프가 리턴매치에 나서고 미국 정치에 돌풍을 일으키는 현상 자체가 우리에게 갖는 의미는 크다. 트럼프 현상은 4년으로 끝난 일탈이 아니라, 8년을 이어오는 정치사회운동으로 자리 잡고 있다는 사실을 말한다. 8년 전과 지금의 트럼프 현상에 한 가지 눈에 띄는 차이가 있기는 하다. 2016년에 트럼프는 이란 핵협정 탈퇴, 중국과의 전략적 경쟁, 이민 통제, 해외개입 축소, 교역조건 개선 등 대외적인 요소를 강조했다. 이에 비해 이번에는 '민주당', '좌파', '공산주의자', '불법 이민', '범죄자', '가짜 뉴스', '딥 스테이트' 등 국내 정적(政敵)에 대한 공격이 더 날카롭다. 여기에는 트럼프가 생각하는 나름의 우선순위가 있다. 1차 행정부 때 이들 국내의 저항 세력 때문에 MAGA 의제를 제대로 추진하지 못했다는 판단이 깔려 있다. 2기 트럼프 행정부가 MAGA 의제를 제대로 추진하려면 국내 전열을 먼저 정비하는 것이 순서다. 그래야 대외정책에서도 '아메리카 퍼스트'를 원하는 방향으로 추진할 수 있다는 것이다.

자유주의 기본질서, 즉 자유민주주의와 시장경제는 어느 날 갑자기 하늘에서 툭 떨어진 것이 아니다. "인간 사회를 어떻게 조직하는 것이 좋을까?"라는 질문을 두고 수많은 사람이 고민하고 투쟁하고 희생하면서 찾고 가꾸어온 원리다. 1776년 독립선언 이후 미국에서 가장 완벽한 형태로 구현되었고, 1차 대전과 2차 대전 이후 미국의 패권에 따라 '자유주의적 국제질서'로 세계에 퍼져나갔다. 미국은 이 질서가 작동하는 기초로서 공공재를 제공했다. 이런 점에서 미국 국내의 자유주의 질서도, 국제사회에 구축한 자유주의적 국제질서도 모두 시간의 경과와 구체적인 환경을 배경으로 진화해온 역사적 산물이다. 미국 헌법이 제시하는 기본적 가치와 미국의 패권은 자유주의적 국제질서라는 동전의 양면을 이룬다.*

미국은 이 자유주의적 국제질서에서 '언덕 위의 빛나는 도시'였다.** 4년마다 치르는 선거에서 새로운 지도자를 뽑고, 그 결과에 승복하며, 정치적으로 보복하지 않고, 외교정책에서 초당주의(bipartisanship)를 지향하는 것이 '언덕 위의 빛나는 도시' 미국 정치가 자랑하는 특징이었다. 따라서 미국이 스스로 이 역할을 포기하거나 패권국으로서 공공재를 제공하지 않겠다고 하면, 자유주의 국제질서는 세력을 잃을 수밖에 없다.

세계가 트럼프의 재등장, 트럼프의 귀환에 관심을 가지는 이유가 여기에 있다. 트럼프가 진영의 정치를 하고 분열의 정치를 하면, 지금까지 미국이 주도해온 자유주의적 국제질서는 전도(前途)가 불확실해진다. 당연하다고 믿어온 질서가 당연하지 않게 되면, 그 자리에 어떤 새로운 질서가 들어설지 몰라 우리는 불안해진다.

세 가지 질문을 던지려고 한다. 트럼프에 대해, 트럼프의 정치에 대해, 그리고 트럼프의 재집권 로드맵에 대해 묻는다.

---

* 미국 패권이 주도하는 자유주의적 국제질서의 등장과 전개, 성과와 한계에 대해서는 G. 존 아이켄베리 지음, 홍지수 옮김 (2021), 『민주주의가 안전한 세상』, 경희대학교 출판문화원, pp. 272–318. 참고 바람.
** '언덕 위의 빛나는 도시(a shining city upon a hill)'는 1630년 3월 21일 청교도 목회자 존 윈스럽(John Winthrop)이 영국 사우샘프턴에서 미국 보스턴으로 향하는 이민자들에게 한 설교에서 나온 말이다. "새로운 공동체는 언덕 위의 도시처럼 모두 우러러보게 될 것이다." 이 말은 거의 200년 동안 잊혀 있었으나, 1961년 존 F. 케네디와 1980년 로널드 레이건이 인용하면서, 세계 속에서 미국의 역할을 상징하는 표현으로 미국 정치인들이 즐겨 사용하게 되었다.

첫째, 트럼프는 어떤 사람인가? 미디어를 통해 지극히 피상적으로만 보더라도 트럼프는 예사롭지 않다. 대중을 *끄*는 힘이 있다. 대중 집회에서 지지자들은 트럼프에게 열광한다. 신앙에 버금가는 수준이다. 그러면서도 트럼프는 괴짜다. 독설이든 욕설이든, 자극적인 말을 서슴없이 내뱉는다. 4개 사건에 91개 혐의로 진행 중인 형사소송도 웬만한 사람이면 그중 한 가지에만 부딪혀도 당황할 수 있으련만, 트럼프는 그렇지 않다. 적어도 겉보기에는, 지금까지도 *끄*떡없다. 트럼프의 성격은 어떤 특징을 갖고 있으며, 그것이 미국의 대내외 정책에 어떤 영향을 미칠 것인가? 어떻게 하면 트럼프의 마음을 붙잡고 트럼프와 거래할 수 있을까? 트럼프를 상대할 때 유념할 사항은 무엇인가?

둘째, 트럼프는 어떤 정치를 하는가? 트럼프는 2016년 대선을 앞두고 정치권의 다크호스로 등장했다. 미국 정치의 양대 산맥의 하나인 공화당의 후보로 나섰지만, 애당초 공화당의 정책 플랫폼과는 거리가 멀었다. 공화당 조직에 기대지도 않았다. 오히려 공화당의 바깥에 진영을 구축하고, 거기서 공화당을 공격하고 장악해 들어갔다. 트럼프는 미국 정치의 이단아였다. 그러고는 지난 8년 동안 진영과 분열의 정치를 하면서 공화당을 자기 이미지에 따라 완벽하게 개조했다. 재임 중에 두 번 탄핵 소추를 당했지만, 다시금 대통령이 될 가능성을 눈앞에 두고 있다. 어떻게 가능했는가? 트럼프는 지지자들과 어떻게 소통하는가? 지지자들은 왜 트럼프에게 열광하는가? 백악관 4년에서 트럼프는 무엇을 했고 무엇을 못 했으며, 그 4년을 어떻게 되돌아보고 있을까?

세 번째는 트럼프의 귀환에 관한 이야기다. 2021년 1월 바이든 취임식에도 참석하지 않고 플로리다에 내려갔을 때 트럼프는 미국 정치에서 유일하게 두 번이나 탄핵 소추를 당한 전직 대통령이었다. 특히 미국 헌정사상 유례가 없는 의사당 난입을 사주한 책임으로 많은 사람이 트럼프 곁을 떠나갔다. 재임 중의 일로, 또는 그 전에 사업가 시절의 일로 민사·형사상의 법률적인 문제도 산적해 있었다. 그런데 그 트럼프가 다시 돌아오고 있다. 떠나가는 지지층을 어떻게 돌려세웠을까? 트럼프는 새로운 백악관 4년을 어떻게 준비하고 있을까? 트럼프 2기 행정부가 성립된다면, 우리는 어떤 연속성과 변화를 기대해야 하는가?

이 책의 본문은 3개 단락으로 구성된다. 위에서 던지는 3개의 질문에 대응하는 방식이다.

1부는 출생과 성장, 그리고 트럼프의 성격이라는 두 개의 장으로 이루어진다. 트럼프의 성격에 관한 부분은 트럼프가 사람을 만나고 소통할 때 드러내는 특성들을 중심으로 정리했다. 트럼프라는 사람을 이해하고 행동을 예상하고 정책을 예측하는 데 참고할 수 있는 사항들이다.

2부는 트럼프의 정치에 관한 네 개의 장이다. 1장은 미국 정치의 이단아 트럼프가 어떻게 정치 분열의 주범인 진영정치의 한복판에 뛰어들었는지, 2장은 트럼프가 내세우는 '아메리카 퍼스트' 접근법이 실제 어떤 정책으로 나타나는지, 3장은 정치적 이단아로 등장한 트럼프가 미국 정치 양대 계보의 하나인 공화당과 어떤 관계를 맺고 그것을 어떻게 바꾸어놓는지를 들여다본다. 그리고 4장은 트럼프가 백악관에 있던 4년의 경험, 특히 2년을 끈 러시아 스캔들 특검 수사와 두 번의 탄핵 소추가 트럼프에게 어떤 영향을 미쳤는지를 정리해본다.

3부는 2021년 1월 퇴임 이후 트럼프의 재집권 로드맵에 관한 이야기다. 1장은 정치적 재기를 위해 트럼프가 어떻게 준비하고 활동했는지, 2장은 자기에게서 멀어지는 지지층을 어떻게 다시 돌려세웠는지, 그리고 2024년 대선에서 이기기 위해 어떤 정치적 연대를 구축하고 있는지, 3장은 트럼프의 두 번째 '아메리카 퍼스트' 접근법이 이전의 트럼프 행정부와 비교해 어떤 계속성과 차이점을 지닐 것인지를 살펴본다.

마지막으로, 트럼프의 귀환이 한국에게는 어떤 의미를 갖는지 함께 고민해보고자 한다. 한국은 해방 이후부터 미국의 영향권에서 국가 정체성을 만들어왔다. 한국은 자유민주주의와 시장경제 속에서 경제발전과 민주화를 이루었고, 세계 10대 강국의 하나로 성장했다. 한국은 자유주의 질서를 당연한 것으로 여겨왔다. 시장은 수요와 공급의 법칙에 따라 움직이며, 자유와 인권은 사람이 태어나면서부터 누릴 수 있는 권리라고 보았다. 모든 사람이 법 앞에 평등하다는 것도 의심의 여지가 없는 진리라고 믿었다. 한미동맹과 주한미군은 한국전쟁이 끝난 이후 지금까지 우리 곁을 떠난 적이 없다.

그런데 트럼프의 귀환으로 이 자유주의 국제질서의 앞날이 불확실해진다. 미국은 '언덕 위의 빛나는 도시'로서 역할을 계속할지 말지를 재고 있다. 2차 대전 이후 패권국가로서 제공해온 공공재를 더이상 당연하게 여기지 말라고 한다. 걸핏하면 주한미군도 철수시킬수 있다고 한다. 우리에게는 참으로 낯선 상황이다.

지난번에 트럼프가 백악관에 있을 때 한반도 정세는 롤러코스터를 탔다. 트럼프가 대통령에 취임한 2017년 한국은 국내의 탄핵 정국으로 광화문 거리가 마비되었고, 북한은 연일 핵미사일을 쏘아댔다. 트럼프는 동해에 항공모함 전단을 진입시키고 '죽음의 백조'라는 전략폭격기 B-1B를 비행시켰다. 2017년 트럼프는 '화염과 공포'를 상징했다.

그로부터 반년이 지난 2018년 6월 트럼프는 싱가포르에서 김정은 위원장과 마주 앉았다. 금방 전쟁이라도 시작할 것만 같던 북한과 미국의 지도자가 악수하고, 식사하고, 대화하고, 문서에 함께 서명하는 모습은 초현실적이었다. 트럼프는 원하기만 하면 한반도에 '항구적인 평화'를 가져다줄 수 있는 사람으로 보였고, 실제로 그 순간에는 한반도에 평화가 도래한 것만도 같았다. 트럼프에 대한 우리 기억은 이렇게 전쟁과 평화의 극단을 오갔다.

2기 트럼프 행정부가 성립한다면 한국에는, 한반도에는 어떤 일이 일어날까? 한국은 이 낯선 상황을 어떻게 기회로 전환할 수 있을까?

차례

DONALD

★ ★ ★

1부

트럼프의 성장과 성격

TRUMP

1장 출생과 성장

트럼프는 1946년 6월 14일 뉴욕시 퀸스(Queens)에서 프레드 트럼프(Fred Trump)의 5남매 가운데 넷째로 태어났다. 할아버지 프레더릭 트럼프(Frederick Trump)는 16세 때인 1885년 독일에서 이민해 왔다. 새로운 환경에서 어렵게 살다가 1918년 스페인 독감이 유행할 때 사망했다. 아버지 프레드는 생계를 돕기 위해 어릴 때부터 구두닦이와 막노동 등 닥치는 대로 일하다가 고등학교를 졸업하면서 주택건축을 시작했다. 소규모지만, 부동산 개발업자가 된 셈이다. 트럼프의 어머니 메리 앤(Mary Anne)은 스코틀랜드에서 태어나 미국으로 건너왔다. 이민 1세대였다.

트럼프는 위로 큰누나 메리앤(Maryanne), 형 프레드 주니어(Fred Jr.), 둘째 누나 엘리자베스(Elizabeth) 다음 넷째로 태어났다. 아래로 동생 로버트(Robert)가 있다. 5남매는 뉴욕 퀸스의 부자 동네 자메이카 에스테이츠(Jamaican Estates)에서 어려움 없이 지냈다. 이렇게 백인 중심의 환경에서 자란 배경이 나중에 트럼프가 이민을 반대하고 미국의 전통 가치를 강조하는 데 영향을 미쳤다고 미루어 짐작할 수 있다.

유치원에서 7학년까지 동네 사립학교에 다닌 트럼프는 13세 때 뉴욕사관학교(New York Military Academy)에 들어갔다. 이름은 사관학교지만, 군사학교는 아니었다. 비교적 규율이 엄격한 중등 사립학교였다. 이 학교에서 트럼프는 싸움도 많이 하고 장난도 많이 치는 사고뭉치였다. 그래도 야구, 미식축구, 농구, 테니스 등 여러 스포츠를 잘했다. 18세 되던 1964년 뉴욕에 있는 가톨릭 계통의 포덤(Fordham)대학에 입학했다. 2년 뒤 펜실베이니아의 와튼스쿨(Wharton School)로 옮겨 1968년에 졸업했다. 트럼프는 장녀와 장남도 와튼스쿨에 보냈다. 그만큼 와튼을 좋아하고, 와튼 출신이라는 것을 자랑스러워한다. 다만 와튼에서의 생활이 어떠했는지, 성적이 어떠했는지는 거의 알려지지 않았다. 2006년부터 2018년까지 트럼프의 개인변호사로 일했던 마이클 코언(Michael Cohen)은 트럼프가 첫 번째 대선 출마를 선언한 2015년에 자기가 다닌 고등학교와 대학교에 편지를 보내 성적을 포함한 일체 기록을 공개하지 못하도록 했다고 증언한 적이 있다.[1]

대학에 있을 때 트럼프는 베트남전쟁 징집 대상이었다. 징집 적합 판정을 받았지만, 학업을 이유로 매번 연기 처분을 받았다. 대학을 졸업한 다음 1968년 10월 실시한 신체검사에서 의료 문제를 이유로 조건부 징집 연기 처분을 받았으며, 1972년에는 뼈가 비정상적으로 성장하는 '골극(骨棘, bone spur)'이라는 병을 이유로 징집 면제 판정을 받았다.

트럼프는 1977년 체코 출신의 모델 이바나 젤니치코바(Ivana Zelníčková)와 결혼했다. 두 사람 사이에서 1977년에 도널드 주니어(Donald Jr.), 1981년에 장녀 이방카(Ivanka), 1984년에 차남 에릭(Eric)이 태어났다. 이바나는 1988년에 미국 시민권을 획득했으나, 1990년에 트럼프와 이혼했다. 트럼프가 영화배우 말라 메이플스(Marla Maples)와 바람을 피웠기 때문이다. 트럼프는 1993년 메이플스와 두 번째로 결혼했다. 1993년에 딸 티파니(Tiffany)를 낳았다. 그러나 두 사람의 결혼은 1999년에 이혼으로 끝났다. 2005년 트럼프는 슬로베니아 출신의 모델 멜라니아 나우스(Melania Knauss)와 세 번째로 결혼했다. 두 사람 사이에서 2006년에 아들 바론(Barron)이 태어났다.

트럼프는 어릴 때 기독교 계통의 주말학교에 다녔고, 13세 때 장로교회에서 세례를 받았다. 1970년대 트럼프의 아버지는 온 가족을 뉴욕 혁신교회의 하나인 '마블 협동교회(Marble Collegiate Church)'로 옮겼다. 이 교회의 노먼 빈센트 필(Norman Vincent Peale) 담임 목사는 미국 번영신학(prosperity theology) 초기 전도자의 한 사람이며, 1952년에 우리에게도 잘 알려진 『노먼 빈센트 필의 긍정적 사고방식(The Power of Positive Thinking)』이라는 책을 썼다. 이 책의 핵심은 하나였다. "성공하고 있는 자신의 모습을 마음에 새겨 넣으라. 절대로 그 모습이 흐트러지지 않게 하라." 필 목사는 50년 넘게 목회 활동을 하는 동안 《뉴욕타임스》 베스트셀러를 포함해 40권 이상의 책을 썼으며, TV 쇼에도 자주 출연했다. 트럼프가 좋아할 만한 유형의 사람이었다. 필 목사는 트럼프의 첫 번째 결혼을 주재했다. 트럼프는 두 번째 부인 말라 메이플스도 이 교회에서 만났다. 그 때문에 필 목사가 주례를 선 첫 번째 결혼이 끝나고 말았으니, 공교롭다면 참 공교로운 인연이다. 필 목사는 1993년에 세상을 떠날 때까지 트럼프 가족의 신앙생활을 보살폈다.

트럼프는 필 목사의 설교를 좋아했다.

그는 누구보다 설교를 잘했다. 놀라운 대중 연설가였다. 90분의 설교가 끝나면 사람들은 왜 더 계속하지 않느냐고 했다.[2]

트럼프는 필 목사가 세상을 떠난 다음에도 번영신학에 가까이 머물렀다. 트럼프가 대선에 출마할 때 그를 TV 복음교회 목회자들과 연결해준 것이 플로리다에서 복음주의를 설파하고 있던 폴라 화이트(Paula White) 목사였다.[3] 화이트는 2016년 6월 뉴욕에서 트럼프를 위해 대규모 복음주의 모임을 만들었으며, 트럼프 캠페인에서 복음주의 자문단을 만들고 이끌었다. 화이트 목사는 여성 목회자로서는 드물게 트럼프 취임식에 참석하여 기도했다. 취임식 기도는 화이트 목사 외에도 가톨릭과 성공회 지도자 각 1명, 신교에서 흑인과 히스패닉계 지도자 각 1명, 유대교 지도자 1명 등 모두 6명의 종교지도자들이 진행했다. 트럼프는 2019년 11월 폴라 화이트를 백악관 홍보실에 불러들여, 신앙과 기회(faith and opportunity)에 관한 업무를 담당하게 했다. 대선을 앞두고 복음주의 교회와 유대를 강화하기 위한 노력이었다.

트럼프는 학교에 다닐 때 만능 스포츠맨이었으나 지금은 골프를 즐긴다. 트럼프가 골프를 칠 때는 대부분 카트를 타고 다닌다. 큰 운동이 될 리 없다. 트럼프는 운동을 너무 많이 하면 마치 배터리가 소모되듯이 신체 에너지가 방출되어버리기 때문에 좋지 않다고 주장한다.[4]

2015년 대선 출마를 선언할 때, 트럼프는 '역대 대통령 후보자 중 가장 건강한 사람'이라고 하는 주치의의 편지를 공개했다. 그러나 2018년 이 주치의는 "당시 편지는 트럼프가 불러준 대로 쓴 것"이라고 한 바 있다.[5]

의료 기록을 공개하든 안 하든 지금도 트럼프가 전국을 돌며 지지자들을 만나고 연설하는 모습을 보면, 나이에 비해 매우 건강한 것은 틀림없다.

사업가로서 성장

나이 24세가 되던 1968년 트럼프는 아버지 회사 트럼프 매니지먼트(Trump Management)에서 일을 시작했다. 아버지는 백인 중산층이 많이 사는 뉴욕 교외 지역에서 주택임대업을 하고 있었다. 3년이 지난 1971년에 트럼프는 아버지 회사에서 독립해 자기 회사를 따로 만들었다.

트럼프는 자기 스스로 자수성가한 억만장자라고 한다. 처음 사업을 시작할 때 아버지로부터 100만 달러를 빌렸고, 나중에 이자를 붙여 상환했다고 주장한다.[6] 2018년 《뉴욕타임스》는 트럼프가 2018년 화폐가치로 적어도 4.1억 달러를 아버지로부터 빌렸다고 보도했다.[7]

트럼프는 부동산 사업에서 남다른 재능을 발휘했다.

트럼프는 1987년 『거래의 기술(Trump: The Art of the Deal)』을 출판했다. 트럼프의 성공 이야기다. 《뉴욕타임스》 베스트셀러에 올라 처음 연속 13주, 모두 합쳐 48주 동안 머물렀다. 이 책에 나오는 트럼프는 무에서 유를 창조하는 거래의 달인이다. 장기적 안목과 치밀한 판단력, 과감한 결단력과 그칠 줄 모르고 솟아나는 에너지를 갖춘 기업인이다. 이 책은 트럼프가 직접 쓴 것이 아니다. 트럼프 이름으로 나왔지만, 토니 슈워츠(Tony Schwartz)라는 대리 작가가 썼다. 그래도 이 책의 주인공이 트럼프라는 사실에는 변함이 없다.

트럼프는 『거래의 기술』에서 자신을 부동산업자로 성공시켜준 3개의 프로젝트를 소개했다. 첫째, 오하이오주 신시내티에 있는 스위프턴 빌리지(Swifton Village) 아파트 개조사업이었다. 1962년 아버지가 570만 달러에 사들인 이 아파트를 리모델링해 1972년 약 1,200만 달러에 팔아넘겨 배 이상의 이익을 남겼다. 두 번째로 1970년대 중반 뉴욕 맨해튼 그랜드 센트럴 터미널 인근에 있던 우중충하고 낡은 코모도호텔(Commodore Hotel)을 개조했다. 약 7,000만 달러의 건축 비용은 아버지가 하얏트호텔과 함께 보증을 서주었으며, 어려운 협상 끝에 뉴욕시로부터 약 4억 달러의 세금 감면 혜택을 얻어냈다.[8] 1980년 뉴욕 번화가에 객실 1,400개를 가진 25층 높이의 대리석으로 된 현대식 호텔을 탄생시켰다. 세 번째는 트럼프 타워 건설이었다. 이 프로젝트는 트럼프를 일약 뉴욕 최고 부자의 반열에 올려주었다.

트럼프가 '트럼프 타워'라는 자기 이름을 붙인 빌딩을 처음으로 꿈꾼 것은 29세 때인 1975년이었다. 맨해튼 5번로 57번가(57 Fifth Avenue)에 '본위트 텔러(Bonwit Teller)'라는 빌딩이 있었다. 어느 날 트럼프는 이 빌딩을 소유한 제네스코(Genesco) 사가 소유경영권 분쟁에 휘말렸다는 신문 기사를 읽었다. 이때부터 트럼프는 여기에 자기 이름을 붙인 거대한 빌딩을 짓는 꿈을 꾸기 시작했다. 3년이 지난 1978년의 어느 날 제네스코 사가 경영 악화로 파산했다. 트럼프는 즉시 파산 관리를 맡은 하니건(Hanigan)을 찾아가 본위트 텔러를 자기에게 팔라고 제의했다. 마침내 건물과 29년간의 토지임대권을 2,500만 달러에 매입하기로 했다.

매입이 결정되자, 트럼프는 정식 계약서를 쓰기에 앞서 매매의향서를 쓰자고 제의했다. 의향서를 받아든 트럼프는 은행으로 달려갔다. 의향서를 내보이고 건물 매입에 필요한 돈을 빌렸다. 그리고 다시 하니건을 찾아가 정식 계약을 체결했다. 자기 돈은 한 푼도 쓰지 않고 2,500만 달러짜리 건물을 손에 넣었다. 그런 다음 트럼프는 주변 건물의 소유자들을 찾아다녔다. 트럼프는 이렇게 사들인 모든 토지를 합쳐 그 위에 70층짜리 초고층 빌딩을 세우기로 했다. 설계는 뉴욕시 도시계획 담당자들과 친분이 있는 데르 스컷(Der Scutt)에게 맡겄다. 마침내 뉴욕시의 승인을 얻어 68층의 트럼프 타워가 구체화되었다.

트럼프는 이 건물을 뉴욕에서 가장 호화로운 주상복합 공간으로 만들기로 했다. 최고의 자재를 사용해 최고의 부와 신분을 상징하는 건물을 만들기로 했다. 뉴욕 최고가 된다는 광고에 끌려 뉴욕의 돈 많고 지위 높고 과시욕 강하고 호기심 많은 사람들이 몰려들었다. 이렇게 사전 분양을 통해 모은 돈으로 공사비의 대부분을 조달했다. 1980년 3월 공사를 시작한 트럼프 타워는 3년 후 완공되어 뉴욕의 스카이라인을 바꾸어놓았다. 263채의 최고급 아파트가 들어섰다. 트럼프는 아파트 맨 꼭대기 층에 1만 2,000평방미터 규모의 자기 주거 공간을 마련했다. 37세의 트럼프는 단숨에 뉴욕의 억만장자 반열에 뛰어올랐다.

트럼프 타워는 사업가로서 트럼프의 사업방식과 특징을 잘 드러내준다. 트럼프는 자기 돈을 쓰지 않았다. 썼더라도 드러나지 않았으니까 많은 돈을 쓰지는 않았을 것이다. 뛰어난 안목과 기획력, 말과 추진력으로 얻어낸 성과였다. 새로 지은 건물에 자기 이름을 붙여 트럼프라는 브랜드를 만들었다. 트럼프라는 브랜드는 돈과 권력, 그리고 호화로움의 대명사가 되었다. 1984년 트럼프는 애틀랜틱시티의 타지마할 카지노를 인수해 카지노 사업에 뛰어들었다. 1985년에는 1,000만 달러를 들여 플로리다 팜비치에 있는 스페인풍의 호화 빌딩 마라라고(Mar-r-Lago)를 사들였다. 지금도 트럼프의 대선 캠페인 본부로 쓰이는 이 건물은 1920년대에 이탈리아산 대리석을 이용해 지은, 객실 458개와 욕실 33개, 그리고 근무자 숙소가 따로 있는 거대한 별장 건물이다. 매입 당시 집값으로 약 500만 달러, 가구 구입에 300만 달러, 그리고 해변 교두보 설치에 200만 달러를 들였다.[9] 1995년에 이 시설을 회원 전용 클럽으로 전환했으며, 건물 한쪽을 트럼프가 개인 용도로 사용하고 있다. 1983년 트럼프는 미식축구 팀 뉴저지 제너럴스(New Jersey Generals)를 인수했다. 1988년에는 애틀랜타에서 마이크 타이슨을 초청해 복싱 시합을 주최했다. 1989년과 1990년에는 프랑스의 사이클 경주 투르 드 프랑스(Tour de France)를 본뜬 투르 드 트럼프(Tour de Trump)를 시도했다.[10] 1988년 이스턴 에어라인 셔틀(Eastern Airline Shuttle)을 매입해 트럼프 셔틀(Trump Shuttle)로 이름을 바꾸어 1992년까지 운영했다. 1996년부터 2015년까지 미인대회 미스 유니버스(Miss Universe)를 운영했다.

1999년 이후 트럼프는 모두 16개의 골프장을 사들이거나 만들었다. 2022년 7월 현재 미국에 12개, 스코틀랜드에 2개, 아일랜드에 1개, 아랍에미리트(UAE)에 1개가 있다.[11] 트럼프는 대통령으로 재임한 1,461일 중 428일을 트럼프 지주회사가 경영하는 호텔에 숙박했으며, 모두 261차례 골프 라운딩을 했다. 5, 6일마다 한 번꼴로 골프를 쳤다.[12] 《뉴욕타임스》 베스트셀러 『거래의 기술』 외에도 트럼프는 지금까지 거의 20권에 이르는 책을 냈다. 대부분 다른 작가를 고용해 썼다.[13] 잠시도 가만히 있지 못하고 무언가를 만들어내는 트럼프의 모습을 보여준다.

트럼프는 언론에 노출되고 TV에 출연하는 것을 즐겼다. 2004~

2008년 사이 자신이 직접 짧은 라디오 대담 프로그램을 만들었으며, 2011~2015년에는 매주 한 번 폭스뉴스(FOX News)에 출연했다. 2004~2015년 사이 리얼리티 쇼 〈어프렌티스〉와 〈셀러브리티 어프렌티스(The Celebrity Apprentice)〉를 제작하고 자신이 호스트가 되어 진행했다. 11년간 이어진 이 쇼는 트럼프라는 이름을 전국에 알렸다. 이 쇼에서 트럼프는 일을 잘 못하는 직원에게 "당신은 해고야!"라고 거침없이 말한다. 자수성가한 슈퍼 부자 기업인으로서 권력을 행사할 줄 알고 책임감 있는 인물로 이미지를 구축했다. 트럼프에게는 대통령이라는 자리도 리얼리티 쇼와 비슷하게 보였다. 공화당 후보로 확정된 2016년 7월 어느 인터뷰에서 트럼프는 "리얼리티 쇼와 대선 캠페인은 규모에서 차이가 있을 뿐이다. (대통령 입후보가) 200배, 아마도 1,000배는 큰 것 같다"라고 했다.[14]

트럼프가 성장하는 과정에서 크게 영향을 받은 사람 중에 로이 콘(Roy Cohn)이 있다.*

퀸스에 살면서 아버지 사업을 돕고 있던 1973년, 27세였던 트럼프가 로이 콘을 찾아갔다. 당시 트럼프의 아버지는 정부로부터 재정 지원을 받는 임대아파트 39동을 운영했는데, 지나치게 많은 임대료를 받는 데다가 흑인들의 임대를 어렵게 하여 인종차별을 했다고 정부로부터 고발당했다. 트럼프는 고급 사교클럽인 르 클럽(Le Club)에

---

* 트럼프와 로이 콘의 관계는 Brenner. Marrie (2017). "Deal with the Devil", *Vanity Fair*, August 2017. 참고 바람. (https://archive.vanityfair.com/article/share/5baf1e07−19a9−4617− 977d−55a24497704e?inline)

서 콘을 만났다. "흑인을 차별한다고 고발당했는데, 어떻게 해야 할까요?" 콘이 대답했다. "소송을 해. 그리고 차별했다는 것을 정부가 증명하라고 해." 트럼프는 즉석에서 콘에게 소송을 의뢰했다. 당시 트럼프 회사는 실제로 여러 가지 방법을 써서 흑인의 임대를 어렵게 하고 있었고, 정부가 그 증거를 수집해놓고 있었다. 그런 사정임에도 불구하고, 트럼프는 콘의 자문을 받으면서 정부를 상대로 1억 달러 명예훼손 반대 소송을 제기했으며, 기자들을 불러 간담회까지 했다. 말도 안 되는 억지였지만, 트럼프와 콘은 집요했다. 결국 트럼프는 잘못을 인정하지 않고, 다만 앞으로 차별하지 않겠다고 재확인하는 선에서 타협을 얻어냈다.

로이 콘은 1950년대 조 매카시(Joe McCarthy) 의원이 반공산주의 캠페인으로 미국을 휩쓸 때 민간 차원에서 운동을 주도했다. 콘은 매카시 캠페인이 마녀사냥으로 밝혀지고 매도당한 다음에도 살아 남았을 뿐만 아니라, 오히려 뉴욕 정치권의 큰손이 되었다. 콘은 일하면서 많은 사람을 괴롭혔다. 변호사들 사이에서는 "콘과 같이 있으면 악마와 함께 있는 것이나 마찬가지"라는 말이 있을 정도였다. 콘은 갈취와 공갈, 뇌물 공여, 주식 사기, 사법 방해 등으로 4번이나 기소되었지만, 번번이 무죄 석방되었다. 콘은 도움을 주었을 때 돈으로 보수를 요구하기보다 '충성'을 요구했다고 한다. 콘은 1969년 자기가 연루된 뇌물공여 사건을 처리하면서 유명한 말을 남겼다. "나는 법이 어떤지 알려고 하지 않는다. 나는 판사가 누구인지 알려고 한다." 콘은 언론인, 특히 칼럼니스트들과 친하게 지냈다. 암흑가 사람들과도 친하게 지냈고, 그들 중에 고객이 많았다.

콘은 변호사로 일하면서 3개의 원칙을 갖고 있었다. 첫째, 절대 포기하지 말고 쉽게 합의해주지 말라. 둘째, 즉각 반대 소송을 제기하라. 셋째, 절대로 패배를 인정하지 말라. 결과가 어떻든 무조건 이겼다고 우겨라. 언론이 나쁘게 보도할 때는 그것이 사실일지라도 일단 '고발하겠다', '소송을 제기하겠다'라고 엄포부터 놓고 보라고 했다. '공격하는 사람을 공격하라', '방어보다 공격을 계속하라'는 것이 콘의 전략이었다.

로이 콘은 1973년의 소송 사건 이후에도 트럼프를 위해 일을 계속해주었다. 콘은 기질적으로 키 크고 잘생긴 금발의 백인 남자를 좋아했고, 트럼프는 이런 기준에 들어맞았다. 콘은 한 번 좋아하면 자기의 인적 네트워크와 뉴욕의 좋은 장소를 다 소개해주었다. 트럼프를 위해 일하면서도 대부분 무료로 해주었고, 자기가 돈이 궁해 어쩔 수 없을 때만 일부 비용을 청구했다.

하얏트호텔을 지을 때 트럼프는 세금 감면, 토지 용도 변경 등을 두고 뉴욕시와 갈등했다. 콘이 많이 도와주었고, 누구든 방해하거나 협조해주지 않을 때 어떻게 대응해야 하는지도 가르쳐주었다. 1980년 인터뷰에서 트럼프는 "콘이 나쁜 짓도 많이 했지만, 그래도 천재인 것만은 틀림없다"라고 했다.

콘은 트럼프가 애틀랜틱시티에서 카지노 사업을 시작하는 것도 도와주었다. 카지노 사업을 하려면 주지사의 지원이 필요했다. 콘은 자기와 비슷한 변호사 겸 로비스트 로저 스톤(Roger Stone)을 트럼프에게 소개해주었다. 콘과 스톤은 1981년 말 뉴저지주지사 선거에서 공화당 톰 킨(Tom Kean) 후보를 후원했다. 스톤은 킨 후보 캠페인 매니저가 되었고, 선거 후 주지사의 자문관으로 남았다. 이후 스톤은 트럼프가 백악관에 들어간 다음까지도 트럼프 지지를 계속했다. 1984년 트럼프는 애틀랜틱시티에 카지노 하나를 지었다. 그리고 이듬해에는 다른 하나를 사들였다.

콘은 1986년에 에이즈(AIDS)로 사망했다. 충성심을 강요하고 무자비하고 억지를 부리는 콘의 일하는 스타일은 트럼프에게 영향을 끼쳤다. 트럼프가 언론과 정치권의 주류, 즉 기득권 세력과 싸우는 모습을 보면, 로이 콘의 영향을 받았다는 주장이 틀리지 않아 보인다.

2장 트럼프의 성격

가슴이 따뜻한 커다란 원숭이, 트럼프

2016년 대선에서 트럼프가 당선되는 데 결정적인 공을 세우고 그리하여 트럼프 행정부 초기에 '수석전략가 겸 선임자문관'이라는 직책으로 백악관 최고 참모 자리에 올랐던 스티브 배넌(Steve Bannon)은 트럼프 대통령을 "거칠지 않으며, 가슴이 따뜻한 커다란 원숭이"라고 표현했다.[1]

트럼프의 그런 성격이 잘 드러난 사례가 있다. 2017년 1월 취임 직후 트럼프는, 제임스 매티스(James Mattis) 국방장관과 군부가 건의하는 대로, 알카에다를 지원하는 예멘 반군에게 해군 실(SEAL) 특수부대를 동원해 기습타격을 가하는 군사작전을 승인했다. 그러나 1월 29일 실시된 이 작전은 실패했다. 약 50분간 계속된 총격전에서 SEAL 요원 윌리엄 '라이언' 오언스(William 'Ryan' Owens)가 사망했다. 트럼프가 취임한 다음 최초로 일어난 군사작전에서 발생한 사망이었다. 트럼프는 충격을 받았다. 오바마 행정부 때 계획된 것이지만, 그래도 자기 이름으로 승인해 이루어진 군사작전이었다. 오언스의 시신이 델라웨어 도버(Dover) 공군기지에 도착할 때, 주변에서 말렸지만 트럼프는 딸 이방카와 함께 공항으로 갔다. 오언스의 부인과 아버지는 공항에 나와 있으면서도 트럼프를 만나려 하지 않았다. 군 통수권자로서 트럼프가 처음 겪어보는 어려운 상황이었다.

트럼프는 2월 28일의 의회 합동회의 연설에 오언스의 부인 캐린 (Carryn)을 초대했다. 그리고 이방카를 그 옆자리에 앉혔다. 트럼프가 말했다.

오늘 밤 우리는 캐린과 함께하고 있습니다. 라이언은 테러와 싸우고 나라를 위해 싸우던 생전의 모습대로, 영웅으로 전사했습니다.[2]

그리고는 저기 위쪽 발코니에 앉아 있는 캐린을 향해 "땡큐!"를 반복했다. 장내에는 우레와 같은 기립 박수가 터져 나왔다. 부인은 얼굴을 손으로 가리고 눈물을 쏟으면서 보이지 않는 남편 오언스를 향해 "사랑해"를 연발했다. 기립 박수는 2분이나 이어졌다. 트럼프는 전사자의 유가족, 특히 어린아이가 남아 있는 가족을 만나는 일을 힘들어했다. 그러면서도 정성을 다해 가족을 만나고 대화를 이끌었다. 대통령이 전사자 가족과 전화할 때는 전사자의 신상 기록이 함께 올라온다. "지금 그 아이의 사진을 보고 있는데, 정말 아름답습니다. 복무 기록을 보니, 주변에서 정말 많은 사랑을 받았습니다. 아들은 참으로 훌륭한 지휘관이었습니다." 보좌진이 준비해 올려 보낸 자료에 들어 있지 않은 말이었다. 유가족이 어떤 이야기를 듣고 싶어 하는지를 헤아려 트럼프가 만들어내는 진심 어린 위로의 말이었다.[3]

트럼프의 오랜 친구이자 영국 출신 언론인으로 CNN 앵커를 역임한 피어스 모건(Piers Morgan)은 가까이에서 보는 트럼프는 사람을 편안하게 해준다고 한다. 대중집회를 할 때 보여주는 것처럼 분노하거나 전투적이지 않다는 것이다.

트럼프의 한없는 자기만족이 주위에 영향을 미친다. 삶이 빛을 낸다. 트럼프는 낙천주의자다. 적어도 자기 자신에 관한 한 그렇다. 매력 있고 다른 사람이 듣기 좋아할 만한 말을 잘한다. 농담도 잘한다. 심지어 자기 자신을 웃음거리로 만들기도 한다. 그리고 믿을 수 없을 정도로 에너지가 넘쳐난다.[4]

트럼프는 재미있는 사람이다.

2016년 대선 공화당 예비선거에 나섰다가 물러난 사우스캐롤라이나 출신의 린지 그레이엄(Linsey Graham) 상원의원은 처음에 트럼프에 적대적이었지만, 트럼프가 대통령으로 재임하는 동안 가장 자주 전화하고 의견을 구하는 사이가 되었다. 트럼프가 퇴임한 다음에도 절친한 골프 파트너로서 트럼프에게 2024년 대선 출마를 권고했다. 경선 상대로 처음 만나본 그레이엄은 트럼프를 '재미있는 사람'이라고 표현했다. "유머 감각이 있으며, 한 방 먹어도 끄떡하지 않을 사

람"이라고 했다.[5]

사람을 웃기는 일은 쉽지 않다. 잘하는 사람이 많지 않다. 그런데 트럼프는 사람을 잘 웃긴다. 진짜로 웃게 만든다. 2023년 8월 24일 트럼프가 선거법 위반 혐의로 형사 기소되어 애틀랜타 풀턴(Fulton) 카운티 감옥에 출두했다. 인상을 잔뜩 쓰고 노려보는 모습으로 '머그숏(mug-shot)'을 찍었다. 바로 다음 날 이 사진을 넣은 머그컵과 티셔츠 등 기념품을 팔기 시작했다. 히트였다. 3일 만에 700만 달러의 매상을 올렸다. 지금은 이 사진을 활용한 NFT(대체 불가능한 토큰)까지 만들어 제공하고 있다.[6] 얼마나 재미있는 사람인가. 선거법을 위반해 기소당한 것은 심각한 일이다. 그런데 전혀 심각하지 않다. 세상이 뭐 별거냐, 이 험한 세상에서 웃을 수 있는 것만 해도 그게 어디냐. 링컨은 언젠가 말했다. "울지 않아야 하니까, 웃는 거야. 그게 전부야(I laugh because I must not cry. That's all. That's all)."

그런데 트럼프에게는 이것이 다가 아니다. 한발 더 나아가는 전략이 있다. 트럼프의 '머그숏'은 트럼프에 대한 검찰의 기소를 희화화한다. 이렇게 함으로써 트럼프는 자기의 선거법 위반을 조사하고 재판하는 모든 절차가 정적들의 부당한 공격이라는 주장을 강화한다. 심각한 일을 가지고 사람들을 웃게 만들고, 그러면서 지지층을 규합하고 적의 의지를 약화시키는 것을 보면 감탄하지 않을 수 없다. 콜로라도 볼더(Colorado Boulder) 대학과 텍사스 오스틴(Texas Austin) 대학의 인류학자 3명은 2016년 선거에서 트럼프를 공화당 후보로 만든 것이 '사람의 관심을 끄는 능력' 때문이라고 했다. 트럼프가 하는 말이 재미있다고 느끼든지, 아니면 기분 나쁘다고 느끼든지, 하여튼 그 장면과 분위기가 사람의 이목을 끈다. 그래서 뉴스에 오른다. 트럼프는 뉴스를 만든다. 트럼프가 가는 곳마다 기자들이 따라다닌다.

트럼프는 뉴욕 코미디 산업의 분위기에서 살아왔다. 거기서는 조잡한 말과 손짓, 몸짓을 많이 쓴다. 트럼프 이전의 정치에는 그런 몸동작이나 조잡함이 없었고, 진짜라고 느낄 수 있게 해주는 능력이 크지 않았다. 그런데 트럼프가 그 틀을 깼다는 것이다.[7] 트럼프가 저질스럽거나 몰상식한 말을 해도 청중은 그것을 비난하기보다 오히려 트럼프를 자기들과 비슷한 보통 사람이라고 동류의식을 느낀다. 트럼프가 말할 때 보면, 말을 끝까지 하지 않고 맨 마지막에 여운을 남기는 경우가 많다. 관중은 그렇게 트럼프가 남기는 부분을 자기가 해석하고 그것을 즐긴다. 그것이 정치적으로 문제가 되면 트럼프는 "내가 언제 그런 말을 했어?"라고 부인해버릴 수 있다. 사람을 웃게 만드는 것이 그리 쉬운 일이 아닌데 트럼프는 잘한다. 타고난 것인지, 뉴욕의 쇼 비즈니스에 있으면서 몸으로 익힌 것인지, 하여튼 즉흥적이면서 자연스럽게 잘한다.

트럼프는 개성이 있고 강력한 호소력이 있다. 그 속에 메시지가 있다. 그러나 따뜻하고 재미있는 것이 트럼프의 전부가 아니다. 트럼프에게는 훨씬 더 다양하고 복잡한 면이 있다. 즉흥적이고, 자기중심적이며, 권위주의적이다. 트럼프의 이러한 특징들이 때로는 장점으로, 때로는 단점으로 트럼프의 정치에 작용하고 있다.

즉흥적이다, 유연하다

트럼프는 2015년 8월 6일 클리블랜드에서 열린 첫 번째 공화당 경선 토론에서 즉흥적이고 직설적인 모습을 있는 그대로 보여주었다.[8]

과거 트럼프가 여성을 두고 '살찐 돼지, 개, 구역질 나는 동물'이라면서 비하한 적이 있다고 비판하자, "내가 한 번 말한 것은 말한 것이다. 솔직히, 내 말이 싫으면 어쩌겠느냐. 정치적 올바름(political correctness)에 대해 이야기하는 모양인데 나는 그런 데 매달릴 시간이 없다. 미국도 그런 데 매달려 있을 시간이 없다"라고 일축했다. 과거 고의로 회사를 파산시키지 않았느냐고 공격하자, 파산법을 최대한 이용했을 뿐이라고 주저 없이 대답했다. 공화당이 후보로 지명해주지 않으면 무소속으로 출마하겠다고 큰소리쳤다.

토론이 끝난 뒤, 언론은 트럼프가 시작부터 끝까지 주도권을 놓지 않았다고 평가했다. "경쟁자 가운데 누구도 트럼프가 주도해온 경선 과정의 흐름을 바꾸지 못했다. 어느 누구도 트럼프보다 잘하지 못했다."[9]

트럼프 백악관에서 대통령에게 들고나는 문서를 관리하는 실세 비서관 롭 포터(Rob Porter)는 트럼프가 아무런 계획 없이 그때그때 본능적인 느낌으로 일하는 것을 좋아했다고 한다.

미리 준비하면 임기응변 능력을 발휘할 기회가 없어지는 것처럼 행동했다. (…) 계획을 하면 육감이 무디어진다고 생각하는 듯했다.[10]

트럼프는 분석 자료, 정책 건의, 데이터, 세부 자료 등 공식적인 자료를 읽지 않았다. 교실 분위기가 나거나 누가 가르치려 드는 기미가 보이면 일어나서 나와버린다. 학교에 다닐 때도 수업에 잘 가지 않았고, 필기도 하지 않았으며, 교과서를 구입하지도 않았다.[11]

포터 비서관은 트럼프가 퇴근할 때마다 다음 날의 일정과 정책 메모, 브리핑 자료 등을 챙겨 보냈다. 트럼프는 이렇게 챙겨주는 자료를 거의 보지 않았다. 오전 10시나 11시, 심지어 11시 30분에 사무실에 나와서는 "오늘 일정이 뭐지?"라고 묻는 것이 하루의 시작이었다.[12] 그만큼 즉흥적이었다. 2017년 4월 29일 취임 100일 기념 백악관 기자단 만찬 때도 트럼프는 준비가 필요 없다면서 "즉흥적으로 하겠다"라고 고집했다. 코미디언들도 실제로는 모두 대사를 준비하고 미리 연습한다고 해도 소용이 없었다.[13]

제일 난감할 때가 군사안보 문제를 두고 어떤 선택을 해야 하는지를 검토할 때였다. 트럼프는 외교안보 혹은 군사 문제에 대해 별로 지식이 없었다. 공직에 있어본 적이 없고, 군에 복무한 적도 없다. 그러다가 대통령에 당선되었다. 트럼프는 계획이나 전략이 있어 당선된 것이 아니었다. 트럼프를 당선시킨 것은 시대정신이었고, 트럼프의 장점은 자기가 원하는 대로 사람들을 몰아가는 데 있었다. 트럼프는 자기가 본 것과 원하는 목표를 트윗으로 전달했다. 그 목표를 실현하려면 어떤 로드맵을 짜야 하는지 몰랐고, 알려고 하지도 않았다.

트럼프는 참모들과 회의할 때도 그때그때 떠오르는 생각을 따라가는 경우가 많다. 즉흥적이다.

2018년 3월 8일 트럼프는 평양을 방문한 뒤 워싱턴으로 날아온 정의용 안보실장을 만났다. 김정은 위원장이 만나자고 한다는 말을 전해 들은 트럼프는 즉석에서 승낙했다. 그러고는 정 실장에게 지시했다. 백악관 기자단에게 김정은 위원장과 정상회담 개최에 합의했다는 사실을 발표하라고 했다. 미국 대통령의 일정을 외국 정부 대표가 단독으로 발표한 선례가 없었다. 정 특사와 H. R. 맥마스터(McMaster) 안보보좌관이 부랴부랴 발표문을 만들어 발표하기는 했지만, 한국 대표단은 물론 백악관 보좌진도 갑작스럽기는 마찬가지였을 것이다. 트럼프 대통령의 즉흥적인 성격을 잘 보여주는 사건이었다.

2018년 6월 12일 싱가포르에서 열린 북미 정상회담을 할 때도 즉흥적인 성격이 나타났다. 회담을 끝내고 공동성명도 발표한 트럼프가 기자회견에서 예정에 없던 발언을 했다. '값비싸고 도발적인 전쟁 게임'을 하지 않겠다고 선언했다. 한미연합군사훈련을 두고 한 말이었다. 한미 양국 군사 당국이 당황할 수밖에 없는 돌출 발언이었다. 북한으로부터 아무런 반대급부가 없는 일방적 양보라는 비판이 빗발쳤다. 다만 트럼프의 관점에서 보면 전혀 이상하지 않을 수도 있다. 트럼프의 가장 중요한 선거 공약의 하나는 '영원한 전쟁'을 그만하겠다는 것이었다. 아프가니스탄과 중동에서 20년이나 이어지는 전쟁을 염두에 두고 한 공약이지만, 핵심은 '해외개입 축소'다. 트럼프는 한미연합훈련 중단이 한반도에서 미국의 개입을 줄이는 길이라고 보았다. 이것은 국내의 트럼프 지지층에게 호소력이 있다.

2019년 6월 오사카 G20 회의에 참석하고 있던 트럼프는 회의 둘째 날인 6월 28일 트윗을 날렸다. "김정은 위원장이 이 메시지를 본다면, 내일 판문점에서 만나 악수하고 인사라도 나눌 수 있기를 바란다." 역시 즉흥적이고 일방적인 행동이었다. 세계의 주목을 받으며 정치적으로 큰 이득을 얻을 수 있다고 계산했을 것이다. 이렇게 이루어진 만남에서 실질적인 성과가 나오기 어렵다는 점도 잘 알았을 것이다. 그렇더라도 '친분'이라는 고리를 걸어 이만한 정치적 구경거리를 만들어내는 일을 트럼프가 아니면 누가 해낼 수 있을까?

이런 대통령이 참모들에게는 난감할 수밖에 없다. 충돌이 자주 일어날 수밖에 없다. 트럼프 행정부 초대 국가정보국(DNI) 국장에 임명된 댄 코츠(Dan Coats) 전 상원의원은 백악관 국가안전보장회의(NSC) 회의가 끝난 다음 매티스 국방장관과 종종 오찬을 같이 했다. 어느 날 코츠 국장은 "대통령이 도대체 어떻게 하려는 것인지 모르겠다"라고 말을 꺼냈다. 아프가니스탄과 한국에서 군대를 철수하라는데, "당장 철수하라"고 재촉만 한다는 것이었다. 코츠 국장은 트럼프 대통령에게 일일 정보보고(PDB)를 하면서 겪은 바를 회고했다.

트럼프는 사실(facts)에 개의치 않는다. 자신만의 사실을 갖고 있다. 거의 모든 나라가 미국으로부터 무언가 뜯어내려고만 한다. 끝없이 이어지는 고함으로 정신이 나갈 지경이었다. 마음 편한 날이 없었다. 그렇다고 해서 대통령의 욕구나 선입견에 맞추기 위해 사실을 왜곡할 수도 없는 노릇이었다. 엄청난 충격을 받았다. 트럼프는 내가 믿어온 거의 모든 것과 다르

게 생각하는 사람이었다.[14]

경제 부문에서도 비슷한 일들이 일어났다. 다자무역협정에서 탈퇴하는 것은 트럼프 대통령의 선거 공약이었다. 환태평양경제동반자협정(TPP)에서 탈퇴하고, 북미자유무역협정(NAFTA)에서 탈퇴하고, 한미자유무역협정(KORUS)에서 탈퇴하겠다고 했다.

TPP는 취임한 날 곧바로 행정명령에 서명하여 탈퇴했다. 다음 차례는 NAFTA였다. 2017년 4월 25일 트럼프는 포터 비서관에게 "180일 후 NAFTA에서 탈퇴한다"는 행정명령을 만들어 3일 안에 가져오라고 지시했다. 당시 NAFTA 탈퇴는 피터 나바로(Peter Navarro) 국가무역협의회(Trade Council) 의장과 윌버 로스(Wilbur Ross) 상무장관이 밀어붙이고 있었지만, 게리 콘(Gary Cohn) 백악관 경제보좌관과 맥마스터 안보보좌관, 행정부의 스티븐 므누신(Steven Mnuchin) 재무장관, 소니 퍼듀(Sonny Perdue) 농무장관 등은 생각이 달랐다. NAFTA는 지난 20년 동안 북미 3개국의 경제를 연결하는 장치였으며 3개국의 무역 규모는 1조 달러를 넘었다. 또한 NAFTA는 북미 3개국을 안보적으로 엮는 의미도 있었다.

다음 날 퍼듀 장관이 트럼프를 찾아가 설득했다. 캐나다와 멕시코 시장이 사라지면 연간 390억 달러가 넘는 농산물 수출이 타격을 받는다. 중서부 농업지역은 역대 대통령 선거의 승패를 결정하는 중요한 경합 주(swing state)다. 이들은 2016년 선거에서 트럼프를 지지했다. 선거에 중요하다는 말이 트럼프에게 먹혀들었다. 트럼프는 탈퇴

위협을 계속하되, "180일 후에 탈퇴한다"는 서한은 보내지 않기로 했다.

그런데 잠시 후 이번에는 나바로 의장이 트럼프를 만났다. 트럼프의 생각이 다시 바뀌었다. 포터 비서관을 불러 "지시한 서한을 왜 가져오지 않느냐"라고 다그쳤다. 트럼프의 지시에 따라 포터가 초안을 작성해 트럼프 책상에 올렸다. 그러고는 콘 경제보좌관에게 이 사실을 전하고, 어떻게 하면 좋을지 상의했다. 콘 보좌관이 답했다. "내가 그 문서를 치워버릴 테니까 걱정하지 마." 그러고는 대통령 집무실에 들어가 서한을 슬쩍 들고나와 버렸다.[15] 서한이 책상 위에 보이지 않으면 잊어버릴 가능성이 컸다. 눈에 보이지 않으면 머리에서 사라지는 법이다. NAFTA 종료 행정명령을 만드는 작업은 이것으로 끝났다. 실제로 미국, 캐나다, 멕시코는 그로부터 4개월이 지난 8월에 가서야 NAFTA 개정 협상을 시작했다. 8월 23일 트럼프는 피닉스에서 가진 집회에서 "언젠가 NAFTA를 종료하게 될지 모른다"라고 했다. 180일 후에 폐기한다는 데서 많이 후퇴했다. NAFTA를 대체하는 새로운 협정은 3년이 지난 2020년 7월 1일 '미국-멕시코-캐나다 협정(USMCA)'이라는 이름으로 체결되었다.

똑같은 일이 2017년 9월 초에 반복되었다. 콘 경제보좌관이 트럼프 집무실에 들어갔다가 책상 위에 놓인 편지 한 장을 발견했다. 9월 5일 자로 된 이 편지는 미국이 한미자유무역협정에서 탈퇴한다는 내용이었다. 이번에도 콘은 트럼프가 한눈파는 사이에 그 편지를 자기 서류철에 넣고 나와버렸다.

백악관의 총체적인 무질서와 혼란, 그리고 정신이 딴 데 팔린 가운데, 트럼프는 끝내 편지가 없어졌다는 사실을 눈치채지 못했다.[16]

소설에서나 나올 법한 이야기지만, 사실이다.[17] 보통 이런 종류의 서한은 포터 비서관을 거쳐 대통령에게 간다. 그런데 이번 편지는 누가 올렸는지도 분명하지 않았다. 콘은 트럼프의 충동적이고 위험한 지시를 자기가 막았다고 믿었다. 즉 한국은 미국의 군사동맹이고, 2만 8,500명의 미군이 주둔하고 있다. 한국에는 미국이 북한의 미사일 공격을 7초 안에 파악할 수 있는 정보 자산도 있다. 그 동맹을 받쳐주는 것이 한미자유무역협정이다. 콘은 180억 달러의 무역적자와 35억 달러의 주둔경비 때문에 이처럼 소중한 관계를 파탄 낼 수는 없다고 생각했다.[18] 게리 콘은 2018년 3월 트럼프가 철강·알루미늄에 25%의 일률적인 관세를 부과하는 것을 계기로 백악관을 떠났다.

당시 트럼프를 최측근에서 보좌한 직원 한 사람은 "영원히 끝나지 않는 벼랑길을 걷고 있는 기분이었다"라고 증언했다.[19] 트럼프 대통령이 즉흥적이고 충동적이며, 정리가 돼 있지 않았던 것은 분명하다.

트럼프도 자기 생각이 종종 변한다는 것을 안다. 다만 트럼프는 이것을 '유연성'이라고 표현한다.

트럼프가 골프에 대해 자주 하는 말이 있다. "퍼팅은 할 때마다 달라진다. 그때의 날씨, 주변의 조건, 잔디를 밟는 감각 등 매번 달라지는 환경에 맞추어 느낌을 조정해야 한다. (…) 인생도 마찬가지다.

우리가 하는 모든 일이 다 마찬가지다."[20]

밥 우드워드(Bob Woodward) 전《워싱턴포스트》기자는 트럼프 재임 기간에 관해 사실에 근거한 기록을 만들려고 트럼프의 동의를 얻어 2019년 12월부터 이듬해 7월까지 모두 17회에 걸쳐 트럼프 대통령을 인터뷰했다. 2019년 12월 5일 자 회견에서 트럼프가 한 말이다.

사람들이 나보고 변한다고 하는데, 맞는 말이다. 나는 유연성을 좋아한다. 정책을 추진하다 보면 벽에 부딪힐 때가 있다. 나는 벽을 뚫지 않고도 지나가는 길이 있을 때는 굳이 그 벽을 뚫으려고 하지 않는다.[21]

트럼프의 사위 재러드 쿠슈너(Jared Kushner)는 트럼프의 이러한 면을 잘 이해한다.

사람들이 이해하기 어려워하는 것은 트럼프가 고정돼 있다고 보기 때문이다. 그렇지 않다. 트럼프는 유연하다. 사업을 하면서 '합의문에 서명하기 전까지는 합의가 이루어지지 않았다'는 것을 몸으로 익혔다. 서명하기 전까지는 계속 유연한 자세를 유지한다.[22]

쿠슈너가 하나의 예를 들었다. 트럼프가 대통령에 당선된 다음 '하나의 중국 정책(One-China policy)'을 유지해야 하는지에 대해 의문을 표시했다. 중국이 발칵 뒤집혔다. 며칠 뒤에 트럼프가 "하나의 중국 정책을 존중할 것"이라고 했다. 그리고 이듬해 2017년 4월 시진핑 주석을 플로리다 마라라고 리조트에 초청해 정상회담을 열었다. 쿠슈너는 트럼프가 하나의 중국 정책을 존중하겠다고 말한 것이 뭐 그리 대수냐고 했다. 언제라도 다시 바꿀 수 있는 것 아니냐는 것이다.[23] 하나의 중국 정책에 의문을 표시한 것이 중국을 흔들어놓으려는 의도된 발언이었다는 뜻이지만, 그래서 성과가 있었는지는 다른 문제다.

트럼프의 사고가 유연할 수 있다는 점에 대해 매티스 국방장관도 한 가지 긍정적인 기억을 하고 있었다. 2017년 2월 8일 트럼프 대통령이 매티스 장관, 던포드(Dunford) 합참의장과 함께 만찬을 했다. 그 자리에서 트럼프가 존 매케인(John McCain) 상원의원(공화-애리조나)을 비판했다. 베트남전쟁 때 포로로 잡혀 있는 동안 베트남군에게 부탁해 특별히 일찍 석방되었다고 했다. 이 말에 매티스가 나섰다. 그렇지 않다. 사실은 조기 석방해주겠다는 베트남의 제의를 거절하는 바람에 많은 고문을 당하고 5년이나 포로로 잡혀 있었다. 트럼프는 즉석에서 "그런가, 잘 알겠다"라고 수긍했다.[24] 다만 매케인에 대한 트럼프의 부정적인 인상이 이 말로 말끔하게 씻어지지는 않았다. 트럼프는 이 일이 있기 훨씬 전인 1999년에도 "나는 포로로 잡힌 사람을 좋아하지 않는다"라고 말한 적이 있고, 대선에 나선 2015년 7월 18일 아이오와 연설에서도 같은 말을 했다. 매케인은 자존심에 상처를 받았고, 이러한 트럼프를 용서하지 않았다. 살아 있는 동안 늘 사이가 좋지 않았고, 마지막에는 자기 장례식에 트럼프를 초청하지 말라는 유언까지 남겼다.[25] 매티스는 트럼프에 대해 좋지 않은 면도 발견했지만, 비교적 원만한 모습도 보았다. "트럼프에게 함부로 거론하지 말아야 할 두 가지 주제는 이민과 언론이다. 그것만 건드리지 않으면 트럼프는 남의 말도 잘 듣는 편이다"라고 했다.[26]

기성 정치권에 대한 트럼프의 태도는 전혀 이념적이거나 경직돼 있지 않다. 5번이나 당적을 바꾼 사실이 이러한 성향을 말해준다. 포퓰리즘으로 백악관을 점령했지만, 온건 보수나 온건 진보로 태도를 바꾸는 데 별 심리적 저항을 느끼지 않는다.

뉴욕의 분위기에서 살아온 쿠슈너와 이방카가 트럼프의 성향을 부추겼다. 캠페인에서 전투적이던 트럼프를 워싱턴 정치에 맞게 조금씩 바꾸려고 했다.

트럼프의 변화를 보여주는 일화가 있다. 30년 이상 공화당 우파를 대변해온 로저 에일스(Roger Ailes) 전 폭스뉴스 회장이 2017년 5월 사망했다. 트럼프와 에일스는 '보통 사람들의 분노'를 전파해온 동지였다. 그런데 트럼프는 그의 장례식을 모른 척했고, 부인에게 전화도 하지 않았다. 트럼프는 에일스를 쫓아낸 폭스뉴스 소유주 루퍼트 머독(Rupert Murdoch)과 관계를 구축하고 있었다.[27] 머독은 공화당 주류에 속한다. 실용적이고 현실적이다. 에일스가 배넌에 가깝다면, 머독은 쿠슈너 내외와 더 잘 어울린다.

트럼프의 사위 쿠슈너가 아는 트럼프는 기억이 짧은 사람이다. 이전에 알고 있던 내용과 다른 새로운 것이 들어오면, 이전의 결정을 아무렇지도 않게 바꾸어버린다. 적당히 말해서 결정을 얻어낸다고 하더라도 트럼프가 그 결정을 바꾸지 않으리라고 기대하면 안 된다.

쿠슈너는 이런 트럼프의 성격이 오랫동안 부동산 일을 하는 동안 형성되었다고 본다. "거래해놓고도 세부 이행 과정에서 서로 맞지 않으면 처음의 계획을 바꾸어버린다."[28]

트럼프는 자기가 원하는 것이 있을 때는 초점이 분명하고 대화에 집중하지만, 상대방이 자기로부터 무언가 원하고 있다고 판단하는 순간 흥미를 잃고 짜증을 낸다.[29]

트럼프는 정신없이 뛰어다니다가 누군가 듣기 좋은 소리를 하거나 주의를 끌어주면 그쪽으로 가버리는 아이 같기도 하다. 혹은 모든 이의 절대적인 주목을 받으면서, 좋은 사람에게는 상을 내렸다가 기분이 바뀌면 언제든지 다시 빼앗아버리는 태양신 같기도 하다. 특히나 이 태양신은 깊이 생각하지 않는다. 한 번 생각이 떠올랐다가도 갑자기 사라지기 때문에 생각이 떠오르는 그 순간에 그 자리에 있어야 한다.[30]

이런 트럼프를 움직이려면 한두 번 만나 잘 이야기하는 것만으로는 부족하다. 트럼프의 주변을 지키고 있어야 한다. 트럼프가 재임하는 동안 이방카와 쿠슈너는 백악관 서관 2층 대통령 집무실(Oval Office) 바로 앞에 사무실을 마련하고 트럼프를 지켰다. 쿠슈너는 혁신담당관(Office of American Innovation), 이방카는 기업이니셔티브담당관(Office of Economic Initiative and Entrepreneurship)이라는, 업무가 분명하지 않은 직함도 있었지만, 그보다는 대통령의 선임자문관(Senior Adviser)이라는 직함으로 백악관에서 일어나는 모든 행사와

회의에 자유롭게 출입할 수 있었고, 대통령 가족으로서 트럼프 집무실에도 자유롭게 드나들었다. 트럼프의 생각이 어떤지, 어떻게 바뀌고 있는지를 가장 잘 알았고, 때로는 트럼프의 생각을 움직였다. 때에 따라서는 다른 사람이 트럼프의 생각을 함부로 흔들지 못하도록 감시도 했다.

트럼프의 생각이 바뀌고 또 바뀌는 가운데 트럼프의 곁을 지키는 이방카 내외가 영향력을 행사하는 모습이 2017년 5월 제임스 코미(James Comey) FBI 국장을 해임하는 과정에서 잘 나타났다.

FBI는 2016년부터 러시아가 사이버 공격을 통해 트럼프에 유리한 방향으로 대선에 개입했는지, 그 과정에서 트럼프 캠프와 러시아 사이에 공모나 협력이 있었는지 조사하고 있었다. 조사는 트럼프가 취임한 다음에도 이어졌다. 쿠슈너도 트럼프와 마찬가지로 러시아와 사업상 거래가 있었다. 4월 말 《뉴욕타임스》는 법무부에서 나온 첩보를 토대로 쿠슈너가 러시아와 연결된 이스라엘 다이아몬드 재벌 베니 스타인메츠(Beny Steinmetz)와 거래가 있다고 보도했다.[31] 즉 쿠슈너가 트럼프와 러시아 사이의 연결고리 역할을 했다고 의심받을 수 있는 상황이었다.

쿠슈너와 이방카는 FBI의 러시아 커넥션 조사가 점차 자신들의 사업 거래 기록에까지 침투한다고 느꼈다. 이들은 트럼프에게 코미 국장을 해임하라고 촉구했다. 5월 첫째 주, 트럼프는 법무부의 제프 세션스(Jeff Sessions) 장관과 로드 로젠스타인(Rod Rosenstein) 차관을 불러, 법무부가 FBI를 장악하지 못한다고 질책하면서 코미 국장을 파면할 이유를 찾아오라고 했다. 백악관 내부에서는 배넌이 코미 해임을 강하게 반대했다. 러시아 스캔들은 귀찮기는 하지만, 잘 설명하면 넘어갈 수 있다. 그런데 FBI 국장을 해임하면 그야말로 대형 사건이 된다. 특별검사를 임명하여 추적해올 것이다. 라인스 프리버스(Reince Priebus) 비서실장도 같은 의견이었다. 회의가 끝났을 때, 배넌과 프리버스는 자기들의 의견이 먹혀들었다고 생각했다.[32]

그런데 바로 그 주말, 쿠슈너와 이방카가 트럼프를 만나 생각을 뒤집어버렸다. 코미를 해고해야 하는 이유를 몇 가지 정리해 법무장관과 차관에게 전달했다. 월요일 아침에 트럼프는 배넌과 프리버스를 불러 코미를 해임할 것이라고 알렸다. 두 사람은 다시 말렸다. 당장 결정하지 말고 조금 더 시간을 갖자고 했다. 일단 연기해놓고 기다리면, 그사이 다른 일이 생겨 관심을 덜 받을 수 있고, 특히 트럼프는 아예 잊어버릴 수도 있다. 일종의 지연작전이었다. 트럼프는 좀 두고 보자는 의견에 수긍했다.

5월 9일 상원 법사위가 러시아 스캔들을 두고 청문회를 개최했다. TV 생중계를 보던 트럼프가 다시 코미 국장을 해임하겠다고 나섰다. 프리버스 비서실장은 해임하는 데도 절차가 있다며 그냥 트윗으로 날리는 방식이어서는 곤란하다고 다시 만류했다. 트럼프는 잠잠해졌고, 절차대로 진행할 생각이 있는 듯이 보였다. 그러나 트럼프는 아무에게도 말하지 않은 채 코미를 해고하기로 마음을 정했다. 오후 5시, 다른 사람들이 일과를 정리하는 시간에 트럼프는 돈 맥간(Don McGahn) 법률고문을 불러 자기 생각을 말하고 편지를 만들게 했다.

그러고는 개인 경호원을 시켜 FBI 국장 사무실에 전달하게 했다.[33]

FBI 국장을 해임하는 과정에서 트럼프는 많이 흔들렸다. 그러나 결국 가족 편에서 결정했다. 그 결정을 끌어낸 것은 트럼프 곁을 지킨 쿠슈너와 이방카였다. 배넌과 프리버스는 경악했다. 배넌은 "딸(이방카)이 아버지를 죽이고 말 거야"라고 중얼거렸다.[34] 코미 FBI 국장을 해임하는 과정에 나타난 트럼프는 이성적이고 합리적이고 전략적인 사람이 아니다. 분노와 복수심이 앞선다. 코미가 러시아 커넥션으로 자기를 압박하고 자기 가족인 쿠슈너와 이방카의 아픈 곳을 파고든다고 생각하자, 그대로 둘 수 없었다. 코미를 다른 보직으로 옮기고 조용히 해결하는 방법도 생각해볼 수 있었지만, 트럼프는 그렇게 하지 않았다.

임기 말에 이르러 트럼프의 즉흥적인 성향은 국가안보 담당자들의 우려를 자아내기도 했다. 2020년 11월 11일 마크 밀리(Mark Milley) 합참의장에게 트럼프의 서명이 담긴 명령서 하나가 전달되었다. 소말리아와 아프가니스탄에 있는 미군을 전면 철수하라는 내용이었다. 사전에 협의가 없었던 터라 확인해보았으나 국방장관도, 백악관 안보보좌관도 모르는 일이었다. 나중에 알려진 바에 따르면, 트럼프가 경호원을 시켜 기안하고 서명한 것이었다. 그 문건은 없던 일로 처리되었다.[35]

2020년 대선 투표 직후인 11월 12일 국토안보부 산하의 인프라보안청(CICA)의 크리스 크레브스(Chris Krebs) 청장이 "이번 선거 투·개표 과정에 이상 징후가 없었다"라고 발표했다. 트럼프는 즉각 크레브스 청장을 파면한다고 트윗을 날렸다. 크레브스는 투·개표의 보안을 책임진 부서장으로서 할 수 있는 말을 했지만, 당시 트럼프가 '부정선거'라 하면서 대선 결과에 승복하지 않고 있던 상황을 생각하면 발언에 좀 더 신중할 필요가 있었다.

밀리 합참의장은 트럼프가 주기적으로 충동적이고 예측 불가하게 행동하는 것을 가까이서 지켜보았다.

선거가 끝난 다음 트럼프의 상태는 더 심각해졌다. 사람들에게 고함지르고 선거 음모론을 제기하면서 끊임없이 자기만의 현실을 재구성해내고 있었다. 대통령의 충동이 어느 순간에 폭발할지, 어떤 상황에서 얼마만큼의 압박을 받을 때 군사행동을 지시하게 될지 아무도 알 수 없다.[36]

2021년 1월 6일 의사당 난입 사건이 일어나고 이틀이 지난 다음 밀리 합참의장은 중국 인민해방군 연합참모부 참모장 리쭤청(李作成, Lee Zuocheng)과 통화했다. 리 참모장은 미국에 지금 어떤 일이 일어나고 있느냐고 집중적으로 문의했다. "미국은 군사행동을 하려는가?" 밀리 의장은 "아무런 문제 없다. 민주주의는 때때로 엉망인 것처럼 보일 때도 있다"라고 하면서 중국 측을 안심시켰다.[37] 위험한 상황이 올 수 있다고 본 밀리는 혹시라도 중국이 오판하지 않도록 당시 인도태평양사령부가 계획하던 군사훈련도 연기하도록 조치했다.[38] 밀리가 연기한 훈련은 1980년대 NATO가 시행한 에이블 아처(Able Archer) 훈련과 비슷했다고 한다. 당시에는 잘 몰랐지만, 2015년에 이 훈련 관련 문서가 비밀해제된 후에서야 그때 동서 진영 사이에 핵전쟁이 벌어질 뻔했다는 사실을 알게 되었다.[39] 밀리가 연기시킨 훈련은 핵전쟁을 상정한 훈련이었던 셈이다.

중국이 미국의 국내 정세에 민감한 반응을 보인 것은 선거 전부터 시작되었고, 밀리 의장이 중국 연합참모부와 통화한 사례도 이전에 있었다. 2020년 하반기로 오면서 트럼프는 연설에 나설 때마다 '중국 질병' 또는 '중국 바이러스'를 공격했다. 이 망할 놈의 중국 바이러스를 이겨내고야 말 거야. 2020년 10월 30일 밀리 합참의장은 중국이 미국의 공격 가능성을 의심하고 있다는 정보 보고를 받았다. 절망에 빠진 트럼프가 위기를 조성해 스스로 구세주로 나서면서 재선으로 몰아가려 한다는 시나리오였다.[40] 그때도 밀리 의장은 중국이 어디까지가 정치고 어디서부터 행동으로 옮겨갈지 모를 수 있다고 보아 인민해방군 연합참모장과 통화했다. "실제로 군사 공격을 준비하고 있다면, 징후가 나타날 것이다. 지금은 절대 그런 때가 아니다"라고 안심시켰다.[41]

자기중심적이다, 자기도취적이다

2019년 12월 13일 트럼프를 인터뷰하면서 우드워드 기자가 물었다. "싱가포르에서 김정은 위원장을 처음 만났을 때 무슨 일이 있었느냐?"

트럼프가 대답했다.

어마어마하게 많은 카메라가 있었어요. 수백 개가 있었어요, 역사상 가장 많은 카메라를 보았지. 그것도 모두 공짜였어요. 내 돈을 한 푼도 쓰지 않았어요. 이런 것을 무료 기사라 하지요. (대선 과정에서) 나는 힐러리가 쓴 비용의 25%밖에 쓰지 않았다고 사람들이 말해요. 6억 달러의 무료 기사를 번 것이지요.[42]

싱가포르 북미 정상회담에 관한 질문을 받고 트럼프가 가장 먼저 떠올리고 가장 먼저 한 말이 '수많은 카메라'였다는 사실이 재미있지 않은가? 그것도 지난 대선에서 승부를 겨룬 정적과 비교해 돈을 적게 썼다고 말하는 장면이 얼마나 독특한가. 내가 최고라는 생각, 돈, 과시 욕구, 이들 단어가 트럼프의 성격적 특징을 잘 요약해준다. 트럼프는 대형 군중집회에서 지지자들과 소통하는 것을 즐기고 잘한다. 트럼프의 진면목이 드러나는 것이 대중 연설을 할 때다. 트럼프는 지지자들이 무엇을 원하는지를 동물적인 감각으로 알아낸다. 2017년 2월 보수정치행동회의(CPAC) 연설을 보면, 트럼프의 말에는 일관된 주제가 없다. 그냥 하고 싶은 대로 이야기한다. 그렇지만 청중과 호흡을 맞춘다. 청중이 듣고 싶어 하는 이야기를 재미있게 해준다. 웃기고 충동질하고 때로는 전투적으로 자극한다. 청중은 줄거리도 없는 온갖 이야기를 들으면서, 웃고 환호하고 구호를 외친다. 트럼프의 정치 집회는 스포츠 경기나 오락 집회와 같다. 2016년 선거운동 때도, 지금도 트럼프가 유권자와 교류하기 위해 주로 사용한 방식이 대형 집회다. 2020년 코로나19가 창궐해 하루에 수만 명의 환자가 발생할 때도 대중집회를 하고 싶어 안달했다. 2020년 6월 트럼프는 오클라호마 털사(Tulsa)에서 코로나19 발생 이래 처음으로 대중집회를 강행했다. 2만 명을 수용하는 옥내 시설에서 가진 이 집회는 방역 당국이 권고한 안전 수칙을 지키지 못했다.

오랫동안 트럼프에게 정치적 조언을 해온 샘 넌버그(Sam Nunberg)는 말했다.

트럼프가 좋은 사람이냐? 머리가 좋으냐? 능력이 있는가? 잘 모른다. 그러나 내가 분명히 알고 있는 한 가지 사실이 있다. 트럼프는 스타다.[43]

트럼프가 남다른 과시 욕구를 가진 것은 의심할 여지가 없다. 어떤 사람은 남의 눈에 띄지 않고 조용하게 살아가는 것을 좋아한다. 트럼프는 반대다. 트럼프가 『거래의 기술』에서 한 말이다.

좋은 평판은 나쁜 평판보다 낫다. 그러나 나쁜 평판은 때때로 평판이 전혀 없는 것보다 낫다. 간략히 말해서 논란은 장사가 된다는 것이다.[44]

트럼프는 언론에 크게 실릴 수 있다면 그 내용에는 별로 개의치 않았다. 트럼프가 첫째 부인 이바나와 이혼을 준비하던 1990년 어느 날, 뉴욕 양대 타블로이드 신문의 하나인 《뉴욕데일리뉴스(New York

Daily News)》가 이바나에 호의적인 기사를 1면 톱으로 냈다. 이바나를 가리켜 "젊은 말라 메이플스에게 밀려나는 착하고 불쌍한 세 아이의 엄마"라고 표현했다. 트럼프는 이 기사가 마음에 들지 않았다. 이혼소송을 유리하게 끌고 가려는 이바나의 술수라고 보았다. 트럼프는 《뉴욕데일리뉴스》와 경쟁 관계에 있는 《뉴욕포스트(New York Post)》편집장에게 전화했다. 《뉴욕데일리뉴스》기사를 덮을 수 있는 화끈한 기사를 하나 내달라고 주문했다.

> 편집장: 아니, 기사거리가 있어야지, 톱기사가 그냥 나오나?
>
> 트럼프: 어떤 게 톱기사가 되는 거야?
>
> 편집장: 살인이나 돈, 아니면 섹스.
>
> 트럼프: 말라가 말했어. 나와 자기 인생 최고의 섹스를 즐겼다고.
>
> 편집장: 뭐라고? 그 말을 믿을 만한 무슨 근거가 있는 거야?
>
> 트럼프: (전화에 대고 되돌아보고 소리치면서) 야, 말라, 네가 진짜 그렇게 말했지?

이렇게 하여 말라 메이플스가 트럼프와의 섹스를 인생 최고라고 했다는 타블로이드 톱기사가 나왔다. 트럼프에게 기사 내용은 중요하지 않았다. 이바나 기사를 덮을 수 있는 더 큰 기사가 필요했을 뿐이다. 이날 이후 "인생 최고의 섹스를 했다"는 말은 트럼프의 여성 편력을 상징하는 말로 사람들의 입에 오르내리게 되었다.[45]

트럼프의 과시 욕구는 언론 관계에 한정되지 않았다. 부동산업자로 두각을 나타내는 과정 전체가 과시 욕구의 표현이라고 해도 틀리지 않는다. 영국의 건축가 데얀 수직(Deyan Sudjic)은 2005년의 저서 『거대건축이라는 욕망(The Edifice Complex: How the Rich and Powerful Shape the World)』에서 이렇게 말했다.

건축물로서 자연에 흔적을 남기는 것과 정치권력을 행사하는 것은 의지를 강요한다는 점에서 심리적 공통점을 갖는다. 도시 전체를 인형의 집처럼 작은 규모로 축소해버리는 일은 개인을 중요하게 보지 않는 사람에게 호소력이 있다. (…) 건축은 자의식이 강한 사람의 자의식을 더 강하게 만든다. 그런 사람은 점점 더 건축에 매달려 어느덧 건축 자체가 목적이 되고, 더 큰 건축물을 짓고 또 지으면서 중독자가 된다. 건축은 한 개인이 자기의 자의식을 가장 적나라하게 드러내는 수단이다.[46]

『거래의 기술』에서 트럼프는 말했다.

나는 좀 여유 있게 산다고 해서 만족하지는 않았다. 뭔가 기념비적인 건물, 큰 노력을 들일 가치가 있는 건물을 짓고 싶었다.[47]

트럼프가 신시내티의 아파트 개조사업에서 시작해 뉴욕 한복판에 그랜드하얏트호텔을 만들고, 트럼프 타워를 올리고, 이어 카지노와 골프장으로 왕국을 확장해나간 것은, 데얀 수직이 말한 대로 자의식이 강한 한 인간이 건축 그 자체를 목적으로 점점 더 큰 건축물을 지어나가는 과정과 놀라울 정도로 닮았다.

대통령이 된 다음 트럼프가 감탄한 것이 미국 공군 1호기, 즉 대통령 전용기였다. "정말 대단한 비행기 아니냐?" 그러면서 40억 달러짜리 보잉 747-8 한 대를 추가로 주문했다. "사우디나 세계의 다른 지도자들도 큰 비행기를 쓰는데, 미국 대통령이 이 정도는 써야 하는 것 아닌가?"[48]

트럼프는 조명에 관심이 많고, 인공조명을 싫어한다. 강한 플래시 불빛이 있으면 화장이 표시 나고 머리카락 색깔이 자꾸 바뀐다. 그래서 그는 기자회견도 실내에서 하는 것보다는 백악관 앞뜰 사우스론(South Lawn)에서 헬리콥터에 오르기 직전에 하는 것을 좋아한다. 헬기 날개 돌아가는 굉음이 취재에 방해가 되든 말든 그것은 상관할 바가 아니다. 화면이 어떻게 나오느냐가 중요하다.[49]

트럼프는 머리카락 때문에 오른쪽에서 사진 찍히는 것을 좋아한다. 아래쪽이나 위쪽에서 찍히는 것을 좋아하지 않는다. 몸무게가 더 나가 보이기 때문이라고 한다. 트럼프는 언제나 양복을 입고 넥타이를 허리띠 아래까지 오도록 길게 매는데, 그래야 좀 더 날렵하게 보이기 때문이라고 한다.[50]

트럼프는 카메라 앞에서 웃지 않는다. 인상을 꽉 쓰고 사진을 찍는다. 그래야 더 강렬하고 상대를 제압하는 인상을 주기 때문이라고 한다.[51]

모든 대통령이 이미지에 민감하다. 그러나 트럼프는 유달리 그렇다. 트럼프의 세상에서 그는 세상 누구보다 건강해 쉬지 않고 일할 수 있고, 누구보다 총기 있고 최고의 교육을 받은 슈퍼맨이었다. 어느 날 트럼프의 비서실 직원 한 사람이 호프 힉스(Hope Hicks)에게 "트럼프가 지쳐 보인다"라고 하자, 힉스는 "트럼프는 지치지 않는다. 절대로 병들지 않는다"라고 고쳐주었다.[52]

트럼프는 외국 지도자에 관해 이야기할 때 '좋아한다', '사이가 좋다'라는 표현을 잘 쓴다. 시진핑 주석에 대해 한 말이다.

시진핑 주석과 관계가 매우 좋다. 우리는 화학적으로 서로 맞아. 시진핑은 나를 좋아해. 내가 베이징을 방문했을 때 레드카펫을 깔아주었지. 나는 시진핑을 친구로 생각해. 시진핑도 나를 친구로 생각해.[53]

2017년 12월 22일 북한이 미사일을 쏜 다음, 유엔안보리가 중국을 포함한 전원일치로 북한 비난 성명을 발표하자, 트럼프는 "내가 시진핑과 사이가 좋아서 이런 결과가 나왔다. 우리는 서로를 존경한다"라고 트윗을 날렸다. 트럼프는 임기 내내 중국의 불공정한 무역 관행을 비난했다. 2018년 6월 500억 달러의 중국 물품에 25% 관세를 부과한 다음부터 양국은 무역전쟁을 치르고 있었다. 코로나19가 확산하기 직전인 2020년 1월 21일 다보스를 방문했을 때도 트럼프는 중국의 약탈적 무역 관행을 정면으로 비판했다. 그러면서도 시진핑 주석과 관련해서는 "그는 중국을 위해 일하고, 나는 미국을 위해 일한다. 그것만 빼면 우리는 서로 잘 지내는 사이다"라고 했다.[54] 트럼프는 코로나19가 미국에서 확산하기 시작한 2020년 1월부터 2월 말까지 두 달에 걸쳐 모두 15번이나 중국과 시진핑에 대해 긍정적인 발언을 했다.[55] 백악관을 떠난 다음인 2023년 4월 12일 폭스뉴스에 출연했을 때도 시진핑에 대해 "그는 탁월한(brilliant) 사람이다. 머리도 좋고 외모도 이만한 사람이 없다"라고 했다.[56]

트럼프는 김정은에 대해서도 비슷하게 말했다. 2019년 12월 5일 우드워드 기자 인터뷰에서, "그(김정은)는 교활하고 머리가 아주 좋다. 그러면서 강하다(crafty, smart, tough)", "김정은은 나를 좋아해. 나도 (김정은을) 좋아해"라고 말했다.[57] 또한 김정은이 "27세에 나라를 물려받았다"라고 하면서 대단히 총명한 사람이라고 평했다.[58] 트럼프는 김정은과의 친분과 신뢰 또는 인간관계를 구축함으로써 핵을 포함한 북한 문제를 해결할 수 있다고 본 듯하다. 2019년 하노이 북미 정상회담 둘째 날인 2월 28일, 양측이 합의에 이르지 못했을 때 트럼프는 김정은에게 "당신은 내 친구이며, 정말 좋은 사람"이라고 하면서, 그러나 지금은 거래를 성사시킬 준비가 돼 있지 않으니까 떠나야 한다고 말했다. 이 광경을 옆에서 지켜보는 마이크 폼페이오(Mike Pompeo) 장관이 보기에, 트럼프는 "쏘지 마세요. 우리는 친구입니다. 우리는 서로를 믿을 수 있어요. 같이 해결할 수 있어요"라고 타이르는 듯했다.[59] 평양으로 돌아간 김정은은 6월 10일 트럼프가 듣기 좋아할 만한 말로 긴 편지를 써 보냈다. 편지를 받아든 트럼프는 기자들에게 '아주 따뜻하고 아름다운 편지'를 받았으며, 대화가 재개될 수 있다는 신호라고 말했다. 한동안 편지를 주고받고 6월 30일에는 판문점 깜짝 만남도 했지만, 트럼프-김정은의 밀월은 8월 5일 김정은이 한미연합훈련 중단 약속을 지키지 않는다고 불평하는 편지를 트럼프에게 보낸 것을 마지막으로 끝났다.

트럼프는 레제프 타이이프 에르도안(Recep Tayyip Erdogan) 튀르키예 대통령과 블라디미르 푸틴(Vladimir Putin) 러시아 대통령, 빅토르 오르반(Viktor Orban) 헝가리 총리에 대해 좋은 말을 한다.[60] 2023년 12월에는 "미국의 정치체제가 썩었다"라고 한 푸틴의 말을 인용해 바이든 행정부를 공격했다.[61] 권위주의 정치를 대표하는 푸틴을 인용해 바이든을 비난한다는 것이 믿어지지 않지만 사실이다. 그뿐만 아니라 12월 5일 아이오와 대븐포트 타운 홀(Davenport Town Hall) 미팅에서 "백악관에 복귀하면 정치적 보복을 위해 독재자가 되지는 않겠지요?"라는 질문이 나오자, "첫날 하루만 빼고는 그런 일 없을 것"이라고 대답했다. 적어도 취임 첫날에는 독재자가 되겠다는 말이다.

특이한 것은 트럼프가 자유민주주의 국가의 지도자들에 대해서는 좋은 말을 하는 경우가 드물었다는 점이다. 트럼프는 2023년 4월 마크롱이 중국을 방문한 것을 두고 "시진핑에게 잘 보이려고 뚜쟁이 노릇을 한다"라고 비판했다. 2024년 1월 아이오와 선거 유세에서는 마크롱의 프랑스 발음을 흉내 내면서 놀림감으로 삼았다. 그러면서도 2017년 프랑스를 방문할 때는 마크롱 앞에서 메르켈(Merkel) 총리와 메이(May) 영국 총리를 패배자들이라고 비난했다.[62]

권위주의적인 지도자와 민주주의 지도자들에 대한 트럼프의 말과 행동에 차이가 나는 것을 이해하기 쉽지 않지만, 트럼프가 과시 욕구가 강하고 자기중심적인 사람이라고 생각하면 그렇게 어렵지도 않다.

　미국 국내에서 주류 사회를 벗어난 트럼프는 국제적으로도 자유주의적 국제주의에서 옆으로 비켜서 있는 지도자들과 함께 있을 때 오히려 편안함과 동류의식을 느끼지 않을까?

　트럼프는 우리가 흔히 말하는 민주주의와 거리감이 있다. 2020년 1월 인터뷰에서 우드워드 기자가 2018년 2월 자말 카슈끄지(Jamal Khashiggi) 피살 사건과 사우디 왕세자 무함마드 빈 살만(MBS)의 관계에 대해 문의했다. 트럼프는 "본인이 안 그랬다는데?", "사우디가 미국으로부터 얼마나 많은 무기를 사는지 아는가?", "이란은 하루에 36명이나 죽이는데" 등으로 대응했다. MBS가 특별히 잘못한 게 뭐가 있느냐고 되묻는 투다. 우드워드가 세 번이나 물었으나, 트럼프의 대답은 한결같았다.[63] 같은 인터뷰에서 트럼프는 자기가 아마존의 제프 베이조스(Jeff Bezos) 대표를 식사에 초대했던 일을 이야기했다. 베이조스는 2013년에 《워싱턴포스트》를 매입했다. 트럼프가 베이조스에게 "나한테 특별히 잘해달라고는 하지 않겠다. 공정하게만 대해달라. 잘하면 잘한다고 이야기해달라"라고 했다. 베이조스는 편집 일에 일절 관여하지 않는다고 했다. 트럼프는 "신문사 주인이 어떻게 뉴스에 관여하지 않느냐"라고 하면서 베이조스의 말을 믿을 수 없다고 했다. 우드워드가 베이조스의 말이 사실일 것이라고 했지만, 트럼프는 여전히 이해할 수 없다는 표정이었다.[64] 트럼프는 언론의 소유권과 편집권이 분리된다는 사실 자체를 이해하기 어려웠던 듯하다.

　자기중심적인 트럼프는 절대로 자기가 잘못했다거나 책임을 지겠다고 말하지 않는다. 2020년 3월부터 미국에 코로나19가 확산하고 사망자가 늘어나자 트럼프 행정부의 대책 마련이 늦다고 비판하는 목소리가 높았다. 그러나 트럼프는 이 비판을 받아들이지 않았다. 1월 31일에 이미 중국에서 오는 외국인의 입국을 금지했다는 사실만 강조했다. 다른 사람들은 너무 이르다고 반대하는데도 자신이 우겨서 입국 금지 조치를 했다고 주장했다.[65] 코로나19도 중국이 바이러스를 내보내는 바람에 문제가 된 것이지, 자기에게는 잘못이 없다고 했다. 코로나19가 닥치기 전에 미국 경제는 사상 최고를 달렸고 재선은 이미 따놓은 것이었는데, 갑자기 중국 바이러스가 덮치는 바람에 망쳤다는 것이 트럼프의 상황 인식이었다.[66]

2020년 7월 21일, 우드워드는 자기가 지금까지 8명의 역대 대통령을 인터뷰하는 과정에서 늘 던졌던 철학적인 질문을 트럼프에게 던졌다. "대통령이 되어 일하면서 자신에 대해 어떤 것을 알게 되었습니까?" 트럼프의 대답은 무척이나 자기도취적이었다.

나는 누구보다 많은 일을 감당할 수 있어요. 수많은 사람이 나한테 와서 말합니다. 그 많은 반대자와 사기꾼들, 불법적인 마녀사냥이 있는데도 불구하고, 도대체 어떻게 그 많은 일을 해내는지 모르겠다고요.[67]

트럼프는 자기도취 욕구가 충족되지 않을 때 그냥 넘기지 않았다. 트럼프가 로이 콘의 코치를 받으면서 부동산 사업으로 성공의 길을 찾아간 뉴욕은 쉬운 세계가 아니었다. 그곳은 몸으로 맞붙는 세계였다. 그런 곳에서는 자기 존중이나 개인의 품위, 합리적이고 존경받는 사람으로 보이려는 마음을 아예 던져버리는 사람이 절대적으로 유리하다.

> 트럼프를 둘러싼 생태계는 제로섬이었다. 무언가 가치 있는 것이 있으면 자기가 차지하든지, 아니면 누군가에게 빼앗긴다고 생각했다. (…) 내가 누군가에게 잘 대해주었지만 합당한 보답이 없다고 생각할 때, 트럼프는 매우 깊은 상실감과 배신감을 느꼈다.[68]

트럼프 백악관에서 부비서실장을 역임한 케이티 월시(Katie Walsh)는 "트럼프가 사랑을 받고 싶어 했다"라고 했다.

> 모두가 자기를 좋아해주기 바랐다. 그러다 보니 모든 것이 투쟁이었다. (…) 그래서 그는 이겨야 했고, 언제나 승자가 되어야 했다.[69]

언론 관계도 마찬가지였다. 트럼프는 모든 언론으로부터 사랑받고 싶어 했다. 언론이 트럼프를 대하는 태도는 인간 트럼프를 평가하는 면도 있겠지만, 그 언론의 성향을 나타낼 때가 많다. 그러나 트럼프는 자기가 대통령인 이상 모든 언론이 자기를 존경하고 친절하게 대해주기를 바랐다. "트럼프는 자신이 정치적으로 필요로 하는 것과 개인적으로 원하는 것을 구분하지 못했다. 그런 점에서 트럼프는 감정적이었고 전략적이지 못했다."[70]

『거래의 기술』에 실린 이야기 한 토막이다.

> 벽돌이 모자라 동생에게 빌려달라고 말했다. 동생은 "좋아, 그렇지만 다 만든 뒤에는 돌려줘야 해" 하고 말했다. 나는 내 벽돌과 동생의 벽돌을 모두 사용해 멋진 건물을 지었다. 만들어놓고 보니 하도 멋있어서 그만 벽돌들을 접착제로 붙여버렸다. 이것이 동생 벽돌의 마지막 운명이었다.[71]

자신의 목적을 달성하기 위해서는 다른 사람과의 약속이나 다른 사람이 입을 피해를 별로 생각하지 않는 트럼프의 성향을 드러낸다. 이토록 자기중심적이고 자기도취에 강한 트럼프에게 2020년 11월 대선 패배는 지금까지 경험한 그 어떤 사건보다도 더 충격적이었을 것이다. 선거에 패배한 다음의 트럼프 심정에 대해 마크 밀리 합참의장이 한 말은 절실한 느낌을 준다.

> 대통령이 되려는 사람은 누구나 자존감이 강하다. 트럼프는 자존감이 유달리 강하다. 그런데 이번 대선에서 트럼프는 지금까지 겪어보지 못한 가혹한 거절을 당했다. 트럼프가 느끼는 아픔은 누구도 이해하지 못할 것이다.[72]

권위주의적이다, 고집스럽다

자기중심적인 트럼프는 주변에 대해 강한 권위의식을 드러냈다.

대통령에 취임한 직후 트럼프는 제임스 코미 FBI 국장을 백악관으로 초청해 일대일 만찬을 했다. 코미 국장에 따르면, 트럼프는 그 자리에서 충성 서약을 요구했다.[73] 2017년 12월 10일 린지 그레이엄 상원의원과 골프를 칠 때도 "당신은 중립을 취하는 경향이 있는데, 100% 트럼프 지지자가 되어주는 것이 좋겠소"라고 강조했다.[74]

트럼프는 자기의 에고(ego)를 존중해주고 이해를 표시해주는 사람에게 관대했다. 트럼프가 대선 캠페인을 하는 동안 위스콘신 출신의 폴 라이언(Paul Ryan) 하원의장과는 그리 편한 관계가 아니었다. 라이언 의장은 공화당 주류에 속했고, 트럼프는 이 주류에 반기를 들었다. 대통령에 당선됨으로써 트럼프는 공화당을 뒤집었다. 그렇다면 이제 라이언도 쳐내는 것이 순서였다. 배넌 같은 참모가 그렇게 하자고 강력히 주장했다. 그러나 트럼프는 그러지 않았다. 라이언을 좋아하지 않았지만, 그것은 주류 정치인으로서 트럼프를 인정해주지 않았기 때문이었다. 그런데 이제는 라이언이 굽히고 들어왔다. 선거가 끝나고 처음 만났을 때, "라이언은 보기 딱할 정도로 트럼프에게 아첨을 떨었다."[75] 고분고분해졌으니 트럼프로서는 굳이 짓밟을 이유가 없다. 라이언은 유용하게 쓸 수 있다. 대통령이 되었지만, 트럼프는 의회를 어떻게 다루어야 할지 모른다. 라이언이 굽히고 들어온 이상, 그에게 의회 쪽 일을 맡겨두면 된다. 라이언은 2018년 말까지 2년간 하원의장으로서 트럼프와 호흡을 맞추었다. 2018년 말 중간선거에서 공화당이 다수당을 빼앗기고 나서 정계를 떠났다. 트럼프가 뿜어내는 반공화당 분위기 때문에 떠났지만, 그래도 형식은 스스로 선언한 정계 은퇴였다.

에고를 중시하는 트럼프의 모습은 대외관계에서도 마찬가지로 나타났다.

트럼프가 취임하자 캐나다 쥐스탱 트뤼도(Justin Trudeau) 총리가 트럼프를 만나려고 했다. 사실 캐나다는 트럼프가 당선되기 전부터 그 가능성에 대비했다. 캐나다 사람들은 자기들이 미국을 가장 잘 안다고 생각한다. 8,800km의 국경을 맞대고 있는 세계 최강대국 미국은 캐나다가 가장 잘 알아야 하는 상대가 틀림없다. 트뤼도의 아버지 피에르 트뤼도(Pierre Trudeau) 전 총리는 리처드 닉슨(Richard Nixon)과 동시대 사람이다. 1969년 오타와(Ottawa)에서 닉슨을 만났을 때 말했다.

미국의 옆에 있는 것은 코끼리 옆에서 자는 것과 마찬가지다. 이 짐승이 아무리 친절하고 온순하더라도 한 번씩 뒤척일 때마다 놀라지 않을 수 없다.

트뤼도 총리는 브라이언 멀로니(Brian Mulroney) 전 총리에게 도움을 구했다. 멀로니는 회고록에서 피에르 트뤼도 전 총리를 '나치에 대항하지 않은 겁쟁이'라 부를 정도로 앙숙이었다. 퇴임한 다음에는 플로리다로 가서 트럼프의 마라라고 리조트 가까운 곳에서 살았다. 트럼프와 가끔 골프도 치는 사이였다. 2017년 2월 13일 트뤼도 총리가 트럼프를 만나러 워싱턴에 갈 무렵, 캐나다는 멀로니를 통해 트럼프에 관해 많은 것을 파악하고 있었다. 트럼프는 '왕자병에 걸린 사람'이었다.[76] 그리고 트럼프를 상대하는 데 있어 가장 중요한 것은 당사자인 트뤼도가 트럼프와 어떤 관계를 만들어내느냐에 달려 있다는 사실을 알았다. 트뤼도는 트럼프가 당선된 날 전화를 걸었다. 그리고 트럼프가 아버지 트뤼도와 함께 찍은 사진을 찾아 보냈다. "트럼프에게 자기 사진보다 더 좋은 선물이 있을까?" 2월 13일 회담에서 트뤼도는 트럼프가 싫어할 만한 말은 아예 꺼내지도 않았다. 그날 언론은 트럼프의 딸 이방카가 트뤼도의 잘생긴 얼굴을 넋을 잃고 바라보는 사진을 회담의 가장 중요한 장면으로 보도했다. 트럼프는 트뤼도와 좋은 관계를 만들었다고 자랑했다. 트뤼도는 그것으로 충분했다.

아베 신조 일본 총리와 북한 김정은 위원장도 트럼프와 좋은 관계를 만들었다. 아베는 트럼프가 당선자 신분일 때 만난 유일한 외국 지도자다. 2016년 11월 17일 뉴욕 트럼프 타워를 방문한 아베는 금빛 골프채를 선물했고, 트럼프-아베 면담에는 딸 이방카가 배석했다. 트럼프가 취임한 다음인 2월 10일, 외국 지도자로서 메이 영국 총리에 이어 두 번째로 워싱턴을 방문한 아베는 백악관 회담 직후 트럼프와 함께 미국 대통령 전용기 공군 1호기를 타고 마라라고 별장으로 이동해 만찬과 골프를 함께 했다. 트럼프는 2018년 6월 김정은과의 싱가포르 회담을 기념비적인 사건으로 기억한다. 트럼프는 2018년 4월부터 이듬해 8월까지 김정은과 모두 27차례 서한도 교환했다. 트럼프는 이것을 '연애편지', '아름다운 편지'라고 불렀다. 미국

CIA 분석가들은 "역사의 중심 무대에 우뚝 서고 싶은 트럼프의 기분에 적절한 아부를 섞어 맞추어주는 솜씨를 보고 감탄을 금치 못했다"라고 한다.[77] 트럼프와 잘 맞은 또 한 사람은 사우디아라비아의 MBS 왕세자였다. 쿠슈너가 두 사람 사이를 중재했다. 쿠슈너와 MBS의 생각은 간단했다. "우리가 원하는 것을 네가 해주면, 네가 원하는 것을 우리가 해준다."[78]

여기에 비하면, 엔리케 페냐 니에토(Enrique Pena Nieto) 멕시코 대통령은 트럼프의 게임을 이해하지 못했다. 장벽 짓는 비용을 내는 척 모양새를 갖추어달라는 요청을 거부했다. 트럼프가 국경장벽 건설 비용을 멕시코 정부가 부담토록 하겠다고 고집하자, 2월 워싱턴 방문 계획을 취소해버렸다. 이 때문에 트럼프는 멕시코 상품에 관세를 부과하겠다고 위협하는 등 한동안 양국 관계가 서먹했다. 독일 메르켈 총리도 트럼프와 사이가 좋지 않았다. 메르켈은 트럼프가 미군 철수를 거론하면서 NATO 회원국의 분담금 증액을 요구하는 데 반발했다.

일단 에고 문제가 해결되면, 트럼프는 거래가 가능했다. 전략적으로 움직이는 것이 아니니까, 굳이 로드맵이라는 것이 필요 없었다. 그냥 공개적인 거래가 가능했다. 많은 나라가 트럼프의 미국에 어떻게 접근할지 몰랐지만, 어떤 나라는 기회를 포착했다. 러시아는 이란과 시리아 문제에서 양보하면, 우크라이나와 조지아에서 자유롭게 행동할 수 있겠다고 생각했다. 트럼프가 당선되고 얼마 지나지 않았을 때, 튀르키예의 고위 공직자 한 사람이 미국의 유력 기업인을 만나 물었다. "트럼프를 움직이려면 튀르키예 주둔 미군을 두고 압박하는 것이 좋을까, 아니면 보스포루스 해협의 길목 좋은 곳에 트럼프 호텔을 짓도록 하는 것이 좋을까?"[79]

이것은 적나라한 거래였다. 헨리 키신저(Henry Kissinger) 스타일의 현실정치였다. 생전의 키신저는 뉴욕 사교계를 통해 트럼프를 알고 있었을 뿐만 아니라 그의 사위 쿠슈너도 알고 있었다.

트럼프의 자기중심적이고 강한 권위의식이 사람을 쓰는 데서는 가혹한 모습으로 나타났다. 트럼프는 일단 자기 휘하에 들어왔다고 생각하면, 사람을 함부로 대했다. 쉬운 말로 하자면, 갑을관계가 명확했다. 백악관 참모나 행정부 각료들을 교체할 때 보면, 트럼프가 진행한 리얼리티 쇼 〈어프렌티스〉에서 "당신은 해고야!" 하는 것과 같았다. 대통령이 된 다음의 트럼프는 "당신은 해고야!"를 트윗으로 날렸다.

2017년 7월 말 프리버스 비서실장을 교체할 때였다.[80] 트럼프는 오바마의 의료보험법, 소위 오바마케어를 새로운 보험 체계로 바꾸는 법안이 의회에서 부결된 일 때문에 프리버스 비서실장을 비난했다. "의회 주요 인사들과 관계를 더 잘 관리했더라면 이런 결과가 나오지 않았을 것 아니냐." 프리버스가 해명을 시도했으나, "당신은 실패했어"라는 말만 들었다. 프리버스는 사표를 냈다. 그날 오후 롱아일랜드(Long Island) 연설회에 가는 비행기 안에서 트럼프가 물었다. "후임은 누구로 정할까?" 프리버스는 "존 켈리(John Kelly) 국토안보부 장관이 좋겠다"고 추천했다. 트럼프도 수긍했다. 프리버스는 주말이나 다음 주 월요일쯤 기자회견을 통해 교체를 발표하면 좋겠다고 했다. 트럼프도 "주말에 발표하자"라고 했다. 프리버스를 포옹하면서 "수고 많았어"라는 말도 했다. 그런데 비행기가 도착해 내리려 할 때, 프리버스의 트윗에 알림이 떴다. 트럼프의 메시지였다. "국토안보부 장관 존 F. 켈리 장군을 백악관 비서실장에 임명했음을 알립니다."[81] 트럼프는 내일 발표하자고 금방 이야기해놓고도 일방적으로 발표했다. 후임으로 내정한 켈리 장관에게 사전 통보도 하지 않았다. 켈리 장관은 전임자 프리버스 실장에게 "정말 몰랐다. 알았으면 진작 알렸을 것이다"라고 미안해했다.

프리버스는 자기가 물러나는 모양새가 불편했다. 그런데 트럼프가 연민을 느낄 줄 모르는 사람이라고 전제하면, 그리 이상하게 느끼지 않을 수 있다. 실제로 그로부터 이틀 뒤, 트럼프가 프리버스에게 전화했다. "어떻게 지내? 별일 없어?" 트럼프는 비서실장 교체 과정에서 프리버스가 감정을 상했을 수 있다는 생각을 아예 하지 않았다. 갑작스럽게 해고해놓고도 이처럼 편하게 전화하는 것이 전혀 어색하지 않았다.[82]

트럼프가 사람을 내칠 때는 일방적이고 독단적이며 무자비하다. 2017년 5월 초 미중 양국이 1차 무역 협상을 마무리했다. 중국은 소고기를 포함한 미국 상품 수입을 확대하는 대신 닭고기를 수출하고 금융시장 개방을 검토하기로 했다. 5월 12일 《뉴욕타임스》는 중국이 양보하지 않았으며 무역적자 해소에 별 도움이 되지 않겠다는 평가를 실었다. 그날 백악관 회의에서 트럼프가 79세의 윌버 로스 상무장관을 질책했다. "난 당신이 싸움꾼이라고 생각했어요. 월스트리트에 있을 때는 큼지막한 거래도 만들고 했잖아요. 이제 보니까, 아니네요. 이제는 훌륭한 협상가가 아닙니다. (…) 당신을 믿을 수 없습니다. 앞으로는 협상에 나서지 마세요."[83] 그러고는 로버트 라이시저(Robert Lighthizer) 미국무역대표부(USTR) 대표에게 앞으로 협상을 맡으라고 지시했다. 트럼프는 듣는 사람을 배려하지 않았다. 2018년 3월 13일 렉스 틸러슨(Rex Tillerson) 국무장관을 해임하고 마이크 폼페이오 CIA 국장을 후임으로 임명할 때도 마찬가지였다. 당시 틸러슨은 아프리카 대륙에서 확대일로에 있는 중국의 영향력을 견제하기 위해 에티오피아, 차드, 지부티, 케냐, 나이지리아 등 5개국을 순방하고 있었다. 켈리 비서실장으로부터 곧 해임 발표가 있을 것이라는 연락을 받은 틸러슨은 마지막 일정인 나이지리아 방문을 취소하고 급거 귀국했다.[84] 트럼프는 틸러슨이 아프리카 순방을 마칠 때까지 기다려주지 않았다.

러시아 스캔들을 조사하는 로버트 뮬러(Robert Mueller) 특별검사의 보고서가 마무리 단계에 있던 2019년 2월 7일 트럼프는 댄 코츠 국가정보국장을 불러 "트럼프 캠프와 러시아의 관계에 대해 아무런 관련 정보가 없다"라고 발표해달라고 했다. 코츠는 "특별검사 수사가 끝나지 않은 상황에서 국가정보기관이 이런 입장을 낼 수는 없다"라고 했다. 그리고 사직서를 제출했다. 트럼프는 "지금은 때가 아니다. 그만두더라도 나중에 모양새를 갖추어 그만두자"라고 하면서 만류했다. 코츠는 사의를 철회했다.[85]

그로부터 5개월이 지난 7월 28일 코츠 내외는 트럼프 내셔널 클럽(Trump National Club)에서 골프를 치다가 마침 그곳에 들른 트럼프와 마주쳤다. 트럼프는 무언가 당황하는 표정을 지었으나 특별히 다른 말을 하지는 않았다. 한 시간이 지난 다음 코츠의 보좌관이 헐레벌떡 달려와서는 트럼프가 코츠 국장을 교체한다는 트윗을 날렸다고 보고했다. 5개월 전에 사표를 극구 반려했으면서도 정작 교체 시점에 이르러서는 본인과 사전 협의는커녕 바로 앞에 서 있던 당사자에게 알리지도 않은 것을 어떻게 설명할 수 있을까? 냉정한 정도를 넘어 야비해 보이기까지 한다.

에고를 주장하는 트럼프의 성향은 심지어 부부 사이에서도 나타났다. 첫째 부인 이바나는 세 아이의 어머니가 된 다음 트럼프와 대등한 동반자가 되었다고 생각했다. 원하지 않는 뉴욕 사교계 모임에 트럼프를 끌고 다녔다. 트럼프의 생각은 그게 아니었다. 자기를 위해 분위기를 띄워줄 사람이 필요했을 뿐, 대등한 동반자를 원한 것이 아니었다. 무대에는 한 사람의 주인공만 있으면 충분했다. 둘째 부인 말라도 같은 실수를 했다. 뉴욕 사교계에 독자 영역을 구축하려고 했다.

1998년에 만난 셋째 부인 멜라니아는 트럼프와의 거래가 무엇을 의미하는지 정확히 알았다.

힘 있는 남자를 남편으로 둔 여성은 돈을 보고 남편 주위에 몰려드는 다른 포식자들과 경쟁해야 한다. 그러고는 자기가 진정한 사랑으로 남편을

감싸면 주위에 보이지 않는 방어막이 만들어지고, 그것이 떼 지어 덤벼드는 포식자 무리를 막아주리라고 생각한다. 멜라니아는 그런 환상을 갖지 않았다. (…) 멜라니아는 남의 주목을 받는 일에 전혀 관심이 없었으며, 강철처럼 단단해 아무나 침범할 수 없는 무언가가 있었다. (…) 슬로베니아에서 이민 온 사람으로 온갖 풍상을 겪었다. 남편 주변에 포르노 배우들이 따라다니거나 말거나 신경 쓰지 않았다. 트럼프가 기분이 좋으면 그것으로 충분했다.[86]

에고가 강한 트럼프는 한 번 자기 생각을 정하면 쉽게 바꾸려 하지 않았다. 어떻게 해서든지 자기 생각이 옳다는 것을 인정하게 만들려고 했다.

기자회견을 보면 알 수 있다. 트럼프는 현안을 피하고 사소한 일을 꼬치꼬치 파고들면서 어려운 질문을 피해가는 데 매우 능란하다. 이런 성향은 일대일 면담이 되면 한층 심하다. 요리조리 피하면서 사람을 미치게 만든다. 매티스, 틸러슨, 코츠 등이 모두 여기에서 나가떨어졌다.[87]

트럼프는 이런 과정에서 아래 사람끼리 논쟁을 붙이는 것을 좋아했다. 서로 치열하게 다투는 과정에서 창의적인 의견이 나온다고 보았다. 편안하고 조화를 중요시하는 환경은 집단적 사고를 조장할 수 있다고 보았다.[88] 그러나 트럼프가 논쟁을 유도한다고 해서 멋모르고 따라갔다가는 낭패를 본다. 특히 트럼프는 누가 가르치려 드는 것을 참지 못했다. 맥마스터가 안보보좌관 후보로 트럼프 타워에 면접을 보러 왔을 때, 배넌이 조언했다. "절대로 가르치려 들지 마라. 강의하 듯이 하지 마라. 트럼프는 학자를 좋아하지 않는다. 트럼프는 학교에 다닐 때 필기를 해본 적이 없다. (…) 학기말 시험이 있는 날이면 밖에 서 놀다가 한밤중에 들어와 커피 한 통 마신 다음 친구가 쓴 노트를 외우는 데까지 외우고는 아침 8시에 시험장에 간다. 그리고 C 학점 을 받는다. 그러면 된 것이다. 트럼프는 돈을 벌려고 작정했으니까, 성 적은 C 학점이면 충분했다."[89]

스타우드(Starwood) 금융의 창업자이자 트럼프의 골프 친구인 배 리 스턴리히트(Barry Sternlicht)는 트럼프가 골프의 룰을 지키지 않는 다고 했다. "트럼프는 언제나 자기가 이겼다고 한다. 자기가 하는 일 이 속임수라는 생각을 아예 하지 않는다."[90]

돌이켜보면 트럼프 행정부에서 고위직 이동은 역대 다른 정부에 비해 특히 빈번했다.*

트럼프가 비교적 익숙하지 못한 외교안보 분야에서 더욱 두드러 졌다. 정권 초기에 능력 위주로 발탁한 제임스 매티스 국방장관, 렉 스 틸러슨 국무장관, 댄 코츠 정보국장이 오래 버티지 못하고 밀려 났다. 이들에게는 하나의 공통점이 있었다. 정도의 차이는 있지만,

---

* 비서실장: 라인스 프리버스, 존 켈리, 믹 멀베이니, 마크 메도스
  외교보좌관: 마이클 플린, H.R. 맥마스터, 존 볼턴, 로버트 오브라이언
  국무장관: 렉스 틸러슨, 마이크 폼페이오
  국방장관: 제임스 매티스, 패트릭 섀너핸(대행), 마크 에스퍼, 크리스토퍼 밀러(대행)
  국가정보국장: 댄 코츠, 존 락클리프
  CIA 국장: 마이크 폼페이오, 지나 해스펠

트럼프가 외교안보를 잘 모른다고 생각해 가르치려 들었다는 점이다. 2017년 7월 20일 매티스, 틸러슨, 코츠, 그리고 백악관 경제보좌관 게리 콘 등이 트럼프를 학습시키기 위해 만든 국방부 지하벙커(TANK) 회의가 대표적이었다. 트럼프는 이들이 설파하는 자유주의적 국제질서와 미국의 동맹체제를 이해하려 들지 않았다. 아니, 받아들일 수 없었다. '아메리카 퍼스트'와 '해외개입 축소'는 트럼프의 핵심 공약이었으니, 양측 입장이 접합점을 찾지 못하는 것이 당연했다. 회의가 끝난 뒤, 틸러슨 장관은 트럼프를 두고 "fucking moron(빌어먹을 멍청이)"이라고 욕했다. 주변에 있던 사람들이 들었고, 소문이 퍼져 결국 틸러슨의 해고를 촉진하는 한 가지 요인이 되었다. 틸러슨이 트럼프를 "fucking moron"이라 욕한 사건에 따라다니는 일화가 있다. 당시 국무부는 공식적으로 틸러슨 장관이 "moron이라 한 적이 없다"라고 강력히 부인했다. 미치 매코널(Mitch McConnell) 공화당 상원 원내대표가 사석에서 농담으로 말했다. "틸러슨이 'moron'이라 한 적 없다고 부인한 이유를 알아? 'moron'이라 하지 않고 'fucking moron'이라고 했으니까."[91]

우드워드 기자의 기록에 따르면, 2016년 6월 19일 스티브 배넌은 트럼프 캠프에 합류하기 위해 뉴욕 베드민스터(Bedminster) 골프 리조트로 트럼프를 만나러 갔다.

배넌이 들어갔을 때, 트럼프는 그날 아침 《뉴욕타임스》 기사 때문에 캠페인 매니저 매너포트(Manafort)에게 화를 냈고, 매너포트는 트럼프에게 "그게 아니고. (…) 도널드"라면서 변명을 늘어놓고 있었다.

배넌은 매너포트가 트럼프에게 존칭을 사용하지 않고 '도널드'라는 이름(first name)을 부르는 것 때문에 트럼프가 더 화를 낸다고 생각했다. 그리고 자기는 절대로 트럼프를 '도널드'라 부르지 않기로 했다.[92] 트럼프는 매너포트를 캠페인 본부장에서 해임하고 그 자리에 스티브 배넌을 앉혔다.

어느 날 트럼프는 자기 부인에게 잘못을 고백했다는 친구에게 조언했다. "진정한 힘은 공포다(Real power is fear). 모든 것은 힘에 달렸다. 절대로 약점을 보이지 마라. 넌 언제나 강해야 해. 겁먹지 마라. (…) 절대로 (잘못했다고) 인정하지 마라."[93] 협상할 때도 트럼프는 '공포'라는 심리적 요소를 활용한다. 부동산업을 오래 해오는 동안 '하다가 안 되면 다시 하면 된다'는 원칙을 체득했다. 2019년 2월 하노이에서 김정은은 트럼프의 공포 전략에 당한 셈이다.

파산도 하나의 사업 전략이다. 때려치우자면서 손 털고 나온다. 진정한 힘은 공포다.[94]

트럼프가 이처럼 자기주장에 강한 것은 사업가로서 성공한 배경과 관련이 있지 않을까? 오늘의 트럼프를 만든 것은 결국 돈이다. 트럼프는 어마어마한 부자이면서도 인색하리만큼 돈에 집착하는 모습을 보인다.

2016년 대선 때도 선거본부는 늘 돈에 궁색했다. 트럼프가 공화당의 주류 정치인이 아니었기 때문에 정치 후원금이 넉넉하게 들어오지 않았다. 이런 상황이면 트럼프가 자기 돈을 쓸 수도 있다. 미국 선거법은 후보가 자기 돈을 쓰는 데 제한을 두지 않는다. 돈이 있으면 얼마든지 써도 법적으로 문제가 없다. 그런데도 트럼프는 돈을 쓰려고 하지 않았다. 2016년 6월 배넌이 캠프에 합류한 다음 트럼프에게 5,000만 달러를 선거비용으로 지원해달라고 호소했다. 결국 트럼프는 1,000만 달러, 그것도 선거 후원금이 들어오는 대로 돌려받는다는 조건으로 내놓았다.[95]

대통령이 되고 나서도 트럼프는 대외 무역수지와 안보 무임승차 문제를 집요하게 거론했다. 한국이 미군 주둔 비용을 더 부담하지 않는다고 문제를 제기했고, NATO 국가들도 GDP 2%를 국방비로 지출하겠다는 약속을 지키지 않는다면서 유럽 주둔 미군을 철수하겠다고 위협했다.

트럼프는 근거가 불확실한 막말을 하는 데 주저하지 않는다. 2016년 대선 과정에서 트럼프는 오바마 대통령의 출생지가 미국이 아니라고 주장했다. 같이 경선에 나선 테드 크루즈(Ted Cruz) 상원의원(공화-텍사스)에 대해서는 "부인에 관한 비밀스러운 소문을 퍼뜨려버리겠다"라고 위협했다. 2024년 공화당 경선에 나왔던 론 디샌티스(Ron DeSantis)를 보고는 "게이, 아동 성 학대자"라고 했다. 니키 헤일리(Nikki Haley) 후보에 대해서도 "싸구려 옷을 입고 다닌다", "밝히기 싫어하는 스캔들이 있다" 등으로 말한다. 트럼프는 정적에게 별명을 붙이는 데도 선수다. 조 바이든 대통령은 "구부정한 조(Crooked Joe)", "졸리는 조(Sleepy Joe)" 등으로 부르며, 니키 헤일리에 대해서는 "니키 '님라다(Nimrada) 헤일리'라고 하여 인도 출신임을 드러나게 만든다. 김정은을 "쪼끄만 로켓맨(Little Rocket Man)"이라고 한 것은 우리도 잘 아는 사실이다. 위키피디아에는 트럼프가 지어낸 별명을 모아놓은 페이지가 따로 있다.[96] 재미있다고 한다면 그렇게 볼 수도 있지만, 이런 터무니없고 근거 없는 말이 서서히 상대방에 대한 대중의 신뢰를 무너뜨린다.

거기에다 트럼프는 뻔뻔하다. 2016년 두 번째 후보 토론회가 열리던 10월 9일 트럼프는 힐러리 후보가 자기의 여성 편력을 문제 삼을 것에 대비해 클린턴 전 대통령과 전력이 있었던 여성 3명을 대선 토론장에 초청해 기자회견을 하게 만들었다.[97] 이런 상황에서 힐러리가 트럼프의 여성 편력을 문제 삼기 힘들었을 것임은 물론이다. 2017년 러시아의 2016년 대선 개입을 조사하는 과정에서 트럼프의 여성 편력이 문제시되었고 여러 건의 고발이 있었다. 이럴 때 트럼프가 대응하는 방식은 "그런 적 없다"가 아니라, "그런 사람과는 그러지 않는다"였다. 2006년 13만 달러의 입막음 돈을 주었다고 한 포르노 배우 스토미 대니얼스(Stormy Daniels)에 대해서도 "그 여자는 말상(horse face)이다. 나는 그런 사람을 건드리지 않는다"라고 했다.[98] 부인 멜라니아는 이런 일이 있어도 놀라지 않고 화내는 법도 없었다. 나중에 친구가 묻자, "트럼프는 그냥 트럼프야"라고 답하는 정도였다. 어느 기자가 "트럼프가 부자가 아니었더라도 그와 결혼했을까요?"라고 묻자, "내가 미인이 아니었더라도 트럼프가 나와 결혼했을까요?"라고 되물었다.[99] 두 사람의 결혼 생활이 어떨까에 관해 이런저런 말이 나오는 것이 당연했다. 2017년 5월 22일 이스라엘 벤구리온(Ben Gurion) 공항에 내리는 트럼프가 멜라니아의 손을 잡으려고 하자 멜라니아가 뿌리치는 장면이 카메라에 잡혔을 때 모든 언론이 두 사람 관계에 관심을 보였다.

쿠슈너가 본 트럼프

우드워드 기자는 쿠슈너가 트럼프의 성격을 냉정하고 정확하게 평가한다면서 높은 점수를 준다. 쿠슈너는 트럼프를 이해하려면 네 가지 글을 읽어보라고 했다.[100]

첫째는 레이건 대통령의 연설문을 담당했던 《월스트리트저널》 칼럼니스트 페기 누넌(Peggy Noonan)이 2018년 3월 8일에 쓴 글. 제목은 'Over Trump, we're as divided as ever(트럼프 때문에 우리는 그 어느 때보다 분열되어 있다).' 우리는 지금 불안을 느낀다. 불안정하고 미숙하고 혼란스러운 트럼프의 성격 때문이다. 프랭클린 루스벨트나 로널드 레이건 같은 정치 9단이 속마음을 드러내지 않고 있을 때 느끼는 궁금증이나 조바심이 아니라, 광기 속에서 무언가 불행한 일이 일어날 것 같은 불길한 예감이 있다. 트럼프에 대한 혹평이다.

쿠슈너가 두 번째로 소개한 글은 『이상한 나라의 앨리스(Alice in Wonderland)』, 그리고 이 속에 나오는 체셔 캣(Cheshire Cat) 이야기. 이야기 속에서 체셔 캣은 참고 버티기만 할 뿐, 전략적인 방향이 없다. 쿠슈너는 "어디로 가는지 모르면 어떤 길로 가더라도 목적지에 도달할 수 있다"라고 했다. 트럼프는 그때그때 상황을 넘어갈 뿐, 어디로 가려는지 목적지가 없다. 우드워드는 이 말이 얼마나 부정적인 의지를 갖는지, 쿠슈너가 알고서 이런 말을 했을까, 궁금하게 생각했다.

세 번째 글은 크리스 위플(Chris Whipple)의 『게이트키퍼(The Gatekeepers: How the White House Chiefs of Staff Define Every Presidency)』, 원래 이 책의 결론은 백악관 비서실장이 대통령 다음으로 국가 운명을 좌우하는 강력한 힘을 가지고 있다는 것이었다. 그러나 2018년 3월 증보판에서 저자는 트럼프가 비서실장의 권고를 듣지 않기 때문에 누가 비서실장이 되든 트럼프는 트럼프일 수밖에 없다고 결론을 내렸다.

네 번째 글은 스콧 애덤스(Scott Adams)의 『승리의 기술(Win Bigly: Persuasion in a World Where Facts Don't Matter)』. 트럼프가 사실과 다른 말을 하는 것은 실수나 부주의 때문이 아니라 '의도적으로 오류를 설득하는 기술'이라고 설명했다. 저자는 트럼프가 대부분 이슈에 대해 자기 나름의 '현실'을 만들어낼 수 있다고 본다. 그것을 보여주는 예로, 쿠슈너는 2020년 2월 4일 의회 상하원 합동회의 연설에서 트럼프가 "지금 미국 경제는 역사상 최고다"라고 말한 것을 들었다. 경제가 좋기는 하지만, 역사상 최고는 아니다. 그런데 이런 문제를 두고 논란이 일어나면 경제가 좋다는 측면이 점점 더 부각된다.

쿠슈너가 권했다는 네 가지 글을 종합하면, 트럼프는 혼란하고 방향감각이 없으며, 고집스럽고 남을 조종하려 드는 사람이다. 사위가 왜 장인을 이처럼 혹독하게 평가했을까? 우드워드도 약간의 의문을 제기했다.[101]

그래도 쿠슈너가 장인을 정확하게 보고 있었던 것은 틀림없다. 쿠슈너는 "트럼프가 회의할 때 모습을 보아야 한다. 끊임없이 질문하고 흔들어서 끝내 원하는 방향으로 비틀어버린다"라고 했다.[102] 예를 들어 누군가 50을 제의하면, 트럼프는 "100이면 어떤가?"라고 묻는다. 상대가 "그렇게 할 수 없다"라고 설명을 붙이면, 트럼프는 "그러면 0으로 가면 어떤가?"라고 묻는다. 이렇게 상대를 흔들면서 처음에 50을 제의한 사람이 얼마나 확고한 근거를 가지고 말했는지 확인한다.[103] 이런 대통령 앞에서 흔들리지 않고 소신을 지켜내기는 쉽지 않을 것이다. 지나치게 강하면 부러진다. 그렇다고 트럼프의 말에 따라 흔들리는 모습을 보이면 이번에는 바보 같다는 소리를 듣는다. 어느 쪽이든 배척될 가능성이 크다. 트럼프 행정부에서 빈번한 인사교체를 목격한 것은 우연이 아니었다.

쿠슈너는 장인을 이해하는 만큼이나 트럼프의 변덕에 대응하는 나름의 방법도 터득하고 있었다. 트럼프로부터 빨리 답을 얻어내고 싶으면 트럼프에게 가는 정보를 제한한다. 단, 그렇게 한 다음 다른 사람이 들어가 새로운 정보를 제공하는 일이 없도록 해야 한다. 만약 새로운 정보가 들어가면 트럼프는 생각을 바꾼다. 한 번 내렸던 결정도 다시 바꿀 수 있다.[104] 쿠슈너는 트럼프의 생각을 관리하는 방법을 터득했다. 2:1의 원칙, 즉 한 가지 듣기 나쁜 말을 하려면 반드시 두 가지 좋은 이야기를 먼저 할 것, 트럼프에게 여론조사 결과를 보고할 때는 5% 보태서 이야기할 것 등이었다. 전통적인 여론조사 기법으로는 트럼프 지지자의 상당 부분을 놓친다는 가설하에 그렇게 했다.[105] 수많은 사람이 백악관에 왔다가 물러가는 것을 지켜본 쿠슈너는 이렇게 판단했다. "처음부터 끝까지 트럼프의 쇼이며, 트럼프의 파티다. 파도를 만들어내는 것은 트럼프다. 그것을 잘 보고 있다가 그 파도를 잘 타는 것이 살아남는 길이다." 쿠슈너는 트럼프의 에고가 폭발할 때는 현장을 피하는 것이 상책이라는 것을 알았다.

우드워드 기자는 트럼프와 가진 17차례의 인터뷰를 끝내고 나서 트럼프에 대한 인상을 다음과 같이 기술했다.

때로는 믿을 만했지만, 어떨 때는 전혀 믿음이 가지 않았고, 많은 경우 반신반의하도록 만들었다. (…) 오락가락하고 얼버무렸으며, 우리나라가 직면한 문제를 나만이 해결할 수 있다고 큰소리치면서도 정작 지도자 역할은 회피했다. (…) 트럼프는 살아 있는 역설(paradox)이다. 친근하고 사람을 끄는 힘이 있는가 하면, 야비하고 특히 사람을 다루는 데서는 믿지 못할 정도다.[106]

2019년 12월 5일 자 인터뷰에서 우드워드는 "대통령의 책무란 다수 국민을 위해 무엇이 좋은지, 그것을 이루기 위해 어떤 방법이 있는지 로드맵을 제시하는 것 아니겠느냐"라고 하면서, 트럼프의 생각을 물었다. 트럼프는 "그렇다"고 수긍하면서도, "길이란 항상 바뀌는 것이 아닌가? 많은 사람이 유연성을 잘 모르는데, 길이란 늘 바뀐다"
라고 대답했다.[107]

그렇다. 트럼프라는 인물의 성격을 몇 마디, 몇 줄의 말로 풀어내
기는 쉽지 않다. 우드워드가 말한 '역설'일 수도 있지만, 트럼프 본인
이 말하는 '유연성'일 수도 있다. 또한 트럼프를 '가슴이 따뜻한 커
다란 원숭이'라고 본 배넌도 트럼프의 한 면을 올바르게 보았을 것
이다.

DONALD

★★★

2부

트럼프의 정치

TRUMP

1장 진영정치

미국 정치의 이단아, 트럼프

사업이 커나가면서 트럼프가 정치에 관심을 가지는 것은 자연스러웠다. 이해관계가 얽히고 부딪히는 일이 점점 많아졌으니까.

정치에 대한 트럼프의 관심이 주목을 받은 계기는 1987년 9월 거금 약 10만 달러를 들여 《뉴욕타임스》, 《워싱턴포스트》, 《보스톤글로브》 등 3개 지에 미국의 외교·국방정책에 관한 개인 광고를 냈을 때였다. 트럼프는 일본과 사우디아라비아의 안보 무임승차를 비판하고 미국 외교안보정책의 전환을 촉구했다.

당시 이 광고가 주목받은 이유는 트럼프의 대외정책 지향 때문이 아니었다. 사람들의 관심은 '41세의 부동산 부자가 어디에 출마할 생각이기에 이런 광고를 냈을까'에 있었다. 그러나 트럼프는 아직 어디든 출마할 생각이 없었다. 당시 뉴욕의 시장과 주지사는 민주당이 차지하고 있었고, 공화당이 트럼프에게 출마 의사를 타진했으나 트럼프는 거절했다.

그렇다고 해서 트럼프가 정치에 관심이 없는 것은 아니었다. 트럼프는 1987년 11월에 『거래의 기술』을 출판했다. 긍정적으로 사고하고 노력하면 마침내 어려움을 극복하고 목표에 도달할 수 있다는 이야기는 호소력이 있었고, 《뉴욕타임스》 베스트셀러에도 올랐다. 『거래의 기술』 덕분에 지명도가 올라간 트럼프는 각종 인터뷰에 출연했고, 그에 따라 트럼프의 정치적 야망에 대한 추측도 많아졌다. 1988년에는 트럼프 스스로 부시 전 대통령의 러닝메이트가 되기 위해 당시 공화당 전국위원회(RNC) 의장이자 부시의 정치 자문을 맡고 있던 리 앳워터(Lee Atwater)에게 접근하기도 했다. 저서 출판도 계속했다. 1987년 『거래의 기술』의 성공에 힘입어, 1991년에는 『생존의 기술(Trump: The Art of Survival)』, 1997년에는 『복귀의 기술(Trump: The Art of the Comeback)』 등 '기술' 시리즈를 발간하기도 했다.

트럼프가 대통령이 되겠다는 생각을 드러낸 것은 1990년대 후반이 되어서였다. 1999년 미국 개혁당에서 경선에 나섰다. 팻 뷰캐넌(Pat Buchanan)에 패하고 말았지만, 트럼프의 정치적 야망을 알린 중요한 계기가 되었다.

트럼프는 2004년부터 NBC 리얼리티 쇼 〈어프렌티스〉의 진행을 맡으면서 전국적인 인물로 부상했다.

2011년 2월 트럼프는 미국 보수주의의 연례 정치행사인 보수정치행동회의에서 연설했다. 대선 출마 의지가 있는 것 아니냐는 추측을 불러일으켰으나, 그해 5월 트럼프는 출마하지 않겠다고 밝혔고, 이듬해 2월에 밋 롬니(Mitt Romney) 후보를 지지한다고 선언했다.

백악관에 대한 트럼프의 꿈은 2015년에 출마를 발표하면서 절정에 이르렀고, 2016년에 마침내 그 꿈을 이루었다.

트럼프는 정치에 발을 들여놓을 때부터 정당을 넘나드는 데 별 부담을 느끼지 않았다. 1987년 맨해튼에서 처음 공화당에 당원 등록을 한 이후 5번이나 소속 정당을 바꾸었다. 1999년에 뉴욕독립당(Independence Party of New York)으로 옮겼다가 2001년 민주당으로 바꾸었으며, 2009년에는 다시 공화당, 2011년 무소속(independent), 그리고 2012년에 다시 공화당으로 돌아왔다. 2004년 트럼프의 CNN 인터뷰를 보면, "나는 공화당보다 민주당에 더 가깝다. 공화당보다 민주당이 집권하고 있을 때 경제가 더 잘 돌아가는 것 같다"라고 했다.[1] 2015년에도 비슷한 말을 했다. 자기의 정치적 입장은 범위가 매우 넓으며, 때로는 민주당에 더 가까운 편이라고 했다.

오늘날 돌아보면, 트럼프가 정당 소속을 중요하게 여기지 않은 것이 당연하게 여겨진다. 트럼프가 보기에는 공화당이든 민주당이든 기득권을 대변하는 기성 정치세력의 일부일 뿐, '보통 사람들'의 이익과는 거리가 먼 정당들이었기 때문이다. 개혁당 후보로 백악관 진출의 꿈을 꾸기 시작한 트럼프는 처음부터 미국 정치의 이단아였던 셈이다.

트럼프가 백악관에 대한 야심을 알린 2000년 대선에서 개혁당은 팻 뷰캐넌을 후보로 지명했다. 뷰캐넌은 1992년과 1996년에 공화당 경선에 참여했으나 실패했다. 1999년에는 공화당을 기득권 정당이라고 비판하면서 제3정당인 개혁당에 합류했다.[*] 개혁당은 2000년 대선에서 팻 뷰캐넌을 후보로 지명했다.

　뷰캐넌이 주창한 것이 바로 '아메리카 퍼스트'였다. 이 말은 트럼프 때문에 오늘날 우리에게 익숙해졌지만, 그 뿌리는 깊다. 공화당의 '아메리카 퍼스트' 정치인으로 19세기 중반에 활약한 오하이오 출신의 로버트 A. 태프트(Robert A. Taft) 상원의원이 있다. 그는 27대 대통령 윌리엄 H. 태프트(William H. Taft)의 장남이다. 태프트 대통령은 전쟁장관으로 재직 중이던 1905년 일본을 방문해 일본의 조선 통치에 반대하지 않는다고 약속한 가스라-태프트 조약에 서명한 사람이다. 그의 대통령 재임 마지막 해인 1912년에 도쿄시장이 보내온 벚나무가 워싱턴의 웨스트 포토맥 공원(West Potomac Park) 타이들 베이슨(Tidal Basin) 주위에 심어져 지금까지도 미일 우호의 상징으로 봄마다 꽃을 피운다.

　태프트 의원은 고립주의자였고, 중상주의 정책을 추구했다. 1938년 상원의원에 당선된 태프트는 당시 뉴딜정책을 계획경제라고 비판했다. 루스벨트 대통령이 영국을 지원하려고 하자 불필요한 개입주의라고 반대했다. 강력한 군대가 있고 대서양과 태평양에 둘러싸여 있는 미국은 국내 문제에만 신경 쓰면 되지, 바다 건너 먼 곳에서 일어나는 일에 관여할 필요가 없다고 보았다. 2차 대전이 끝난 다음에도 태프트는 유엔 가입, 브레튼우즈 협정과 NATO 결성에 반대

---

[*]　개혁당은 텍사스 기업인 로스 페로(Ross Perot)가 1996년에 만들고 대선에 출마한 정당이다. 2000년 이후에는 세력이 약화하여 대선 후보를 내지 못하고 있다.

했다. 공산주의를 거부했지만, 소련을 봉쇄하는 데는 반대했다. 미국이 유럽에 이해관계가 없고 소련을 자극할 수 있다는 이유에서였다. 태프트는 1940년, 1948년, 1952년에 공화당 후보 지명을 위해 뛰었으나 실패했다. 태프트가 주창한 경제적 자유방임주의와 대외 고립주의는 당시 미국 주류 사회의 분위기와 맞지 않았다. 공화당 주류는 결국 2차 대전의 영웅 드와이트 D. 아이젠하워(Dwight D. Eisenhower)를 끌어들여 태프트의 백악관 진출을 막았다.[2]

'아메리카 퍼스트'는 40년 동안 잠복한 후 냉전이 끝나면서 뷰캐넌에 의해 되살아났다. 뷰캐넌은 레이건과 부시가 이끈 자유주의 국제질서와 국제개입주의에 반대했다. 또한 1960년대 민권운동에서 시작되어 점차 강화되어온 소수인종 우대정책(affirmative action)도 강력히 비판했다.

동부 명문 사립학교에 다니는 여러분의 자녀는 굳이 이웃 동네로 버스에 실려 통학한다는 걱정을 할 필요가 없다. 당신 형제도 소수인종 우대정책 때문에 계약에서 배제되거나 공무원 채용에서 배제되는 걱정을 하지 않아도 된다. 그러나 미국 중부에 사는 아들딸들은 사정이 다르다. 이들은 역차별을 받는다. 돈 걱정 없는 부시 집안의 알량한 양심을 어루만지려고 다른 사람을 희생시킬 수는 없지 않은가.[3]

뷰캐넌은 미국의 경제적 우위와 압도적 지위가 도전받고, 미국의 정체성이 약해지고 있다고 진단했다. "주인 없는 헤드테이블(head table)의 한 자리를 차지하려고 주권을 팔 수는 없다"라고 하며, 동맹국을 위해 미국 국민이 낸 세금을 써야 하느냐고 물었다. 당시 공화당 주류를 대표하는 부시 대통령이 감세와 재정지출 축소, 군비 강화 필요성과 동맹의 중요성을 강조한 것과 대비되었다.[4]

뷰캐넌이 시작한 캠페인이 당시에는 파괴력이 크지 않았지만, 버락 오바마가 대통령에 당선되자 분위기가 바뀌었다. 라틴계 판사가 백인 판사보다 우대받는다는 주장이 나오는가 하면, 2010년에는 미국의 법 집행이 흑인들에게 오히려 관대하다는 주장도 나왔다. 2009년 프린스턴대학 사회학 교수 토머스 이스펜셰드(Thomas Espenshade)와 알렉산드리아 래드포드(Alexandria Radford)가 낸 보고서에 따르면, 흑인과 히스패닉계보다는 백인과 아시아계, 특히 농촌 출신이나 노동자 가정의 백인 자녀가 대학 입학에서 가장 불리한 대우를 받으며 명문 사립대학일수록 그 경향이 심했다.[5] 대학은 일단 정해진 소수인종 비율을 채워야 하고, 그런 다음에는 학교 재정에 도움이 될 만한 학생들을 입학시켰다. 결국 소수인종은 하층으로 갈수록, 백인은 상층으로 갈수록 우대받았다. 이 경향은 졸업 후 사회에 진출하는 데도 그대로 영향을 미치고 있었다. 법, 금융, 학계, 언론, 예술, NGO 등 엘리트 전문가 그룹에 백인 농촌 노동자 출신이 거의 없다는 결론이었다.

역차별을 받는다고 느끼는 백인들의 박탈감을 대변한 또 한 사람은 2008년 존 매케인 상원의원의 러닝메이트였던 전 알래스카 주지사 세라 페일린(Sarah Palin)이었다. 페일린은 2009년에 재정 축소와 작은 정부를 주창하면서 등장한 '티파티(Tea Party) 운동'의 핵심이었다. 트럼프와는 뉴욕에 올 때마다 만나는 사이였다. 2011년 5월 뉴욕 타임스퀘어 한 식당에서 트럼프와 페일린이 피자 오찬을 하는 장면이 언론에 공개되어 화제를 모으기도 했다.[6] 정치와 언론 활동을 하는 동안 두 사람은 오바마의 건강보험 개혁, 이민정책, 소극적 대외정책을 한목소리로 비판했다. 공화당 주류 인사들이 트럼프를 외면하던 2016년 1월 페일린은 아이오와 예비선거에서 트럼프를 지지하는 연설을 했다.

트럼프 정치는 뷰캐넌과 페일린의 뒤를 이으며, 자유주의 질서의 피해자와 패배자들로부터 출발한다. 패배자와 피해자에게 눈을 돌리지 않던 미국의 정치와 언론은 이들이 하나의 세력으로 등장하는 흐름을 보지 못했다. 2016년 대선에서 예상을 뒤엎고 트럼프가 당선되자, 그제야 "트럼프를 백악관으로 보낸 이 사람들이 도대체 누구인가?"라는 질문을 던졌다. 아무도, 심지어 여론조사기관들조차 눈치채지 못한 사이에 어떤 일이 일어나고 있었는가?

2016년 6월 『힐빌리의 노래(Hillbilly Elegy)』가 출판되어 미국 중서부 지역이 직면해 있던 경제·사회 문제를 국가적 이슈로 띄우는 계기를 만들었다. 힐빌리는 원래 애팔래치아산맥 서쪽의 산악 농촌 지역에 사는 아일랜드-스코틀랜드 이민자를 가리켰으나, 이들이 1930년대 대공황기에 시카고, 피츠버그 등 넓은 지역에 퍼지면서 '중서부 지역에 사는 저학력 백인 노동자'를 뜻하게 되었다. 지금도 농촌에 많이 거주하며, 주로 고졸 이하의 보수주의자들인 이들에게는

'레드넥(redneck)'이라는 별명이 따라다니기도 한다.

이 책의 저자 J. D. 밴스(J. D. Vance)가 살았던 오하이오주 미들타운(Middletown)은 철강회사 AK스틸(AK Steel) 본사가 있던 지방 도시였다. 중국 등지에서 저가 철강 제품이 수입되면서 AK스틸은 무너졌고, 여기서 일하던 노동자들의 삶도 무너졌다. 마을에는 술 마시고 욕하고 폭력을 행사하는 것이 일상이 되어버렸다. 초등학교에 다니던 저자의 어머니는 마약중독자였다. 아버지는 일자리를 잃은 뒤 집을 나가 돌아오지 않았다. 일자리가 없는 주민들은 실업수당과 정부가 주는 식권에 의존했다.

저자는 미들타운 고등학교를 졸업한 뒤, 해병대와 오하이오대학을 거쳐 예일 법대를 졸업했으며, 샌프란시스코의 벤처캐피털 회사에서 일자리를 구했다. 마침내 어린 시절의 어려움을 극복하고 성공했다. 『힐빌리의 노래』를 책으로 내면서 저자는 "힐빌리도 성공할 수 있다"라고 외치고 싶었다고 한다.[7] 기대 이상으로 많이 읽힌 이 책은 힐빌리의 모습을 있는 그대로 보여주면서, '저학력 저소득 백인 노동자들'의 분노를 정치 현실에 전달했다. 미국의 제조업을 살리는 것이 트럼프의 핵심 공약이 되었고, 전통적으로 민주당을 지지해온 러스트벨트(Rust Belt) 주민들이 열광적인 트럼프 지지자가 되었다. 이 책을 쓴 J. D. 밴스는 2022년 중간선거에서 공화당 후보로 오하이오주 상원의원에 당선되었다.

2016년 9월에 또 한 권의 책이 나왔다. UC버클리의 앨리 러셀 혹실드(Arlie Russell Hochschild) 교수가 쓴 『자기 땅의 이방인들

(*Strangers in their Own Land*)』이 그것이었다. 점점 심해지는 정치적 양극화가 이 책의 문제의식이었다. 혹실드 교수는 진보 진영에 속하면서도 '저쪽은 무슨 생각을 하고 있을까?' 궁금했다. 이 질문에 답하기 위해 자기가 한번 저쪽 사람들의 입장에 서보기로 했다. 혹실드는 2010년부터 2015년까지 루이지애나에서 공화당 풀뿌리 보수주의를 주창하는 '티파티' 지지자들과 함께 생활하고 소통했다. 그리고 그들의 깊은 내면의 이야기를 기록했다.

혹실드는 '긴 줄에서 기다리는 사람들'에 빗대어 그들의 감정을 묘사했다.

당신은, 순례자가 된 것처럼, 인내심을 가지고 저 언덕 위의 높은 데까지 이어지는 긴 줄에 서 있다. 당신은 중간 지점에 서 있고 주변에는 비교적 나이 들고 교회에 다니는 백인 남자들이 몰려 있다. 그중 어떤 사람은 대학을 졸업했고, 그렇지 않은 사람도 있다. 줄 서 있는 모든 사람은 저 언덕 위에 있는 '아메리칸 드림(American Dream)'을 바라본다. 뒤를 돌아보면 백인은 거의 보이지 않고, 가난하고 대학을 나오지 못한 유색인종 사람들이 있다. 돌아보기 겁날 정도로 많이 늘어서 있다. 당신은 '저 사람들도 잘되어야지'라고 속으로 생각한다. 그런데 당신도 오래 기다렸다. 지금까지 열심히 일했다. 줄은 거의 움직이지 않는다. 인내심이 있지만, 당신은 많이 지쳤다.[8]

'아메리칸 드림'은 강력한 신화다. 열심히 일하면 누구라도 보상을 받는다. 그런데 현실은 그렇지 않다. 줄을 서서 하염없이 기다리다 보면, 별의별 생각이 다 든다. 왜 줄이 줄어들지 않을까? 계속 기다리면 되는가? 앞쪽으로 뛰쳐나가야 하나? 혹실드는 긴 줄의 비유에다 '새치기하는 사람들'까지 그려 넣는다. 줄을 서 있는데 누군가 새치기해 들어오면 당신은 뒤로 밀릴 수밖에 없다. 어떤 사람이 새치기하는가? 소수집단 우대정책으로 특혜를 받는 집단들이다. 흑인, 여성, 이민자, 피난민 등등. 오바마와 미셸은 어떻게 그 비싼 등록금을 내면서 컬럼비아대학과 프린스턴대학에서 공부했을까? 의문이 꼬리를 물면서 당신은 배신감을 느낀다.[9]

이것이 2010년을 전후한 몇 년간 차츰 분명해진 미국 중서부에 사는 저학력 백인 노동자들이 내는 내면의 소리였다.

그들 내면의 깊은 이야기는 아메리칸 드림의 어두운 그늘에서 느끼는 감정이다. '꿈은 역시 꿈이었구나.' 좌절감, 분노, 배신감.[10]

미국의 기성 정치권, 심지어 작은 정부와 예산 감축을 주장하면서 돌풍을 일으킨 '티파티'조차도 이러한 변화까지는 알아채지 못했다.

트럼프가 이들의 좌절과 분노를 보았다. 2016년 공화당 후보 지명을 받기 전, 밥 우드워드 기자와 가진 인터뷰에서 트럼프가 말했다.

나는 사람들의 분노를 끄집어낸다. 늘 그렇다. 이게 장점일 수도 있고 약

점일 수도 있다. 그게 어느 쪽이든 나는 그렇게 한다.[11]

트럼프는 그들의 분노를 끄집어내기 위해 나섰다. 2015년 6월 16일 트럼프 타워에서 트럼프는 멕시코 사람들을 강간범으로 매도하고 멕시코 국경에 멕시코 정부의 돈으로 장벽을 세우겠다는 말로 대선 출마를 선언했다. 기존의 정치적 문법과 한 군데도 맞지 않는 시작이었다. 《뉴욕타임스》, CNN 등 주류 언론과 정치권이 트럼프를 인종주의자로 매도했다. 라인스 프리버스 공화당 전국위 의장이 "그렇게 말하면 안 된다. 우리가 라틴계 유권자를 끌어오려고 얼마나 애쓰는지 아느냐"라고 했지만, 트럼프는 말을 바꾸지 않았다. "내가 잘못된 말을 했느냐?"[12]

그런데 예상하지 못한 일이 벌어졌다. '미국의 보통 사람들'이 트럼프에게 환호했다. 여론이 트럼프를 지지하는 방향으로 흐르기 시작했다. 지지도가 급상승했다. 지지도가 올라가면 언론은 더 많은 관심을 기울인다. 트럼프의 지지도와 언론의 관심이 상승작용을 일으켰다. 반면 주류 사회는 트럼프를 달가워하지 않았다. 멕시코 강간범 발언이 나온 지 10일 후에 NBC는 트럼프가 해오던 미스 USA(Miss USA), 미스 유니버스 대회와 리얼리티 쇼 〈어프렌티스〉 및 〈셀러브리티 어프렌티스〉 후원을 중단했다. 메이시(Macy's) 백화점은 트럼프 상품을 취급하지 않겠다고 했고, PGA와 ESPN은 트럼프 골프장에서 대회를 개최하지 않기로 했다. 대선 출마 선언 이후 채 한 달도 안 되어 트럼프는 약 8,000만 달러의 손실을 보았다.[13] 그러나 트럼프는 조용해지기는커녕 더 요란하게 떠들어댔다. 메이시 백화점에 대해서는 언론 자유를 박해한다는 이유로 5억 달러의 손해배상 소송을 제기했다. 40년 전에 로이 콘이 가르쳐준 방식을 그대로 썼다.

2015년 12월 7일 트럼프는 무슬림 입국을 전면 금지하겠다고 선언했다. 또다시 비난이 쏟아지고 지지도도 추락했다. 그러나 12월 말이 되자 지지도는 35%로 회복되었다. 수위 높은 발언이 오히려 지지도를 끌어올리고 있었다.

어느덧 트럼프는 경제적 손실을 감수하면서도, 정치적 올바름으로 위장한 엘리트를 깨부수는 문화투쟁의 선봉장이 되었다. 사람들은 기성 정치인들이 감추어온 속마음을 트럼프가 있는 그대로 드러낸다고 보았고, 트럼프는 옳은 말을 하기 위해 미움받을 용기가 있는 사람으로 비쳤다. 지지자들은 트럼프의 막말에 약 올라 하는 기득권층을 보면서, 10년 묵은 체증이 내려가는 카타르시스를 느꼈다. 트럼프는 방식이 조악했지만, 극적인 방법으로 미국의 보통 사람들이 느끼고 있던 위기의식을 대변했다. "2016년 대선에서 유권자들은 평생 공직을 맡아 표리부동한 모습을 보인 착한 여자보다 자신의 본모습을 숨기지 않는 나쁜 남자를 선택했다."[14]

미국 정치의 이단아는 트럼프 이전에도 있었다. 조지 월리스(George Wallace), 로스 페로(Ross Perot), 팻 뷰캐넌 등이 모두 주류 정치를 벗어난 사람들이다. 다만 이들은 백악관까지 가지 못했다는 점에서 트럼프와는 근본적인 차이가 있다. 그런 점에서도 트럼프는 전례가 없다. 트럼프를 이단아 중에서도 이단아로 만든 것은 무엇이었을까?

트럼프를 트럼프로 특정 짓는 일화가 있다. 2016년 여름 배넌이 처음으로 트럼프를 만나러 갔을 때 이야기다. 배넌이 미국의 제7대 대통령 앤드루 잭슨(Andrew Jackson)에 대해 설명했다. 잭슨은 여러 번의 전쟁에 승리해 명성을 얻었고, 대통령이 되어서는 국영은행 설립 문제로 금융 재벌과 투쟁했으며, 재산에 연동되던 투표권을 백인 남성 전체로 확대하는 등 보통 사람들과 직접 소통하기를 좋아했다. 배넌은 이 때문에 사람들이 잭슨 대통령을 '인기영합주의자(populist)'라 부른다고 설명했다. 이 말을 들은 트럼프는 "인기주의자(popularist)! 그래, 나는 인기주의자야"라고 말했다. 배넌이 다시 말했다. "인기주의자가 아니라, 인기영합주의자!" 그러자 트럼프는 다시 "그래, 그것 좋은 말이네. 나는 인기주의자야."[15] 트럼프가 '인기영합주의자'를 모를 리 없다. 그런데 트럼프는 '인기주의자'라는 말이 자기에게 더 어울린다고 생각했을 법하다. 사람들의 인기를 끌어모으는 사람! 얼마나 멋있는가! 트럼프는 말마따나 사고가 '유연'하다. 그때그때 필요하면 아무렇지도 않게 말을 바꾼다. 트럼프는 낙태와 동성결혼을 지지했다가 반대로 돌아섰다. 지금은 수정헌법 제2조, 즉 총기 휴대 권리를 철저하게 지지하지만, 한때는 총기 휴대를 금지하자고 했다.[16] 트럼프가 1990년대부터 정당을 5번이나 바꾼 것을 보면, 이념이나 원칙에 매이지 않은 것은 확실하다. '인기주의자'가 되기 위해 스스로 터득한 방법이었는지도 모른다.

트럼프의 진영정치

2015년 대선에 뛰어든 트럼프는 모든 기득권층을 적으로 돌렸다. 민주당뿐만 아니라 공화당의 기성 정치인들, 주류 언론과 관료들이 모두 타도 대상이었다. 이러는 것이 트럼프의 성격에도 맞았다. 아버지 프레드 트럼프는 아들에게 이렇게 가르쳤다고 한다. "사무실에서는 네가 앉은 뒤쪽에서 햇빛이 들어오게 해라. 앞에 앉은 상대방의 눈이 부시도록 해라." 모든 것을 싸움으로 보는 트럼프에게 인생은 제로섬 게임이 된다.

2016년 8월 공화당 대선 후보로 확정되었을 때, 트럼프의 후보 수락 연설은 미국의 현실을 매우 어둡게 묘사했다. 미국은 도로가 부서지고, 다리가 무너지고, 가난과 폭력이 난무하는 무법천지이며, '아무것도, 정말 아무것도 남지 않은' 제3세계 국가로 전락했다. 트럼프는 자기만이 문제를 해결할 수 있으며, 잊힌 사람을 대변하는 목소리가 되겠다고 했다.

2017년 1월 20일 취임사도 '위기 속에 쇠퇴하는 미국'이라는 주제를 이어갔다. 공장이 버려지고 경제가 고통 속에 있으며, 늘어나는 범죄로 아수라장이 돼 있었다. 의사당 앞 계단에서 취임사를 하는 동안, 트럼프의 등 뒤에는 세 명의 대통령, 지나간 24년 동안 백악관을 지켰던 빌 클린턴, 조지 부시, 버락 오바마 대통령 내외가 나란히 서 있었다. 트럼프는 이들을 두고 "국민이 고생하는데 월급만 꼬박꼬박 챙겨먹었다"라고 비난했다. 한마디로 '생지옥 미국(American carnage)'을 만든 원흉들이었다. 취임식이 끝나고 나오면서 조지 부시 전 대통령이 주변에 들으라는 듯이 한마디했다. "거참 듣기 거북한 헛소리(weird shit)구먼!"**17**

트럼프의 백악관 점령은 '적대적 인수'였다. 트럼프는 공화당이 내놓은 최고 엘리트들을 물리쳤다. 그리고 미국 정치를 주물러온 클린턴 가문을 무너뜨렸다. 그러나 미국의 주류 엘리트들은 이때까지도 트럼프를 정회원으로 받아들이지 않았다. 투쟁에서는 누구에게도 지지 않을 뉴트 깅리치(Newt Gingrich)가 말했다. "트럼프는 푸아그라보다 치즈버거를 좋아하는 사람이다. 록펠러-부시로 이어지는 공화당 주류는 우르르 몰려든 촌놈에게 잔칫상을 통째로 빼앗긴 느낌이었다."**18**

기득권을 겨냥한 트럼프의 투쟁은 취임한 다음에도 멈추지 않았다. 오히려 강화되었다.

트럼프는 언론을 상대로 투쟁했다. 트럼프에게는 주류 언론도 기득권 세력이었다. 취임 후 거의 한 달이 지난 2월 16일 첫 번째 기자회견을 했다. 주류 언론에 대한 공격 일색이었다. 첫 기자회견에서 트럼프는 "폭스뉴스가 가장 정확하고 정직하게 보도한다"라고 했다. 트럼프는 언론 편 가르기를 했다. CNN, CBS,《뉴욕타임스》,《워싱턴포스트》 등을 배제하고 폭스뉴스와 브라이트바트(Breitbart) 등 우파 매체를 우대했다. 대통령이 편 가르기를 하자, 보좌관과 각료도 따라갔다. 트럼프 시대에 폭스뉴스는 모두가 선호하는 매체였다. 폭스뉴스에 출연하는 사람들은 트럼프가 지켜본다고 생각했다. 뉴트 깅리치는 "트럼프와 소통하는 가장 확실한 길은 폭스뉴스 대담 프로그램 〈폭스앤프렌즈(FOX & Friends)〉와 그 진행자 숀 해니티(Sean Hannity)를 통하는 것이다"라고 했다.[19] 트럼프는 취임 후 2년 동안 폭스뉴스와 49회 회견했다. 다른 매체를 모두 합쳐 13회 회견한 것과 대비된다.[20]

언론을 대하는 트럼프의 시각은 애증이 교차했다. 언론을 비판하고 욕했지만, 언론의 사랑을 받고 싶어 했다. 트럼프와 언론의 복잡한 관계를 보여주는 듯이, 트럼프 백악관의 홍보수석(Communications Director)은 유달리 교체가 잦았다. 백악관의 언론 담당 총책임자는 홍보수석이다. 일일 정례브리핑 등 언론 브리핑을 주로 하는 언론비서관(Press Secretary)은 홍보수석의 지시를 받는다. 트럼프는 퇴임 때까지 모두 8번 홍보수석을 교체했다. 당선자 시절까지 포함하면, 모두 9명의 홍보수석이 오고 갔다.

2017년 5월 8일 트럼프가 《뉴욕타임스》 대표단을 백악관 만찬에 초청해놓고 말했다. "살아남기 위해서는 싸우는 길밖에 없다." 백악관의 한 고위 인사는 트럼프에게 세 가지 원칙이 있다고 했다. "옳다고 생각할 때는 싸워라. 논쟁이 벌어져야 메시지가 분명해진다. 절대 잘못했다고 사과하지 마라."[21] 싸움은 트럼프의 기본 세팅이었다. 선거 과정과 행정부 초기에 트럼프는 모든 제도와 기관을 상대로 싸움을 벌였다. 의회, 법원, 민주당과 공화당, 언론, 할리우드, 군대, 정보기관 등 마음에 들지 않는 사람은 모조리 '미쳤다(crazy)', '완전 무능하다(totally inept)', '역겹다(disgusting)' 등 온갖 표현을 써가며 비난했다.

트럼프는 대통령으로 재임하는 4년 동안 우리가 말하는 '국정'에 전념하기보다 언론, 관료, 좌파, 그리고 자기를 탄핵하려는 정적들과 싸우는 데 에너지 대부분을 쏟아부었다. 코로나19가 창궐하던 2020년 7월 21일 인터뷰에서 우드워드가 물었다. "지금 대통령의 적은 바이든이 아니라 바이러스 아니냐?" 트럼프는 "그래, 맞다. 바이러스, 급진 좌파, 그리고 언론."[22] 좌파와 언론을 바이러스와 같이 놓는 데서 트럼프의 강한 피포위의식(siege mentality)이 드러난다.

적에게 포위되어 싸우는 트럼프는 지지층에 대한 애착과 애정을 보이고 그들과 함께 투쟁한다는 강한 연대의식을 보였다. 트럼프는 어떠한 상황에서도 지지자들을 버리지 않으려고 애썼다. 2017년 8월 12일 버지니아 샬러츠빌(Charlottesville)에서 백인우월주의자들이 '우파여 단결하라!'라는 구호로 집회를 개최했다. 남북전쟁 당시 남부 지휘관이었던 로버트 리(Robert E. Lee) 장군의 동상이 철거되는 것을 막는 것이 목적이었다. 미국 남부에는 남북전쟁 당시 남부를 기리는 기념물이 800개 이상 산재해 있다. 2015년 사우스캐롤라이나 찰스턴(Charleston)의 한 교회에서 흑인들에게 무차별 총격을 가한 범인이 남부군 깃발을 사용한 것으로 밝혀지자, 남부군 깃발 사용을 금지하고 남부군에 연관된 기념물을 철거하자는 움직임이 일어났다. 사우스캐롤라이나는 주의회에 게양되었던 남부군 깃발을 내렸고, 뉴올리언스도 4개의 기념물을 철거하기로 했다. 2017년 2월 샬러츠빌 의회도 남부 사령관 리 장군의 동상을 철거하기로 했다.

8월 11일 시작된 시위에는 네오파시스트, 네오나치, 극우민병대 등 극우주의자들이 대거 참가했다. 인종차별과 반유대인 구호가 난무했고 무기를 휴대한 사람도 있었다. 반대 시위가 열리고 양쪽이 충돌할 위험이 커지자, 이튿날 테리 매콜리프(Terry McAuliffe) 주지사는 비상사태를 선포했다. 집회를 불법으로 규정하고 경찰을 투입했다. 그날 오후 양쪽 시위대가 충돌하는 가운데 한 명의 극우주의자가 차를 몰고 시위군중 속으로 돌진했다. 한 명이 죽고 35명이 부상을 당하는 대규모 유혈 사태가 일어났다.

트럼프가 트윗을 날렸다.

우리는 이 무모한 증오와 편견, 그리고 폭력을 강력히 비난한다. 양편에서 모두, 양편에서 모두. 우리나라에 이런 일이 오랫동안 진행되어왔다. (⋯) 오래, 오랫동안 진행된 일이다. 미국에 이런 일이 다시 있어서는 안 된다.[23]

폭력을 조장한 쪽과 그에 대응한 쪽을 한꺼번에 비난하는 '양비론'이었다. 각계의 비난이 빗발쳤다. 공화당 지도자들도 비판에 나섰다. 폴 라이언 하원의장은 "백인우월주의는 재앙"이라고 했고, 존 매케인 상원의원은 "백인우월주의와 네오나치는 미국의 애국주의와 이상에 맞지 않는다"라고 했다.[24] 대통령과 각별한 친분을 과시해온 린지 그레이엄 상원의원조차 폭스뉴스에 나와 "대통령이 발언을 수정해야 한다"라고 했고, 심지어 마이크 펜스(Mike Pence) 부통령도

"백인우월주의자나 네오나치, KKK의 증오와 폭력을 용인할 수 없다"라고 메시지를 냈다.[25] 당시 재야에 있던 바이든 전 부통령도 "이런 적이 없었다. 트럼프가 이 나라의 어둡고 나쁜 충동을 되살려내고 있다"라고 비난했다.[26] 그러나 트럼프는 한 번 뱉어낸 말을 바꾸지 않았다.

백악관 보좌관들이 트럼프의 생각을 바꾸려고 백방으로 설득했다. 트럼프는 말을 바꾸는 일이 정말 내키지 않았다. "그러면 약하게 보여. 옳지 않아." 이틀이 지난 8월 14일 트럼프가 마침내 보좌관이 건의한 새로운 메시지를 들고 연단에 섰다. 얼굴을 찡그린 채 경제에 관한 이야기를 한참 하고 나서, 새로운 메시지를 읽었다.

> **피부 색깔이 어떻든 우리는 모두 같은 법에 따라 살고 있으며, 위대한 국기 앞에서 모두 함께 경례합니다. (…) KKK, 네오나치, 백인우월주의자와 모든 증오 집단이 드러내 보이는 인종차별주의는 악(evil)입니다.[27]**

켈리 비서실장을 비롯해 백악관에 있던 모든 보좌관이 대통령에게 찬사를 보냈다. 정말 잘한 일이라고. 트럼프는 집무실로 들어가 폭스뉴스를 틀었다. 전직 해군 특수부대원에서 작가로 변신한 로버트 오닐(Robert O'Neil)이 대담하고 있었다. 트럼프가 극우주의의 문제점을 잘 지적했다고 평가하면서, "이건 사실상 대통령이 잘못을 인정한 셈"이라고 마무리했다. 다른 출연자는 "취임 이래 최대의 위기를 맞은 대통령이 노선을 수정한 것으로 본다"라고 했다. 트럼프가 불같이 화를 냈다. "일생일대의 실수를 했어. 양보하지 말았어야 했어. 사과하는 게 아니야. 처음부터 내가 잘못한 것이 없었어. 내가 왜 약하게 보여야 해?"[28]

다음 날 8월 15일 트럼프는 뉴욕에서 인프라 구축에 관한 회의를 한 후, 트럼프 타워에서 기자회견을 했다. 원래 질문을 받지 않기로 돼 있었는데도 질문을 받았다. 샬러츠빌 사건에 관한 질문이 쏟아졌다. 트럼프가 말했다. "우리는 이 무모한 증오와 편견, 그리고 폭력을 가장 강력한 말로 비난한다." 그런 다음 부연했다.

좌파 극단주의자들이 공격해왔어요. 저쪽에도 아주 폭력적인 그룹이 있었습니다. 아무도 이런 이야기를 하지 않는데, 내가 지금 이 자리에서 해야겠습니다. 그곳에 있었던 모두가 네오나치는 아니었어요. 백인우월주의자들도 아니었어요. 많은 사람은 그냥 리 장군의 동상을 뜯어내는 데 항의하려고 간 겁니다. (⋯) 생각해보세요. 다음 주에는 조지 워싱턴의 동상을, 그리고 그다음 주에는 토머스 제퍼슨의 동상을 뜯어낼 건가요? 그분들도 노예를 소유했습니다. 여러분도 스스로 한번 물어보세요. 어디에서 멈추어야 합니까? (⋯) 양쪽이 다 비난받아야 합니다. 양쪽에 다 좋은 사람도 나쁜 사람도 있어요. (⋯) 사건에는 항상 양쪽 이야기가 있기 마련입니다.[29]

KKK 전 지도자 데이비드 듀크(David Duke)가 "진실을 말하는 대통령의 용기에 감사한다"라고 트윗을 날렸다. 반면 해군 작전사령관 존 리처드슨(John Richardson), 해병대사령관 로버트 B. 넬러(Robert B. Neller), 합참의장 마크 밀리, 공군사령관과 주방위군사령관 등 미 군부의 많은 지도자가 '인종차별과 극단주의, 증오에 반대한다'라는 메시지를 내보냈다. 두 개 대통령 자문위원회 의장이 발언에 항의해 사임했고, 위원들도 연달아 사임했다. 그래도 트럼프는 발언을 바꾸지 않았다. 오히려 위원회를 폐지해버렸다. 경제보좌관 게리 콘은 다음 날 사표를 제출하러 갔다. 학교에 간 딸의 가방에 누가 십자가처럼 생긴 나치 문양을 집어 넣어두었다고 그 이유를 설명했다.[30] 트럼프는 "비겁하게 지금 떠나지 말고, 감세 법안을 마무리해놓고 가라"라고 했다. 콘은 결국 이듬해 3월 트럼프가 철강·알루미늄에 25% 관세를 부과했을 때 백악관을 떠났다.

가장 가까운 거리에서 트럼프를 보좌한 포터 비서관은 샬러츠빌 사건을 겪으면서 미국의 정치적 양극화는 돌아올 수 없는 다리를 건넜다고 생각했다.

되돌아오는 길은 없어졌다. 트럼프는 돌아오지 않는 강을 건너버렸다. (…) 이제 전면전밖에 없다.[31]

샬러츠빌 사건을 거치는 동안 트럼프는 잊힌 가운데 분노하는 보통 사람과의 일체감을 더욱 강화하고 밖으로 드러냈다.

트럼프의 전략은 성문을 닫고 진영을 단단하게 꾸린 다음 치고 나가 적을 격파하는 것이었다. 이기기 위해서는 진영을 더 강화하고 파괴력을 더 강하게 해야 했다. 나를 향한 적대 세력의 증오를 끌어올림으로써 내 진영을 더 단합시킨다. 선거라는 관점에서 보면, 트럼프는 지지층의 충성도를 끌어올림으로써 투표율을 높여 승리를 따낸다는 전략이었다. 여기에서는 중도 확장을 추구하지 않는다. 상대를 설득하고 우리 편으로 끌어오는 데는 관심이 없다. 오로지 내 지지층이 중요하다. 트럼프를 향한 35%의 지지는 트럼프가 무슨 말을 하든, 무슨 행동을 하든 계속해 그를 지지한다. 트럼프는 철저한 진영정치를 하고 있었다.

트럼프 집권 4년 차인 2020년 4월 법무장관에 임명된 윌리엄 바(William Barr)는 트럼프가 재선에 성공하려면 많은 사람이 걱정하는 경제와 일상생활에 더 관심을 보여야 한다고 조언했다. 그러나 트럼프는 지지층이 원하는 일을 해야 한다고 고집했다.

나는 싸워야 해. 나는 내 지지층이 필요해. 내 지지층은 내가 강한 모습을 보여주기를 바라. 이 사람들이 내 사람이야. (…) 내가 오늘 이 자리에 있는 것은 싸웠기 때문이야. 내 지지자들은 내가 싸우는 모습을 보고 싶어 해. 나는 싸워야 해.[32]

2020년 5월 25일 흑인 청년 조지 플로이드(George Floyd)가 백인 경찰에게 목 눌려 죽은 사건은 트럼프가 지지층을 향해 싸우는 모습을 보여주고 진영을 결속하는 또 한 번의 계기가 되었다.

흑인 청년이 9분 동안 목이 눌려 죽는 장면이 영상으로 찍혀 퍼지면서 인종 갈등이 점화되었다. 1960년대 민권운동 이래 가장 큰 시위가 일어났다. 전국으로, 국제사회로 퍼져 '흑인의 목숨도 소중하다(Black Lives Matter)' 캠페인으로 확산되었다.[33] 몇몇 도시에서 폭력, 심지어 약탈도 일어났다.[34] 처음 플로이드의 죽음에 대해 "슬프고 비극적"이라는 트윗을 내보낸 트럼프는 다음 날 "약탈이 시작되면 사격이 시작된다(Looting starts, shooting starts)"라는 메시지를 날렸다. 이어 '법과 질서'를 강조하고, "주방위군을 투입할 수 있다"라고 했다.

워싱턴D.C에서 대규모 시위가 일어난 6월 1일, 트럼프가 백악관 로즈 가든(Rose Garden)에 나갔다. "나는 법과 질서의 대통령"이라고 강조했다. 주지사와 시장들에게 주방위군을 투입하라고 하면서, "필요한 조치를 하지 못하면, 연방군을 투입해 신속히 해결하겠다"라고 했다.[35] 그런 다음 트럼프는 참석자들을 이끌고 라파예트 광장(Lafayette Square)을 가로질러 성 요한 교회(St. John's Church)를 향해 갔다. 뒤에는 쿠슈너와 이방카, 윌리엄 바 법무장관, 마크 메도스(Mark Meadows) 비서실장, 로버트 오브라이언(Robert O'Brien) 안보보좌관, 마크 에스퍼(Mark Esper) 국방장관, 마크 밀리 합참의장 등이 따라왔다. 교회 앞에 도착해 트럼프는 이방카가 건네준 성경을 오른손에 쳐들었다.

성 요한 교회 방문은 트럼프의 진영정치였다. 한쪽에서는 트럼프의 '법과 질서'에 대한 지지가 쏟아졌다. 폭스뉴스의 터커 칼슨(Tucker Carlson), 숀 해니티, 로라 잉그레이엄(Laura Ingraham)과 브라이트바트 같은 우파 매체가 합류했다. 의회에서도 톰 코튼(Tom Cotton) 상원의원(공화-아칸소) 같은 사람은 1807년에 제정된 '반란법'을 근거로 대통령에게 군대 투입을 촉구하는 기고문을 《뉴욕타임스》에 내기도 했다.[36] 반대편에서는 트럼프가 집회의 자유를 보장한 수정헌법 제1조를 위반하고 교회와 군대를 정치화한다고 비판했다. 《뉴욕타임스》 직원들은 회사가 코튼 의원의 기고문을 게재한 데 항의했다.[37] 매티스 전 국방장관은 6월 3일 이례적으로 성명을 내고, "트럼프는 내 평생에 처음 보는, 나라를 분열시키는 대통령"이라고 비난했다.[38] 얼떨결에 군복을 입은 채 트럼프 뒤를 따랐던 밀리 합참의장은 며칠 뒤 공식 사과문을 냈다. "그 시간에 그 장소에 있음으로써 군이 정치에 개입한다는 인상을 줄 수 있었다. 가지 말았어야 했다."[39]

2020년 6월 19일 우드워드 기자는 트럼프에게 조지 플로이드 사건에 대해 어떻게 생각하느냐고 물었다. 트럼프는 질문에 직접 대답하지 않고 말했다. "중국 질병(코로나19)이 닥치기 전에 흑인 실업률은 역사상 가장 낮았다. 아시아계, 히스패닉계 사람들도 역사상 가장 높은 취업률을 보이고 있었다. 그러다가 질병이 닥쳐왔다. 그래도 나는 지금 경제를 다시 회복시키고 있다."[40] 우드워드 기자는 "다수파인 백인이 특권층을 이루는 미국 사회에서 흑인들이 느끼는 압박과 그들의 상처 입은 가슴에 대해 생각해보았느냐?"라고 물었다. 그래도 트럼프는 경제가 좋아지고 있다는 말만 되풀이했다. 우드워드 기자가 다시 한번 "재선을 하려면 흑인들의 마음도 얻어야 하지 않느

냐?"라고 물었으나, 트럼프는 대답하지 않았다.[41]

그날 이후에도 트럼프는 지지층과의 연대 투쟁을 계속하여 강조했다. 2020년 7월 4일에는 "성난 군중들이 우리 건국 지도자들의 동상을 끌어내리고 좌파 문화혁명이 미국 혁명을 전복하려고 한다. (…) 미국의 영웅들이 나치를 물리친 것처럼, 우리도 급진 좌파와 마르크스주의자, 선동가들, 약탈자들을 물리치고 있다"라고 메시지를 냈다.[42]

2020년 대선이 바이든의 승리로 끝나고 있던 11월 10일, 호프 힉스(Hope Hicks)가 트럼프에게 말했다. "앞으로도 기회는 많아요. 대통령님을 향한 엄청난 호의가 있어요. 그걸 망가뜨릴 수는 없잖아요." 트럼프는 힉스를 바라보며 실망했다는 듯이 대답했다. "나는 포기하지 않아. 나는 포기라는 것을 몰라. 무엇이 내 유산이 될지는 신경 쓰지 않아. 내가 지면, 그게 내 유산이 될 거야. 지지자들은 내가 싸워주길 바라. 내가 싸우지 않으면 그들은 나를 떠날 거야."[43]

트럼프가 추구한 진영정치는 2021년 1월 6일의 의사당 난입 사건에서 가장 극적으로 표출되었다. 지난 11월 3일 선거 결과에 승복할 수 없었던 트럼프는 소송과 선거 결과를 뒤집으려는 모든 법적·행정적 수단을 동원해보았다. 그러나 아무런 성과를 내지 못했다. 마침내 2021년 1월 6일 펜스 부통령이 주재하는 상하원 합동회의가 바이든을 제46대 대통령으로 최종 인증할 전망이 확실해졌다. 트럼프는 지지자들을 시위에 동원했다.

2020년 9월 29일 대선 토론에서 바이든 후보가 프라우드 보이스(Proud Boys)를 비롯한 극우단체를 어떻게 생각하느냐고 묻자, 트럼프는 "프라우드 보이스는 뒤로 물러나 대기하라(Stand back and stand by)"라고 했다. 그러고는 "그런데 누군가 극좌파에 대항해 나서야 하는 것 아니냐?"라고 오히려 반문했다.[44] 1월 6일이 가까워지자, 트럼프의 말이 점차 노골적으로 바뀌었다. 12월 19일 "큰 항의 시위가 1월 6일 D.C에서 열린다. 거기로 오라. 거친 일이 있을 것이다(Be there. Will be wild)"라고 트윗했다.[45] 12월 31일에도 "1월 6일 D.C에서 보자"라는 트윗을 내보냈다. 1월 6일 오전 트럼프는 백악관 인근에 모인 지지자들 앞에서 연설했다.

이제 곧 의사당으로 갈 것이다. 우리의 용감한 의원들을 응원할 것이다. 그러나 몇 사람은 응원하지 않을 것이다. 약한 모습으로는 나라를 되찾을 수 없다. 힘을 보여야 한다. 우리는 강해야 한다.[46]

오후가 되자 백악관 근처에 모여 있던 시위대가 의사당으로 몰려들었다. 일부 시위대가 폭도로 변해 난입했다. 오후 2시경 마이크 펜스 부통령, 낸시 펠로시(Nancy Pelosi) 하원의장을 비롯한 의원들이 숨거나 도망갔다. 트럼프는 백악관에서 TV로 시위 현장을 보고 있었다. 펜스 부통령이 지하실로 피신한 시간에 트럼프는 "(펜스 부통령은) 헌법을 지킬 용기가 없다"라고 트윗을 날렸다. 오후 4시 17분, 마침내 트럼프 대통령이 영상 메시지를 내보냈다. "이것은 부정선거다. 그렇지만 우리는 평화를 지켜야 한다. 집으로 돌아가라. 여러분을 사랑한다."[47] 오후 6시 1분, 트럼프가 다시 트윗을 내보냈다. "선거에서 압승한 결과가 억울하게 빼앗길 때 이런 일이 일어난다. 오랫동안 핍박을 당해온 사람들이여, 이제 집으로 가서 편히 쉬시라. 오늘을 영원히 기억하라."[48]

트럼프가 지지자들과 소통하고 진영을 규합하는 방식은 주로 대형 집회와 소셜미디어였다. 기득권층과 투쟁을 선언한 트럼프는 대중과 직접 소통하는 방식을 택했다. 트럼프는 대형 집회를 즐긴다. 트럼프는 보통 한 시간 이상씩 이야기를 계속하지만 일관된 주제는 없다. 그 대신 트럼프는 청중과 같이 호흡하고, 그들이 듣기 원하는 이야기를 가장 적절한 순간에 던진다. 그때마다 청중은 환호하고 흥분한다. 트럼프는 대중집회를 통해 여론조사가 파악하지 못하는 분위기를 탐지해낸다고 한다.

트럼프는 대형 집회만큼이나 소셜미디어를 즐겨 사용한다. 트윗은 트럼프의 정치고 정책이었다. 세상과 대화하는 창구였다. "꽝! 내가 (버튼을) 누르기만 하면, 2초도 안 되어 온 세상이 긴급뉴스로 뒤덮인다."[49] 6,600만 명에 이르는 팔로어들이 보내는 반응과 메시지는 트럼프가 세상을 보는 눈이고 귀였다. 트럼프는 중국에 3,000억 달러 관세 폭탄을 매길 때도, 시리아에 토마호크 59발을 쏘아 보낼 때도, 미국 대사관을 예루살렘으로 옮길 때도, 핵무기를 두고 김정은과 설전을 주고받을 때도, 나중에 김정은을 칭찬할 때도 트윗을 이용했다. 2017년 6월 어느 날 트럼프는 소셜미디어에 대해 다음과 같이 말했다.

이것은 나의 확성기다. 중간에 누구도 끼어들지 않은 채로 사람들과 직접 소통한다. 잡소리도 없고 가짜 뉴스도 없다. 이건 내가 소통할 수 있는 유일한 방법이다. 수천만 명이 나를 따르고 있다. 케이블 뉴스보다 많다. 내가 어디에서든 연설하면 CNN이 그걸 방송할 텐데, 그건 아무도 안 보고 아무도 신경 쓰지 않는다. 내가 트위터에 무언가 올리면, 그건 그 순간에 전 세계로 퍼진다.[50]

2017년 1월 20일 취임한 다음 2019년 10월 말까지 트럼프가 내보낸 트윗 1만 1,000건의 내용을 분석한 결과, 이민과 국경장벽에 관한 것이 1,159건으로 가장 많았고, 관세 부과가 그다음으로 521건이었다. 외교안보 분야에서는 동맹국 지도자들을 주로 비판한 데 비해 권위주의 지도자들은 칭찬하는 내용이 많았다. 트럼프 트윗 메시지의 절반이 넘는 5,889건이 누군가를 공격하는 내용이었다. 트윗 메시지가 가장 많았던 시기는 러시아 스캔들 조사와 의회의 탄핵 소추가 있을 때였다. 지지자들에게 '트럼프의 진실'을 알리고 이들을 동원하는 메시지가 많았다.

어느 날 트럼프는 자기의 트위터 메시지 중에서 20만 개 이상의 '좋아요'가 달린 것들을 모아 오라고 했다. 어떤 것이 가장 많은 호응을 얻었는지, 주제나 타이밍, 사용하는 언어에 따라 호응 정도가 어떻게 달라지는지를 분석했다. 결론은 '가장 충격적인 메시지가 가장 효과적'이라는 것이었다.[51] 그래서일까. 트럼프는 2021년 1월 6일 의사당 앞 시위 때도 트윗으로 지지자들과 소통했다. 결국 의사당 난입 사건이 일어났고, 트위터(지금의 X)와 페이스북, 인스타그램은 트럼프의 계정을 폐쇄했다. 사회적 혼란을 부추길 우려가 있다는 이유였다. 퇴임 후 트럼프는 트럼프미디어테크놀로지그룹(Trump Media & Technology Group)이라는 회사를 만들고, 이듬해 2월 '트루스 소셜(Truth Social)'이라는 플랫폼을 만들었다. 이 플랫폼은 우파 사람들이 애용한다. 배넌도 계정을 가지고 있다. 페이스북과 트위터는 각각 2023년 2월과 8월에 트럼프의 계정을 복구시켰다. 그러나 트럼프는 여전히 자기 플랫폼을 애용한다.

트럼프의 정치는 분노의 정치고, 분열의 정치고, 진영의 정치다. 트럼프는 미국 정치의 새로운 세력을 대표하며 미국의 정치를 새로운 방향으로 몰아가고 있다. 트럼프가 집권한 4년을 거치면서 트럼프의 이념적 성향은 개인을 넘어 '트럼피즘'이라는 말을 낳았다. 트럼피즘이 '권위주의적 운동(authoritarian movement)'이라는 인식은 이미 넓게 퍼져 있다. 일부에서는 파시스트 혹은 '신 파시스트(neo-Fascist)' 운동으로 보기도 한다.[52] 국제적으로는 자이르 보우소나루(Jair Bolsonaro) 브라질 전 대통령, 헤이르트 빌더르스(Geert Wilders) 네덜란드 자유당 대표, 레제프 타이이프 에르도안 튀르키예 대통령, 빅토르 오르반 헝가리 총리, 제이컵 주마(Jacop Zuma) 남아공 전 대통령, 아베 신조 일본 전 총리 등이 트럼프와 비슷한 권위주의 지도자로 분류되고 있다.[53] 이제는 "트럼프 없는 트럼피즘이 가능한가?"라는 질문도 제기되고 있다.

다만 트럼프 정치가 무엇을 지향하는지는 지금도 불분명하다. 트럼피즘은 그냥 확고한 중심 사상이 없는 감정적 흐름이라고 볼 수도 있다. 그래도 트럼프의 정치는 먹혀들고 있다. 정체성의 싸움으로 정치가 길을 찾지 못하는 시대에 트럼프는 특유의 솔직함과 정직함으로 호소력을 가진다. 모두가 나라를 위한다고 나서는 때에 나라보다 나 자신이 더 중요하다고 솔직하게 말한다. 부정직하다는 사실에 대해서조차 정직하다는 것을 보임으로써 '정치적 올바름'에 신물이 난 보통 사람들에게 다가선다.

2장 아메리카 퍼스트

아메리카 퍼스트

트럼프에게 거액의 정치 후원금을 내는 로버트 머서(Robert Mercer) 회장의 소개로 2016년 8월 14일 스티브 배넌이 뉴저지 베드민스터 리조트로 트럼프를 만나러 갔다. 당시 트럼프는 공화당 후보로 지명되었으나, 민주당의 힐러리 클린턴 후보에 적어도 7%포인트 차로 뒤지고 있었다. 이 때문에 트럼프는 물론 캠프 전체의 사기가 땅에 떨어져 있었다. 배넌이 트럼프에게 말했다. "지지율 숫자에 연연하지 마시라." 그리고 말을 이어갔다.

지금 국민의 3분의 2는 미국이 잘못된 길을 가고 있다고 생각한다. 4분의 3은 미국이 쇠퇴하고 있다고 생각한다. 지금의 시대정신은 변화에 있다. 힐러리 클린턴은 과거를 대변하는 사람일 뿐이다.[1]

배넌은 이 점에서 트럼프가 힐러리 클린턴과 근본적으로 다르다고 강조했다. 힐러리는 부패하고 무능한 엘리트 그룹을 대표하지만, 트럼프는 '미국을 다시 위대하게 만들자'고 나서는 보통 사람들을 대변한다. 배넌은 앞으로 이 차이점을 염두에 두고 세 가지 정책 포인트만 강조해나가자고 했다.

첫째, 불법 이민을 금지하고 합법 이민도 제한한다. 둘째, 제조업을 되찾아온다. 셋째, 무의미한 해외 군사 원정을 그만둔다.[2]

'미국을 다시 위대하게 만들자'고 할 때의 '위대한 미국'은 트럼프가 어린 시절을 보낸 1950년대의 미국이다. 그때 미국은 백인이 다수였다. 이민자가 있었지만 많지 않았고, 그나마 유럽에서 오는 백인이 대부분이었다. 트럼프가 말한, 아이티나 엘살바도르 또는 아프리카의 '시궁창 냄새나는 나라(shithole countries)'에서 오는 사람들이 아니었다.[3] 주말에는 대부분이 교회에 갔고, 거기에서 비슷하게 생기고 비슷하게 생각하는 사람들과 어울렸다. 미국은 세계의 공장이었다. 2차 대전으로 유럽과 아시아에 나갔던 군인들은 거의 다 돌아왔고, 일부 남아 있는 병력은 경제에 부담을 줄 정도가 아니었다. 소련의 위협이 있었지만, 미국의 안보에 직접 위협이 될 정도는 아니었다. 1950년대 미국은 물질적으로 풍요했고, 정신적으로 편안했다. 적어도 1960년대 민권운동이 일어나기 전까지는 그랬다.

배넌이 간략하게 정리한 세 가지 정책 포인트는 트럼프가 생각하는 '위대한 미국'에 딱 들어맞는 노선이었다. 트럼프는 감탄했다. 바로 그 자리에서 배넌에게 캠페인 운영을 맡겼다.

사실 트럼프는 배넌을 만나기 30년이나 전부터 '아메리카 퍼스트' 정책의 윤곽을 가다듬어왔다. 냉전이 끝나기 전인 1987년 9월 2일 트럼프는 《뉴욕타임스》 등 3개 주요 언론에 모두 9만 4,801달러를 들여 공개서한 형식의 광고를 냈다.[4]

미국 국민 여러분께,

수십 년 동안 일본을 비롯한 여러 나라가 미국으로부터 이익을 취해왔다. 이 행태는 우리가 페르시아만을 방어하는 지금도 바뀌지 않은 채 이어지고 있다. 페르시아만은 일본을 포함한 나라들이 석유 공급을 거의 전적으로 의존하는 지역이지만, 미국에는 중요성이 미미하다. 왜 이들은 미국이 자기들 때문에 잃고 있는 소중한 생명과 수십억 달러의 비용을 부담하지 않는가?

미국의 손에 생존을 맡기고 있는 사우디아라비아는 지난주 우리가 걸프만의 질서를 잡기 위해 소해정(掃海艇)을 좀 빌려달라고 했지만 거절했다. 우리한테 필요하지도 않은 석유를, 우리를 도와주지도 않는 동맹국으로 실어 나르는 선박을, 우리가 나서서 보호하는 것을 보면서, 세계 사람들은 모두 미국의 정치인들을 비웃는다.

수십 년에 걸쳐 일본은 자신을 방어하는 데 비용을 들이지 않으면서 전례 없는 흑자를 내고, 강력하고 활기찬 경제를 만들어왔다. 그들은 강한 달러에 대항하여 엔화를 약하게 유지하는 일도 능숙하게 해왔다. 우리가 그들을 위해 막대한 돈을 쓰는 동안 일본은 세계 경제의 최첨단에 서게 되었다.

이제 상황이 바뀌어 엔화가 달러에 대해 강세가 되자 일본은 공개적으로 불평하고 있으며, 우리 정치인들은 이 부당한 불평에 귀를 기울인다.

이제 우리는 일본과 여러 다른 나라들이 비용을 부담하게 함으로써 엄청난 적자를 끝내야 한다. 우리가 보호해주는 것이 이들 나라에는 수천억 달러의 가치가 있으며, 이러한 보호를 계속하는 일은 우리보다 그들에게 훨씬 더 필요하다.

우리가 제공하는 보호의 비용을 일본, 사우디아라비아가 부담하도록 하자. 우리에게 가장 큰 이익을 가져다줄 수 있는 도구, 즉 우리가 만들고 육성한 이 도구를 활용하여 우리나라의 농민, 병자, 노숙자를 돕자.

미국이 아니라 부자 나라에 세금을 부과하자. 막대한 적자를 끝내고 세금을 줄이고, 우리에게 쉽게 돈을 낼 수 있는 사람들이 그들의 자유를 누리기 위해 내는 비용으로 미국 경제가 중단 없이 성장할 수 있도록 하자. 우리의 위대한 조국을 비웃지 말자.

도널드 J. 트럼프

미국이 안보를 제공하는 데 대한 대가를 받자는 주장이다. 이른바 '무임승차론'이다. 트럼프의 이 말은 30년 전이나 지금이나 똑같다. 비용을 적절히 나누어 부담하자는 말이 아니다. 안보라는 서비스에 충분한 값을 치르게 하자는 주장이다. 거래의 달인다운 발상이다.

3년이 지난 1990년 봄, 트럼프는 《플레이보이(Playboy)》 잡지 인터뷰에서 '아메리카 퍼스트' 주제에 관한 생각을 다시 한번 상세하게 털어놓았다.[5]

"에고는 잘못이 아니다. 미국은 더 많은 에고가 필요하다. 동맹국이라는 일본, 사우디아라비아, 한국이 우리를 갈취하고 있기 때문이다. (…) 부자 나라들, 우리가 도와주지 않으면 15분 안에 지구상에서 사라져버릴 나라들을 위해 미국이 아무런 대가 없이 매년 1,500억 달러를 쓴다고 하면 세계가 웃는다. '동맹국들'이 미국을 갈취하고 있다(rip off)."

"일본은 석유의 70%를 페르시아만에서 수입한다. 미국의 구축함과 전함, 헬기, 승무원들이 일본의 유조선을 보호한다. 일본은 그 석유로 공장을 돌리고, 그리하여 GM, 크라이슬러, 포드를 물리친다. (…) 일본은 우리 앞에서 머리를 숙이고 아부하고 찬양한다. 그러면서 우리 호주머니를 턴다."

"미국의 도시에서 '법과 질서'를 되찾도록 사형제도를 부활하고 경찰의 권위를 찾아주어야 한다."

대통령이 되면 무엇을 할 것이냐는 질문에 트럼프가 대답했다. "강인하게 나갈 것이다. 우리가 수입하는 모든 벤츠 차량과 일본 제품에 관세를 매길 것이다. (…) 핵전쟁이 일어나지 않는다고 하는데, 바보 같은 소리다. 핵무기가 지나치게 파괴적이기 때문에 사용하지 않는다고? 웃기는 소리다. 강력한 군사력을 건설할 것이다. 나는 누구도 신뢰하지 않는다. 동맹국도, 러시아도 신뢰하지 않는다."

트럼프는 미국이 2차 대전 이후에 수립한 자유주의 국제질서의 혜택을 누리지 못하면서 오히려 갈취당하고 있다고 본다.

대외정책에서 트럼프는 세 가지 특징적 관점을 드러낸다. 첫째, 동맹체제에 대한 불만이다. 둘째, 미국이 세계화된 경제에서 손해 본다고 생각한다. 셋째, 권위주의적 지도자에게 동정적이다.[6]

트럼프는 미국이 동맹국을 보호할 필요가 없지만, 그래도 꼭 해야 한다면 가능한 한 많은 대가를 받아야 한다고 주장한다. 대가를 받아낼 동맹국으로 가장 먼저 떠오르는 나라는 단연 일본이다.

일본이 공격당하면 우리는 즉각 뛰어가 3차 대전이라도 시작할 것이다. 그런데 우리가 공격당할 때는 일본이 도와주지 않는다. 이게 공정한 거래인가?[7]

트럼프가 일본, 한국, NATO 같은 동맹국들을 비판하는 것이 얼핏 이해되지 않을 수 있다. 군대를 국내에 주둔시켜놓고 필요할 때마다 해외에 투사(投射)하려면 해외에 사전 배치하는 것보다 비용이 훨씬 많이 든다. 그러나 이 논리는 트럼프한테 통하지 않는다. 트럼프는 미국이 해외에 군사력을 내보내야 한다고 생각지 않는다. 유일한 초강대국으로서 해양, 공중, 우주의 안전이라는 공공재를 보장해왔지만, 이제는 공짜로 제공할 수 없다고 한다. 1988년에 트럼프는 쿠웨이트로부터 석유 판매대금의 25%를 받자고 주장했다. 미국이 도와주지 않으면 쿠웨이트는 아예 석유를 판매하지 못할 것이라고 했다.

트럼프는 보호무역주의에 입각한 양자 무역을 선호한다. 당장 세계 무역이 줄어들고 경기가 하강할 것이라 해도 신경 쓰지 않는다. 트럼프는 2차 대전 이후의 자유주의적 국제질서에서 미국이 가장 큰 혜택을 보았다는 사실을 인정하지 않는다.

기이하게도 트럼프는 중국과 러시아를 적이라기보다 경쟁자라고 생각한다. 시진핑과 푸틴에게 관대하다. 적어도 두 가지 이유를 생각할 수 있다. 먼저, 이들은 트럼프의 스타일에 어울리는 '강한' 지도자들이다. 1990년 《플레이보이》 인터뷰에서 트럼프는 고르바초프 전 소련 대통령이 "상황을 장악하지 못했다"라고 비판했다. 반면 톈안먼(天安門) 사건에 대해서는 "중국 정부가 쓸어버렸다. (…) 힘의 위력을 보여주었다"라고 평가했다. 트럼프의 눈에 비친 고르바초프는 약한 지도자다. 덩샤오핑은 강한 지도자다. 트럼프는 '약하다'는 말을 싫어한다. 트럼프는 마음에 들지 않는 사람에게 '약하다'는 딱지를 붙인다. 둘째, 중국과 러시아가 압박하는 대상은 주로 미국의 동맹국들이다. 미국이 아니다. 동맹을 중시하지 않는 트럼프는 이런 중국과 러시아를 굳이 적대할 이유가 없다.

2015년 12월 푸틴이 트럼프를 '비범하고 재능 있는(brilliant and talented) 사람'이라고 한 적이 있다. MSNBC 프로그램 진행자 조 스카버로(Joe Scaborough)가 트럼프에게 말했다. "아무리 그래도 푸틴은 남의 나라를 침략하고 사람을 막 죽이지 않느냐?" 트럼프가 대답했다. "적어도 그는 한 나라를 이끌어간다. 그런데 우리나라는 그마저도 못 한다. 푸틴이 사람을 죽인다고 하는데, 우리나라도 사람 죽이는 일 많다."[8] 트럼프는 중국에 대해서도 인권이나 남중국해 영토 분쟁을 따지기보다 환율 조작, 지적재산권, 보조금 지급, 첨단기술 탈취 등 경제 문제를 주로 따진다. 지정학적 경쟁이라기보다 경제적·과학적·기술적 갈등으로 본다.

트럼프가 적이라고 규정하는 상대가 있다. 이란과 그에 연결된 몇몇 아랍 국가 또는 단체들이다. 이란은 중동 지역에서 이스라엘을 위협할 수 있는 유일한 강대국이다. 또한 트럼프에게는 무슬림에 대한 거부감이 있다. 2015년 12월 캠페인에서 "무슬림의 입국을 전면 금지하겠다"라고 공약했다.

트럼프의 '아메리카 퍼스트'는 2016년 대선 과정에서 갑자기 생겨난 것이 아니다. 적어도 1980년대 후반부터 트럼프의 삶에 누적되고 다듬어지면서 진화해왔다.

동맹국 압박, 해외개입 비판, 이민 제한과 통제, 관세 부과, 군사력 강화, 법과 질서 강조, 권위주의에 대한 관용적 태도 등은 몇십 년을 관통하는 일관성을 갖고 있다. 트럼프는 이런 입장을 2016년 대선 캠페인에서 줄곧 강조했을 뿐 아니라, 재임 4년 동안 '아메리카 퍼스트'의 핵심 정책으로 추진했다.

반이민 정책

반이민 정책은 '아메리카 퍼스트' 접근법에서 핵심을 차지한다.

2017년 취임 후 가장 우선적인 조치로, 1월 27일 7개 무슬림 국적자의 입국을 90일 동안 전면 금지했다.[9] 7개국은 이라크, 시리아, 이란, 수단, 리비아, 소말리아 그리고 예멘이었다. 매년 7~8만 명이나 되던 난민도 120일 동안 입국을 금지하고, 입국을 허용할 때는 '미국의 안보와 복지에 위협이 되지 않도록' 엄격한 심사를 하게 했다. 서명과 함께 발효된 이 행정명령은 즉각 공항 입국장에서 분란을 일으켰다. 법원에서 소송이 제기되고 일부 지자체장들도 시행을 보류하는 등 우여곡절을 거쳐 2018년 6월 대법원에서 최종 확정되었다.

반이민 정책의 또 하나 상징은 멕시코 국경에 장벽을 건설하는 사업이었다. 장벽 건설은 공화당과 민주당 사이에 첨예한 정치 문제로 등장했고, 2018년 말과 2019년 초에는 장벽 예산 배정을 놓고 25일 간이나 정부를 폐쇄하기도 했다.

불법 이민을 막고 합법 이민을 제한하는 트럼프의 정책은 정권이 끝날 때까지 계속되었다. 2018년 4월에는 멕시코 국경을 넘다가 체포된 부모와 자녀를 강제로 분산 수용하는 '무관용 정책'을 시행했다. 인권침해라는 강력한 비판이 일어났고, 그해 6월 법원 판결로 시행이 중단되었다. 2019년 1월에는 멕시코를 거쳐 오는 난민에 대해 심사가 끝날 때까지 국경을 넘지 못하도록 했다. 또한 연간 난민 수용 한도를 계속 낮추어 2017년 5만 4,000명에 이르던 난민 입국자가 2021년에는 1만 5,000명으로 낮아졌다. 자연재해를 피해 임시로 미국에 살 수 있게 한 '임시신분보호규정(TPS)'도 폐기했다. 그러나 이것도 법원의 개입으로 시행하지 못했다. 기술이민(H-1B) 비자 발급에 대한 심사를 강화했다. 2020년 2월에는 입국 후에 정부 지원을 받아야 하는 이민자에게 영주권을 발급하지 않기로 했다.

이민 제한은 국내적으로 공화당과 민주당의 정체성을 구분하는 이슈다. 민주당은 이민이 필요하다고 보고, 이민자에게 관대하다. 트럼프가 취한 대부분의 조치는 바이든 행정부에서 재검토되거나 폐기되었다. 장벽 건설도 중단되었다. 바이든은 장벽을 건설하는 대신 감시장비를 추가로 설치하거나 드론을 사용하는 방법으로 불법 이민 감시를 강화하고 있다.

미국 제조업 보호

트럼프는 강한 미국의 기반으로서 국내 제조업을 보호하고 장려했다. 트럼프 4년간 USTR 대표 자리를 지킨 로버트 라이시저는 회고록 『자유무역은 없다(No Trade is Free)』에서 트럼프를 "미국의 노동자를 위해 낡아빠진 정책을 전환한 대통령"이며 "가장 위대한 대통령의 한 사람"이라고 높이 평가했다.[10] 제조업 장려 정책은 트럼프 대통령이 물러난 다음에도 바뀌지 않았다. 트럼프의 정책 유산 중에서 가장 지속성이 강한 분야다.

첫째는 관세와 무역정책이다. 트럼프는 2018년 3월에 '국가안보 우려'를 들어 철강·알루미늄 수입에 25% 관세를 매겼다. 한국, 일본, 유럽이 모두 영향을 받았지만, 주요 공격 목표는 중국이었다. 라이시저는 트럼프에게 쉬운 말로 설명했다. 자유무역이 좋지만, 모든 참가자가 규칙을 지켜야 모두가 혜택을 본다. 그런데 중국은 규칙을 체계적으로 위반한다. 트럼프는 쉽게 이해했다. 1987년에 자기가 비판한 일본이 바로 2017년의 중국이었다. 트럼프는 시진핑을 늘 호의적으로 대했지만, 중국과의 무역전쟁은 트럼프 임기 내내 계속했다.

결과적으로 트럼프는 미국의 무역정책을 바꾸어놓았다. 트럼프는 공화당은 물론 진보 진영 일부를 포함한 광범위한 연대를 구축했으며, 바이든 행정부도 이 정책을 계승할 수밖에 없었다. 바이든은 트럼프가 4,000억 달러의 중국 물품에 부과한 관세를 그대로 유지한다. 트럼프가 아니었더라도 이런 정책 전환이 이루어졌을까? 아니라고 본다. 미국 안에서 무역정책에 문제가 있다는 지적이 꾸준히 제기되었지만, 이를 정책으로 옮긴 것은 트럼프였다. 트럼프는 무역에 대한 근본적인 거부감이 있는 것 같다. 2017년 7월 독일 함부르크 G20 회의를 마치고 귀국하는 비행기 안에서 트럼프가 메모장에다 썼다. "무역은 나쁘다(Trade is bad)."[11]

트럼프의 '아메리카 퍼스트'는 시대정신과도 맞아떨어졌다. 첫째, 2008년의 금융위기가 있었다. 2012년 연방준비은행(FED)은 미국 중산층의 실질소득이 2007년 12만 6,400달러에서 2010년에는 7만 7,300달러로 떨어졌다고 보고했다. 토마 피케티(Thomas Piketty)의 『21세기 자본(Capital in the 21st Century)』(2014)이 나온 것이 이 무렵이다. 둘째, 시진핑이 이끄는 중국은 자유주의 질서를 받아들일 의사가 없다는 것을 확인했다. 마지막으로, 트럼프 행정부 4년 차에 등장한 코로나19로 세계 공급망 구조가 얼마나 취약한지 드러났다. 세계화는 재조명되었다. 트럼프의 무역정책은 바이든 행정부에서 '중산층을 위한 외교'로 이름만 바꾸어 그대로 이어지고 있다.

트럼프는 또한 국내 일자리를 늘리고 미국 기업의 경쟁력을 강화하는 차원에서 법인세를 획기적으로 감면했다. 35%의 법인세를 21%로 낮추었다.

광범위한 규제 완화도 추진했다. 에너지 자립을 강조했고, 화석연료 개발을 제한하던 많은 규제를 완화 또는 폐기했다. 다만 감세와 규제 완화, 특히 환경규제 완화는 이민정책과 마찬가지로 공화당과 민주당의 정체성이 대립하는 분야이기 때문에 바이든 행정부에서 상당 부분 역전 또는 조정되고 있다.

해외개입 축소

해외개입 축소는 트럼프 '아메리카 퍼스트' 정책의 또 하나 핵심 요소다. 앞에서 보았듯이, 트럼프는 1987년부터 자기 돈을 써가면서 해외개입 축소와 동맹체제 재조정을 주장했다. 트럼프는 미국이 해외에 나갈 이유가 없고, 불가피하게 나갈 때는 보호받는 쪽, 즉 혜택을 받는 쪽이 비용을 부담해야 한다고 본다. 수익자 비용 부담 원칙이다. 트럼프는 동맹국에 대해 방위 분담을 대폭 늘리라고 요구했다. 5월 25일 브뤼셀에서 NATO 정상회의가 열렸다. 출발하기에 앞서 매티스 국방장관과 맥마스터 안보보좌관은 NATO의 핵심이 "어느 하나의 회원국에 대한 공격은 모든 회원국에 대한 공격"이라고 규정한 헌장 제5조라고 설명하고, 트럼프가 취임 후 처음으로 참석하는 정상회담인 만큼 "미국이 헌장 5조의 공약을 지킬 것"을 재확인해달라고 했다. 그러나 트럼프는 회담에서 제5조 이야기를 끝까지 하지 않았다. 그 대신 "28개 회원국 가운데 23개 국가가 자기 몫을 부담하지 않는다"라고 하면서, NATO가 합의한 GDP 2% 국방비 지출 목표를 이행하지 않는다고 비판했다.[12] NATO 정상회의에 이어 5월 26~27일 시칠리아 G7 회의가 끝난 다음 메르켈 독일 총리가 말했다. "우리가 누군가에 의존하는 시대는 끝나고 있다. 나는 지난 며칠 동안 이를 경험했다. 이제 유럽의 운명은 우리 손으로 붙잡아야 한다."[13] G7 회의에 참석한 지도자 중에 아마도 아베 총리만 트럼프를 상대하는 데 약간의 자신을 갖고 있었을 것 같다.

트럼프는 한국에도 10억 달러의 방위비 분담금을 5배 늘려줄 것과 고고도미사일방어체계(THAAD) 배치 비용을 부담하라고 요구했다. 그러나 외교안보 전문가들과 국무부, 국방부, 정보기관 관료들은 트럼프의 거래 중심적 정책 노선에 동의하지 않았다. 이들이 보기에 한국, 일본, 유럽 주둔, 즉 해외 전진 배치는 미국의 국익을 위해 필수적이며, 주둔 비용을 적절히 분담하는 것은 합리적인 일이었다. 마찰과 충돌이 있을 수밖에 없었다.

트럼프가 국가안보와 동맹의 중요성을 이해하지 못한다고 본 매티스 국방장관, 콘 경제보좌관, 틸러슨 국무장관 등이 머리를 짜낸

끝에 일종의 교육용 전략회의를 기획했다.* 2017년 7월 20일 합참 지하에 있는 회의실 'TANK'에서 하기로 정했다. 합참의장을 비롯한 주요 군 지휘관들도 참석했다. 브리핑의 핵심은 규칙기반 국제질서(rules-based international order)였다. 매티스, 콘, 틸러슨이 차례로 나섰다. 미국의 동맹체제가 지난 70년 동안 국제평화와 안정, 그리고 미국의 번영에 얼마나 기여했는지를 설명했다.

브리핑을 듣던 트럼프가 고개를 저었다. 대통령의 눈짓에 따라 배넌이 나섰다. "대통령은 지금 이란 핵협정에서 탈퇴하기를 원한다. 동맹국 중에 누가 우리를 지지할까? 누가 우리와 함께 이란에 더 강한 제재를 가하는 데 동참할까?"**14** 트럼프가 이어 말했다. "누가 우리 뒤를 지켜줄까? 온통 미국에서 돈을 뜯어 가려는 사람들 뿐이다. 우리가 돈을 내어 이 질서를 유지하는데, 자기들은 돈만 벌고 있다." 중국과의 무역협정, 이란 핵협정, 멕시코 협정, 해외 군대 배치, 대외 원조 등 모든 주장에 대해 트럼프는 반박했다. 한국 이야기도 나왔다. "2만 8,000명 병력이 왜 거기에 가 있는지 모르겠다. 데리고 들어오자." 이란 핵협정에 대해 틸러슨이 이란이 협정을 위반하지 않고 있는데 무슨 제재를 가하느냐고 말했다. 트럼프가 틸러슨을 향해 "당신은 약해(weak)"라고 소리쳤다. 회의는 난장판이 되었다. 끝나고 나오면서 틸러슨이 중얼거렸다. "빌어먹을 멍청이(fucking moron)."**15**

트럼프는 미국이 중동에서 치르는 '영원한 전쟁'을 끝내려 했다.

---

* 이 TANK 회의에 대해서는 Woodward, Bob (2018). *Fear: Trump in the White House*. New York: Simon & Schuster, pp. 218–225. 참고 바람.

취임 직후 아프가니스탄 철수 계획을 보고하라고 NSC와 국방부에 지시했다. 그러나 NSC와 국방부는 오히려 '철수를 위한 증원(surge)'을 건의했다. 미군을 일시적으로 증원하여 적을 제압하고 정부군을 키운 다음에 철수한다는 전략인데, 오바마 때 한 번 써먹었으나 실패한 경험이 있다. 트럼프는 마음이 내키지 않았지만, 패배한 대통령이라는 소리를 듣기 싫어 마지못해 승인했다. 다만 증원은 3~4만 명이 아니라 3,000~4,000명으로 제한했고, 최대한 빨리 철수해야 한다는 전제조건을 달았다. 아프가니스탄 철수는 2020년 2월 탈레반과 평화협정에 합의함으로써 길을 열었다. 바이든 행정부가 들어온 2021년 4월에 철수계획이 나왔고, 그해 8월에 철수를 완료했다. 테러와의 전쟁을 시작한 지 20년 만이었고, 미국 역사상 가장 긴 해외 원정이 끝났다. 아프가니스탄 철수는 트럼프가 기초를 놓았기에 가능했다.

트럼프는 ISIS가 평정되자, 2019년 10월 북부 시리아에 있는 미군도 철수시키라고 했다. "ISIS에 대한 역사적인 승리를 거두었다. 이제 우리 젊은이들을 집으로 데리고 올 것이다."[16] 난감해진 것은 매티스 장관이었다. 바로 2주일 전 캐나다 오타와에서 열린 NATO 국방장관회의에서 매티스는 "ISIS가 괴멸되었지만 모든 회원국이 당분간 현지에 남아 상황이 안정되기를 지켜보자"라고 제의했고, 다른 회원국 장관들도 이 제의를 받아들였다. ISIS 격퇴에 큰 도움을 준 쿠르드족을 위해 이 지역의 평화를 유지해야 한다는 고려도 있었다. 그런데 미국 대통령이 일방적으로 철군을 발표해버렸다. 매티스 장관은 사직서를 써 들고 트럼프를 만나러 갔다. 그리고 말했다. "미국은 여전히 자유세계에 없어서는 안 될 나라이지만, 동맹국을 존중하지 않으면 그 역할을 할 수 없다."[17] 그러나 트럼프는 철수 결정을 바꾸지 않았다. 매티스는 사직서를 놓고 나왔다. 시리아 철군을 발표한 트윗에서 매티스 사임에 이르는 과정은 해외 군사개입에 대한 트럼프의 생각을 잘 보여준다. 트럼프는 미국이 '영원한 전쟁'을 끝내야 한다고 항상 말해왔다. 해외개입 축소는 트럼프의 선거 공약이었다. ISIS를 격퇴해 임무를 완수했으니 이제 시리아에서 떠나자. 미국이 언제까지나 세계의 경찰 역할을 할 수는 없다. 쿠르드족을 전쟁에 끌어넣은 것은 내가 한 일이 아니다. 나라면 애당초 여기에 들어오지도 않았다. 다른 사람이 만들어놓은 골칫거리를 내가 왜 떠맡아야 하나?

군대를 철수시키는 대신 트럼프는 그 자리에 이란을 견제할 수 있는 새로운 전략환경을 조성하려고 시도했다. 이스라엘과 아랍 국가 국교 정상화를 위한 아브라함 협약(Abraham Accords)은 2020년 9월 15일 백악관에서 트럼프가 지켜보는 가운데 베냐민 네타냐후(Benjamin Netanyahu) 이스라엘 총리와 UAE 및 바레인 외무장관이 참석해 서명했다. 선거가 끝난 다음인 12월 22일과 1월 6일에 모로코와 수단이 이스라엘과 관계를 정상화하는 데 동의했다. 수단은 미국의 테러지원국 명단에서 벗어났으며, 모로코는 서부 사하라에 대한 주권을 인정받았다.[18] 미국 중동 외교의 일대 전환이었다. 트럼프는 유럽 주둔 미군도 축소했다. 2020년 3만 4,500명의 독일 주둔 미군을 감축하라고 지시했다. 독일이 GDP 2% 방위비를 지출하지 않기 때문이었다. 트럼프 임기 중에 1만 1,900명을 줄였다. 해외개입 축소에 대한 트럼프의 태도는 진지했고, 의지는 강력했다.

트럼프는 대외정책의 자율성을 높이는 차원에서 미국에 불리하다고 생각한 국제협정도 탈퇴했다.

취임하자마자 첫 번째 조치로 TPP 협상에서 탈퇴했다. 6월에는 파리기후협약에서 탈퇴했으며, 2018년 5월에는 이란 핵협정에서도 탈퇴했다.

'아메리카 퍼스트'와 한반도

트럼프의 '아메리카 퍼스트'는 한국에게 충격으로 다가왔다. 미국 주류 언론의 보도와 외교안보 전문가 그룹의 평가를 통해 힐러리 클린턴이 당선될 것이라는 전망에 기울어져 있던 한국은 트럼프 행정부가 출범하자 이제까지와는 다른 모습의 미국을 만났다.

한국은 두 개 부문에서 MAGA 의제와 부딪혔다. 주한미군과 한미 자유무역협정이었다. 두 가지 모두 한미동맹의 근간에 해당하는 것이었다. 트럼프는 NATO의 유럽 회원국들에 하는 것과 똑같은 말을 한국에도 했다. "이렇게 잘사는 나라를 보호하기 위해 미국 국민이 내는 세금을 써야 하느냐?" 트럼프는 2019년 12월에 이루어진 우드워드 기자 인터뷰에서 다음과 같이 말했다.

나는 늘 한 가지 의문을 가지고 있다. 우리가 왜 한국을 방어하는가? 우리는 어마어마한 돈을 잃고 있다. 한국은 부자 나라다. 우리가 저들을 방어해주고 저들이 존재할 수 있도록 해주고 있다. 왜 그래야 하나? 우리는 8,500마일이나 떨어져 있는데, 왜 그 많은 군대를 주둔시키면서 싸워야 하나?[19]

여기에다 몇백억 달러에 이르는 한국의 대미 무역흑자를 더하면 트럼프의 불만이 무엇인지 분명하게 드러난다. 트럼프는 한국에 대해 방위비 분담금을 5배 늘려줄 것과 한미자유무역협정에 규정돼 있는 양국의 교역조건을 고칠 것을 요구했다. 한국의 무역흑자를 줄이기 위해 자동차 수출을 제한해달라고 압박했다. 그래도 이들 현안은 한국이 자동차 수출을 일정 부분 제한하고 방위비 분담금을 어느 정도 증액하는 선에서 마무리했다. 한국이 트럼프의 강수에 휘둘린 느낌은 있어도, 비교적 원만하게 해결한 셈이다. 미중 경쟁이 점점 더 긴박한 현안으로 부상했다는 배경이 있었지만, 그보다는 한반도에서 북한 핵미사일과 한반도 문제가 시급하고 당면한 과제가 된 사실이 한미 양국에 양자 문제를 조속히 풀어내도록 압박하는 요인으로 작용했다.

북한 핵미사일 프로그램은 오바마 대통령이 트럼프에게 업무를 인계하면서, 취임 후 트럼프가 당면할 가장 시급한 안보 현안이 될 것이라고 경고한 사안이었다.[20]

취임 직후인 2017년 1월 27일 대북 정책의 선택지를 검토하라고 지시한 트럼프는 3월 17일 '최대압박작전(Maximum Pressure)'을 기본 노선으로 결정했다. 군사적·경제적·외교적·수사적 압박을 높이고, 필요하면 비밀작전도 추진할 계획이었다.[21] 그에 앞서 마이크 폼페이오 CIA 부장은 퇴직한 지 얼마 안 된 한국계 요원 앤디 김(Andy Kim)을 불러 충분한 인력과 예산 지원을 약속하면서 북한임무센터(NK Mission Center)를 만들라고 했다. 국방부는 군사작전을 계획하고, 국무부는 외교적 압박을 준비하며, CIA는 북한 전복계획을 세워나갔다.[22]

2017년 한반도는 도발과 대응이 이어지면서 긴장이 높아갔다. 군사 압박은 매티스 장관의 소관이었다. 오랜 기간 중동에서 전쟁을 치른 매티스 장관은 한반도 상황이 얼마나 엄중한지 알았다. 김정은을 군사적으로 압박할 방법은 많지만, 안보 딜레마 문제가 있었다. 압박만을 염두에 두고 취하는 조치를 상대방은 공격 준비라고 오해할 수 있다. 상대방의 공격을 억지하려던 것이 오히려 선제공격을 촉발할 수 있다.

어느 날 매티스 장관은 워싱턴 매사추세츠 애비뉴(Massachusetts Avenue)의 내셔널 대성당(Washington National Cathedral)에 들어갔다. '북한과 핵전쟁을 해야 하는가, 해야 한다면 어떻게 할 것이며 결과는 어떨 것인가'를 두고 고심하고 기도했다.[23] 미국은 민간인 철수까지 검토했다.

한반도 정세는 2018년 초에 급변했다. 김정은 위원장이 2018년 신년사에서 남한에 메시지를 보냈다.

조성된 정세는 지금이야말로 북과 남이 과거에 얽매이지 말고 북남관계를 개선하며 자주통일의 돌파구를 열기 위한 결정적인 대책을 세워나갈 것을 요구하고 있습니다. 이 절박한 시대적 요구를 외면한다면 그 누구도 민족 앞에 떳떳하게 나설 수 없을 것입니다.[24]

갑자기 대화가 급물살을 타기 시작했다. 북한이 평창 동계올림픽에 참가한 다음, 정의용 안보실장을 대표로 한 남한 대표단이 3월 5~6일 평양을 방문했다. 평양에서 돌아온 정 실장은 그길로 워싱턴으로 날아가 트럼프를 만났다. "될 수 있으면 빨리 트럼프를 만나고 싶다"라는 김정은의 메시지를 전했다. 트럼프는 즉석에서 회담 개최에 동의했다. 거래의 달인이라는 트럼프의 즉흥적 성격이 드러난 장면이었다.

여기서 우리가 기억할 점은 트럼프가 이전부터 북한과 협상하는 데 열린 자세를 보였다는 사실이다. 트럼프는 북한의 대포동미사일 발사로 떠들썩하던 1999년 11월 NBC 〈미트 더 프레스〉에 출연해 "(북한과) 협상하겠다. 미친 듯이 협상하겠다. 그래서 최상의 거래를 끌어내겠다"라고 했다.[25] 2015년 5월 로이터(Reuters) 인터뷰에서는 "김정은과 대화할 것이다. 대화하는 데 아무런 문제가 없다"라고 했다.[26] 2016년 2월 CBS 〈디스 모닝(This Morning)〉에서는 "중국과 협의하여 김정은이 없어지게 할 수 있다"라고도 했다. 김정은에 대해서는 "나쁜 사람이지만, 과소평가해서는 안 된다"라고 했다.[27] 6월에는 "김정은을 만나 햄버거를 먹으면서 협의하겠다"고 했다.[28] '최대압박작전'을 추진하던 2017년 5월에도 블룸버그(Bloomberg) 인터뷰에서 "적절한 환경이면 김정은을 만나야 한다. 당연히 만날 것이다. 만나면 영광으로 여길 것이다"라고 했다.[29]

그러나 막상 만나게 되자 '최상의 거래'를 끌어내기는 쉽지 않았다. 2018년 6월 10~11일 싱가포르 회담은 북한이 비핵화에 노력하겠다는 의지를 재확인하고 양국이 관계 개선과 한반도 평화를 위해 공동 노력한다는 성명을 발표하는 것으로 끝났다. 오히려 깜짝 뉴스는 회담 후 기자회견에서 트럼프가 한미연합훈련을 중단한다고 선언한 일이었다. 누구와도 사전 협의하지 않은 돌출행동이었다. 트럼프는 어떤 생각에서 갑작스러운 선언을 했을까? 연합훈련쯤은 해도 그만, 안 해도 그만이라고 보았을까? 아니면 이것을 미끼로 젊은 북한 지도자의 마음을 열고 다음 행보를 끌어내려고 했을까? 한 가지는 확실했다. 트럼프의 선언이 전략적이지 못했다는 점이다.

이듬해 2월 27~28일 하노이 회담도 성과 없이 끝났다. '하노이 노딜(No Deal)'이었다. 2019년 가을 트럼프가 우드워드 기자에게 경위를 설명했다. 김정은에게 5개 핵시설이 있는데, 그중 영변 단지만 해체하겠다고 했다. 5개 다 해체하라고 했으나 듣지 않았다. 그래서 말했다. "당신은 거래할 준비가 안 돼 있네요. 나는 돌아갑니다. 당신은 멋진 사람인데, 아직 거래할 준비가 안 돼 있습니다."[30] 갑작스러운 상황에 어찌할 바 모르는 김정은을 뒤에 두고 트럼프는 회담장을 나왔다. 거래 조건도 조건이지만, 트럼프는 그 시간에 워싱턴에서 진행되던 러시아 스캔들 청문회와 마이클 코언의 증언에 신경이 분산

되어 협상에 집중하기 어려웠다.[31] 거기에다 처음부터 김정은과 회담하는 데 회의적이던 존 볼턴(John Bolton) 안보보좌관은 북한이 핵과 생화학무기를 완전히 폐기하지 않는 한 회담을 그만두는 것이 낫다는 의견을 여러 차례 트럼프에게 전달했다. 아베 총리도 두 차례나 트럼프를 만나 똑같이 이야기했다. 회담이 열렸지만, 김정은은 '완전한 비핵화'에 합의할 생각이 없었다. 트럼프-김정은 협상은 이것으로 끝났다. 그 뒤 몇 차례 서신이 더 오가고 6월 30일에는 판문점에서 깜짝 만남도 있었지만, 실질적인 성과는 없었다.

　돌이켜보면 트럼프는 역대 미국 대통령 가운데 가장 적극적으로 북한 문제 해결에 나섰다. 처음에는 '최대압박작전'으로, 그다음에는 2018년 6월과 2019년 2월의 파격적인 두 차례 정상회담을 통해 해결을 모색했다. 오바마 행정부의 '전략적 인내'보다는 한결 유연하고 현실적인 접근을 시도했다.

　그렇다고 해서 트럼프의 적극적인 시도가 핵 문제나 북한 문제 또는 한반도 문제를 해결하는 데 실질적인 성과를 낸 것은 아니다. 왜 그랬을까? 한반도 문제가 갖는 역사성이나 지정학, 관련 개별 국가의 정치적 맥락 등 여러 가지 요인을 통한 설명이 가능할 수 있겠으나, 트럼프는 하노이에서 김정은을 만나는 날 워싱턴에서 민주당이 코언(Cohen) 청문회를 주도했다는 사실을 지적했다. "북한과 중요한 핵 회담을 하는 날, 이미 실형을 선고받은 사기꾼을 불러내어 민주당이 공개 청문회를 개최한 사실은 미국 정치의 수준이 얼마나 떨어졌는지 잘 보여주며, 내가 회담을 중단하고 걸어 나온 배경이 되었을 수도 있다."[32]

결국 트럼프에게는 북한 핵 문제, 북한 문제, 한반도 문제가 미완의 MAGA 의제로 남아 있는 셈이다.

3장 트럼프와 공화당

트럼프의 반란

2012년 11월 대선에서 밋 롬니 후보가 민주당의 오바마 대통령에게 패배하자 공화당 전국위원회(RNC)는 라인스 프리버스 의장에게 패배의 원인을 규명하고 대책을 제시할 것을 요구했다.

2013년 3월 전국위는 「성장과 기회(Growth and Opportunity Project)」라는 보고서를 제출했다. 전국에 걸쳐 3,000회 이상의 간담회, 800회의 회의와 3만 6,000건 이상의 온라인 조사를 하면서 3개월 이상 애쓴 결과였다. 이 보고서에는 '부검(Autopsy)'이라는 별명이 붙었다. 패배한 선거를 죽은 사람에 비유한 것이다.

보고서의 핵심은 포용, 즉 외연 확장이었다. 공화당이 기존의 지지층에 안주해왔다고 자아비판한 다음, 차기 대선에서 이기기 위해서는 급속히 늘어나는 히스패닉 인구와 소통을 강화하고, 이민정책을 완화하여 유색인종 그룹과의 유대를 넓히며, 낙태 금지나 총기 허용과 같은 사회·문화적 보수주의 요소를 완화하여 젊은 층을 포용할 것을 제의했다. 나중에 하원의장을 역임하는 폴 라이언 당시 하원 예산위원장을 비롯한 공화당의 의회 주요 인사들, 1994년 중간선거 때 「미국과의 계약(Contract with America)」이라는 정책 보고서를 통해 40년 민주당 우세를 끝낸 뉴트 깅리치 같은 원로들이 '부검' 보고서를 환영했다.

그런데 2016년 대선에 출마한 트럼프는 보고서의 권고에 정반대되는 방향으로 캠페인을 전개했다. 이민을 확대하는 대신 불법 이민을 뿌리 뽑겠다고 했고, 히스패닉 계통과 소통을 강화하는 대신 멕시코 사람을 '강간범'이라 하고 멕시코 국경에 만리장성과 같은 장벽을 건설하겠다고 했다. 사회·문화적 보수주의를 완화하라고 했으나 오히려 인종차별적 요소를 부각하고 총기 사용을 허용하는 수정헌법 제2조를 강조했다. 트럼프는 외연 확장에 나서는 대신 진영을 강화하는 방향으로 갔다.

돌이켜보면 '부검'은 당시 풀뿌리 유권자 사이에서 일어나는 변화를 제대로 읽지 못했다. 2013년 당시에도 트럼프는 "공화당 전국위가 이민 완화를 주장하는데, 죽고 싶어서 이러는가?"라는 트윗을 날린 바 있다.[1] 트럼프는 공화당 지도부가 풀뿌리의 목소리를 듣지 않고, 오히려 내부에서 다른 목소리가 나오지 못하게 억압한다고 했다.

물론 이 사이에 공화당에도 변화는 일어나고 있었다. 2009년 풀뿌리 보수주의 캠페인으로 시작된 티파티 운동(Tea Party Movement)을 바탕으로 2015년 하원에 프리덤 코커스(Freedom Caucus)가 결성되었다. 2012년에 당선된 노스캐롤라이나 출신 마크 메도스 하원의원 등 강경 보수주의자 40여 명이 참가했다. 목적은 재정적자 축소, 작은 정부, 감세, 규제 완화, 오바마 건강보험 개혁, 이민 통제, 국방력 강화 등이다. 트럼프가 제시한 MAGA 의제와 대부분 겹친다. 트럼프가 아니었더라도 공화당 우파 후보가 대통령이 될 여건은 조금씩 나아지고 있었던 셈이다.

그렇기는 해도 2012년에 롬니가 실패한 대선 도전에서 트럼프가 성공한 것은 강력한 MAGA 메시지와 이것을 대중에게 적극적으로 전달해낸 트럼프의 소통 능력 덕분이었다고 해야 할 것이다. 트럼프의 대선 도전은 공화당 주류에 대한 반란이었고, 2016년 트럼프의 승리는 반란이 성공한 결과였다.

2016년 8월 트럼프가 대선 후보로 확정될 때까지 공화당 주류는 트럼프에게 다가가려고 하지 않았다. 심지어 트럼프가 후보로 확정된 다음에도 미치 매코널 상원 원내대표나 폴 라이언 하원의장 같은 중진들은 트럼프와 일정한 거리를 유지했다. 공화당 주류는 '적대적 인수'를 당했다고 생각했다.[2]

그러나 트럼프가 후보로 확정된 이상 공화당은 태도를 바꿀 수밖에 없었다. 정권을 민주당에 넘겨주는 것보다는 트럼프한테 넘기는 것이 좋지 않은가? 차츰 대선 승리를 위해 전국위를 비롯한 당 조직이 동원되었고, 지도부도 하나둘 트럼프 주위로 몰려들었다. 2017년 1월 20일 대통령에 취임했을 때, 트럼프는 이미 누구도 거역하기 어려운 당의 중심인물이 돼 있었다.

공화당 장악

트럼프는 백악관에 있는 4년 동안 공화당에 대한 장악력을 강화하기 위해 체계적인 노력을 전개했다.

전국위 의장 프리버스를 대통령 비서실장에 임명하고, 후임에 미시건주 지역위원장인 로나 맥대니얼(Ronna McDaniel)을 임명했다. 미시건주는 2016년 대선에서 트럼프를 지지했다. 트럼프는 전국의 당 지역위원회를 하나씩 자기에게 충성할 수 있는 사람에게 맡겼다. 지역위원회 회의와 각종 후원금 모금 집회가 있을 때 측근들을 파견했다. 지역위원회는 전국 정치에 잘 드러나지 않지만, 선거 때마다 집과 거리를 누비는 자원봉사자와 정치자금 동원, 그리고 전당대회에 나갈 대의원을 뽑는 중요한 역할을 한다. 2019년 상반기까지 대부분의 지역위원회가 트럼프의 영향권에 들어갔다.[3]

의회에서는 2017년 10월 매코널 원내대표와 상호 윈-윈할 수 있는 협력관계를 구축했다. 트럼프는 감세 법안을 통과시키고 멕시코 국경장벽 건설 예산을 확보하는 데 상원의 좌장인 매코널의 도움이 필요했다. 매코널도 최대 관심인 상원 다수당 지위를 유지하려면 트럼프가 외곽에서 공화당 때리기를 계속해서는 곤란하다. 여기에다 매코널은 '사법부 보수화 프로젝트'도 제의했다. 트럼프 재임 중에 최대한 많은 보수파 법관을 연방법원에 집어넣자고 했다. 트럼프의 큰 업적이 될 것이라 했다. 거래가 이루어졌다. 트럼프는 매코널을 '민주당의 방해를 넘어 공화당의 의제를 관철하는 능력'을 가진 '좋은 친구'로 높이 평가해 그 역할과 권위를 인정했다. 그 대신 트럼프는 매코널을 통해 상원 공화당에 대한 영향력을 확보했다.[4]

이듬해 4월에는 폴 라이언 하원의장이 정계 은퇴를 선언했다. 정계를 떠난 것은 그해 말이었지만, 은퇴 선언 자체만으로도 공화당의 변화를 상징하는 면이 있었다. 라이언은 예의 바르고 머리 좋은 정책통이었다. 2016년 대선에서 트럼프가 후보로 지명되는 것을 막으려 했으나, 뜻을 이루지 못했다. 트럼프가 당선되자 어쩔 수 없이 트럼프에게 다가섰고, 감세 법안을 적극적으로 추진했다. 법안이 통과되었을 때, 트럼프의 '절묘한 지도력'을 칭찬해주기도 했다. 그러나 라이언은 트럼프를 진심으로 지지하지 않았다. 아니, 할 수 없었다. 라이언은 포용적 보수주의자였다. "오늘의 가장 큰 문제는 정체성의 정치다. 나는 분열보다 통합을 추구한다. 포용적이고 낙관적인 정치를 지향한다."[5] 라이언이 보기에도 공화당은 아래로부터 변하고 있었다. 특히 2015년 1월 하원에 프리덤 코커스가 결성된 다음 공화당의 우측 편향은 더 심해졌다. 코커스 회원은 40여 명에 불과했지만, 강한 전투력과 결속력으로 숫자 이상의 영향력을 발휘했다. 트럼프가 당선된 다음에는 트럼프를 대변했다. 라이언은 이런 상황에서 자신이 설 자리가 없다고 판단했다.

트럼프가 중시한 것은 충성심이었다. 《폴리티코 매거진(Politico Magazine)》 기자 팀 알버타(Tim Alberta)가 쓴 『생지옥 미국(American Carnage)』이라는 책에 나오는 이야기다.[6] 2018년 중간선거 때 미네소타주 교외의 소도시 트윈 시티즈(Twin Cities)에서 하원의원 재선에

도전한 에릭 폴슨(Eric Paulsen)은 트럼프가 그 지역에서 인기가 없기 때문에 캠페인 기간에 일정한 거리를 두려고 애썼다. 이 이야기를 전해 들은 트럼프는 다음 날 "폴슨을 강력히 지지한다"라고 트윗을 날렸다. 폴슨은 결국 재선에 실패했다. 트럼프에게는 공화당 하원의원을 한 명 더 당선시키는 것보다 자기에 대한 충성심을 확보하는 것이 더 중요했다.

공화당에 대한 트럼프의 장악력을 보여주는 사건이 2019년 중반에 있었다. 7월 14일 트럼프는 소수인종 출신의 민주당 여성 하원의원 4명(미네소타의 일한 오마Ilhan Omar, 뉴욕의 알렉산드리아 오카시오-코르테즈Alexandria Ocasio-Cortez, 매사추세츠의 아이아나 프레슬리Ayanna Presley, 미시건의 러시다 털리브Rashida Tlaib)을 향해 "망가지고 범죄투성이인 너희 나라로 돌아가!"라고 트윗을 날렸다. 이들 4명은 모두 미국 국적을 갖고 있었고, 더구나 연방 하원의원들이었다. 오마만 소말리아에서 태어나 난민으로 미국에 정착했을 뿐, 다른 3명은 태어난 곳도 미국이었다. 미국인이니까 '돌아갈 너희 나라'가 없다. 트럼프가 모를 리 없다. 모든 공화당 사람들이 알았을 것이다. 그러나 아무도 나서지 않았다. 트럼프에게 "그러면 안 된다"라고 말하는 사람이 아무도 없었다.[7]

2018년 11월 중간선거에서 공화당은 다수당을 빼앗겼다. 그해 말 폴 라이언이 정계를 떠나면서 새로운 원내대표는 캘리포니아 출신 케빈 매카시(Kevin McCarthy) 의원이 맡았다.

매카시는 라이언처럼 전체 공화당을 대변하려고 노력했다. 동시에 트럼프가 재임하는 동안 백악관과 대립하는 일도 없었다. 2021년

1월 의사당 난입 사건이 일어났을 때 "트럼프가 한 말과 행동에 책임져야 할 것"이라 했으나, 나중에 "그런 말을 한 적이 없다"라고 부인했다.[8]

트럼프의 진영정치가 강화되는 데 비례해 공화당은 트럼프에게 빨려 들어갔다. 트럼프의 반대편에 서면서 공화당 정치를 하기는 점점 더 어려워졌다.

2019년 하반기에 전개된 탄핵 정국은 공화당과 민주당의 대립을 더욱 격화시켰고, 공화당의 진영은 더욱 공고해졌다. 그만큼 공화당에 대한 트럼프의 장악력도 굳어졌다. 공화당은 2020년 전당대회에서 정강을 발표하지 않았다. 트럼프의 '아메리카 퍼스트' 의제를 전폭 지원하기로 결의했다. 정책에 관한 한 백지 위임이었다.

8월 24일 트럼프가 후보 지명을 수락하는 연설을 했다.[9] 지난 4년의 업적을 나열했다. 그러고는 마지막에 말했다. 지지자들을 위해 십자가를 진다고 했다.

다들 기억해주십시오. 내가 여러분을 위해 싸우기 때문에 저들이 나를 잡으러 옵니다.

2021년 1월 트럼프는 플로리다로 주소를 옮겼지만, 백악관을 떠난 다음에도 공화당에 대한 장악력은 약해지지 않았다.

트럼프가 퇴임한 지 일주일 뒤에 매카시 원내대표가 마라라고로 찾아가 공화당의 향후 진로를 협의했다.[10] 의사당 난입 사건 때 트럼프에게 책임이 있다고 지적한 데 대한 일종의 사죄 방문이었다.

1년이 지난 2022년 2월 4일 공화당 전국위원회는 1년 전에 일어난 트럼프 지지자들의 의사당 난입 사건이 '정치적 의사 표시(political discourse)'였다고 재규정했다. 그러면서 당시 의회 조사위원회에 참여한 리즈 체니(Liz Cheney) 의원(공화-와이오밍)과 애덤 킨징거(Adam Kinzinger) 의원(공화-일리노이)을 징계에 회부하기로 했다.[11] 1·6 사건이 '적법한 정치 행위'였다고 규정하면, 이것을 조사하고 징계한 것은 '적법한 정치 행위에 참가한 사람을 처벌'한 셈이 된다. 결과적으로 조사위원회 활동에 참여한 체니와 킨징거 의원은 당에 손해를 끼쳤다. 그래서 징계한다는 논리였다.

의사당 난입이 일어났을 때, 펜스 부통령을 포함한 공화당 주요 인사들이 모두 비난했던 사실을 기억하면, 이 사건에 대한 공화당의 생각이 1년 사이에 얼마나 변했는지, "선거를 도둑맞았다"라는 트럼프의 주장이 얼마나 강력하게 파고들었는지 짐작할 수 있다.

객관적으로 보면, 공화당은 트럼프의 덕을 크게 보았다고 하기 어렵다. 공화당은 2016년에 민주당을 물리치고 정권을 장악했지만, 2018년 중간선거, 2020년 대선, 2022년 중간선거에서 기대 이하의 성적을 거두었다. 2018년 중간선거에서 공화당은 상원 다수당 지위를 겨우 유지했지만, 하원에서 41석을 빼앗겨 민주당에 다수당 지위를 내주었다. 주지사 선거에서도 7자리를 빼앗겼다. 2018년 중간선거 결과, 공화당은 상·하원을 모두 잃었으며, 그 때문에 이 선거 결과는 민주당을 상징하는 색깔, 즉 '푸른 파도(Blue Wave)'라고 불렸다. 2020년 대선에서는 백악관도 빼앗겼다. 하원 의석을 13석 늘리기는 했지만, 상원을 다시 빼앗겨 상·하원이 모두 민주당 손에 들어갔다. 현직 대통령이 출마하고서도 백악관과 상·하원을 모두 잃은 경우는 1932년 허버트 후버(Herbert Hoover) 대통령 이후 처음이었다. 1932년에는 대공황으로 경제가 무너졌고 2020년에도 코로나19라는 주변 요인이 있었다. 그렇더라도 현직 대통령이 백악관과 상·하원을 모두 빼앗긴 것은 분명 불명예스러운 일이었다.

공화당은 2022년 중간선거에서도 상원을 찾아오지 못했다. 다행히 하원에서 9석을 늘려 가까스로 다수당이 되었다. 그러나 역사적으로 대통령이 새로 취임한 뒤 처음으로 실시하는 중간선거에서 집권당이 평균 30개 내외의 하원 의석을 잃었던 사실에 비추어보면, 당시 공화당이 되찾은 9석은 기대 이하의 성적이었다. 더구나 트럼프는 2022년 중간선거에 직접적이고 광범위하게 개입했다. 연방 상·하원 선거는 물론 주 단위 선거를 포함해 모두 300개 이상 지역구에서 후보를 추천했고, 수백만 달러의 정치 후원금을 모으는가 하면, 30회 이상 유세 현장에 직접 뛰어다니기도 했다.[12] 그러나 펜실베이니아·메릴랜드·애리조나의 주지사 선거, 펜실베이니아와 뉴햄프셔의 연방 상원의원 선거, 뉴햄프셔·버지니아·오하이오의 연방 하원의원 선거 등에서 트럼프가 추천한 후보가 탈락했다. 이 후보들은 "2020년 선거를 도둑맞았다"라는 트럼프의 주장을 지지했을 뿐 아니라, 주로 공화당 강세 지역구에서 출마했다는 점에서 더욱 실망스러운 결과였다. 트럼프는 지지자들을 요직에 진출시키려던 시도가 무산되었고, 공화당으로서는 트럼프의 지지가 약이 아닐 수도 있다는 사실을 깨달았다.

2022년 선거 결과는 실망스러웠지만, 트럼프는 크게 개의치 않았다. 2022년에 트럼프가 원한 것은 2020년 패배에 대한 설욕이었다. 트럼프는 당선 가능성도 고려했지만, "2020년 선거를 도둑맞았다"라는 주장에 동조하는지를 더 중요한 추천 기준으로 보았다. 트럼프가 추천한 카리 레이크(Kari Lake) 애리조나 주지사 후보가 대표적이었다. 애리조나는 전통적으로 공화당이 강세였지만, 이번에는 민주당의 케이티 홉스(Katie Hobbs) 전 애리조나 국무장관한테 졌다. 트럼프에게는 중도 확장보다 지지기반 강화, 즉 진영을 강화하는 것이 더 중요했다.

트럼프의 공화당 개조

트럼프는 공화당을 자기 색깔에 맞게 바꾸었다. 어떻게 가능했을까? 지금까지 대통령이 된 정치지도자는 정당을 발판으로 연대를 구축하고 다수를 만들어냈다. 대통령은 정당을 통해 선거운동을 한다. 정당은 대통령을 통해 정권을 잡고 정책을 구현한다. 대통령은 임기 내에 이루고 싶은 목표와 남기고 싶은 업적이 있고, 정당은 대통령을 통해 추구하려는 장기적인 목표가 있다. 그런 뜻에서 지금까지 미국의 정당과 대통령은 상호 의존적이고 상호 보완적인 관계를 유지해왔다.

트럼프는 다르다. 자기가 원하는 대로 공화당을 다시 만들어냈다. 트럼프는 공화당이라는 정당에 들어가 그 안에 MAGA 캠페인을 구축했다. 공화당과 트럼프, 공화당과 MAGA 운동은 이익이 일치하는 부분도 있지만, 일치하지 않는 부분도 있다. 트럼프에게는 투표를 통해 권력을 쟁취하는 것도 중요하지만, '위대한 미국을 다시 만든다'는 목표가 더 중요하다.

트럼프는 정당 지도자라기보다 사회운동(social movement) 지도자에 가깝다. 사회운동은 이념적이고 명분에 충실한 열성분자를 결집시킨다. 정치를 바꾸는 새로운 흐름은 기존 체제에 도전하는 데서 시작한다. 트럼프가 시작한 MAGA 캠페인은 정치 구호를 넘어 사회운동으로 발전해 있다. MAGA 추종자들이 보기에 뉴욕 검찰이 트럼프를 기소한 것은 정치가 법을 흔들고 자기와 같은 보통 사람들을 탄압하는 행위다. 여기에 맞서는 것은 잘못이 아니라 정의로운 사회를 만들려는 투쟁이다.

트럼프는 처음 공화당 밖에서 반란을 일으켰으나, 대통령에 당선되면서 당 안에 MAGA 캠페인을 심고 안에서부터 당을 장악했다. 트럼프가 이렇게까지 공화당을 장악한 첫 번째 요인은 공화당 지지층에서 트럼프가 누리는 인기다.

트럼프의 MAGA 캠페인이 공화당 지지층을 흡수했다. 공화당을 소속 정당으로 하여 정치적 성공을 바라는 사람은 MAGA 캠페인을 거부할 수 없고, 이는 트럼프를 거부할 수 없다는 말과 같다. 트럼프는 선거에서 당선을 보장하지는 못하지만, 당선되지 못하도록 만들 수는 있다. 즉 공화당 후보로 당선되기를 바란다면, 적어도 트럼프의 반대편에 서지는 말아야 한다.

둘째, 트럼프는 공화당의 핵심 목표를 실현하는 데 성과를 거두었다. 잘한 일이 있으니까, 큰소리칠 수 있다. 트럼프는 공화당에서 강력한 영향력을 발휘하는 복음주의 기독교와 사회적 보수주의 세력이 중시하는 성과를 거두었다. 낙태를 허용한 1973년의 '로 대 웨이드(Roe v. Wade)' 판결을 뒤집은 것이 대표적이다. 트럼프는 2016년 10월 16일 라스베이거스 대선 토론회에서 자기가 대통령이 되어 "대법관 2~3명을 더 임명하면 '로 대 웨이드' 판결을 뒤집을 수 있다"라고 했다.[13] 연방주의자협회(Federalist Society)가 추천하는 낙태 반대 인사를 임명할 것이라 했다. 그러고는 협회로부터 모두 21명의 대법관 후보 명단을 받았다.[14] 연방주의자협회는 레이건 대통령 시절인 1983년에 사회적 보수주의 가치를 함양할 목적으로 결성되었으며, 이 협회의 대표적인 목표가 바로 '로 대 웨이드' 판결을 뒤집는 일이었다.

대통령에 당선된 뒤 트럼프는 철저한 낙태 반대론자인 레너드 레오(Leonard Leo) 연방주의자협회 부회장을 만나 대법관 임명 문제를 논의했다. 트럼프 재임 중 3명의 대법관을 새로 임명했다. 닐 고서치(Neil Gorsuch, 2017년 1월 지명), 브렛 캐버노(Brett Kavanaugh, 2018년 7월), 에이미 코니 배럿(Amy Coney Barrett, 2020년 9월) 대법관이다. 모두 연방주의자협회 소속이다. 이로써 대법관 9명은 클린턴 때 임명한 1명, 부시가 임명한 3명, 오바마가 임명한 2명, 트럼프가 임명한 3명으로 구성되어 6:3으로 보수파가 우세하게 되었다. 바이든 대통령이 취임한 다음 2022년 6월 커탄지 브라운 잭슨(Ketanji Brown Jackson) 판사를 새로 임명했는데, 클린턴이 임명한 대법관의 후임이므로 연방대법원 내 판세는 6:3 그대로다. 이러한 보수의 우세가 2022년 6월 24일 '로 대 웨이드' 판결의 무효화로 나타났다. 사회적 보수주의의 50년 숙원이 이루어졌고, 트럼프의 주가는 올랐다.

트럼프는 4년의 재임 기간에 연방대법관 3명 외에도 항고법원 54명, 지방법원 174명, 여타 연방 관할 법원 30명 등 모두 261명의 법관을 임명했다. 트럼프는 이러한 연방법원의 보수화를 가장 자랑스러운 업적으로 여긴다. 공화당 우파가 보기에 트럼프가 법원을 보수화한 공로는 1·6 의사당 난입 사건의 잘못을 상쇄하고도 남는다.*
트럼프가 재임하는 동안 총기협회 등 공화당 우파의 정치 그룹은 이전보다 과감하게 자기주장을 할 수 있었고, 관료의 권한 축소와 각종 규제 철폐를 원하는 사람들도 사기가 올랐다. 더구나 트럼프는 사회·문화적 이슈를 말할 때 조심하거나 주저하지 않는다. 자기가 하고 싶은 말, 청중이 듣고 싶어 하는 말을 그대로 쏟아낸다. 트럼프가 사용하는 언어에는 제약이 없다.

트럼프는 공화당에 대해 적어도 여섯 가지의 중요한 변화를 가져

---

* "How did the Republican Party become the party of Trump?", February 8, 2022. NPR 대담에서 『Insurgency: How Republicans Lost Their Party And Got Everything They Ever Wanted』의 저자 제러미 피터스(Jeremy Peters)가 한 말.

왔다고 한다.[15]

첫째, '가짜 뉴스'라는 말을 공화당의 일상 용어로 정착시켰다. 공화당 우파는 이전부터 주류 언론에 비판적이었다. 트럼프에 와서 더 심해졌다. 이전에는 주류 언론의 '편견'을 문제 삼았지만, 지금은 편견 정도가 아니라 '새빨간 거짓말'을 한다고 몰아세운다.

둘째, 정적을 상대로 독설을 퍼붓는 데 한계가 없다. 정책에 대한 논쟁이나 합리적인 토론보다 독설과 인신공격이 난무한다.

셋째, 트럼프는 제도와 국가기관을 공격한다. 정부와 언론 같은 국내 기관뿐만 아니라, 국제적인 기관의 정통성에도 의문을 제기하고 부정한다. 대표적인 것이 미국 국내에서는 FBI이며 국외에서는 NATO다.

넷째, 미국 선거제도의 정당성에 의문을 제기한다. 2017년 취임 때부터 러시아의 선거 개입 가능성이 제기되었고, 트럼프는 2020년 대선 결과를 인정하지 않는다고 했다. 지금 미국의 선거제도는 전례 없는 도전을 받고 있다. 지금도 공화당원의 60% 이상이 "승리를 도둑맞았다"라는 주장을 믿으며, 공화당원의 40%는 선거제도 자체를 불신한다. 2020년 대선 이후 지방정부 차원에서 투표자 신원 확인과 투표 절차의 보안을 강화하는 등 선거제도와 절차를 개선하려는 노력이 지금도 이어진다.

다섯째, 트럼프는 자기에 대한 충성을 요구한다. 2021년 의사당 난입 사건으로 트럼프 탄핵에 찬성한 10명의 하원의원은 2022년 중간선거에서 당의 지지를 받지 못했다. 2012년 대선 실패 후 외연 확장을 시도했던 공화당은 지금 트럼프에 대한 충성심을 중심으로 완전히 개편되었다.

여섯째, 트럼프는 공화당의 세계관을 바꾸어놓았다. 뷰캐넌과 페일린을 거쳐 트럼프가 완성한 '아메리카 퍼스트'는 동맹을 재평가하고 미국의 제조업을 부활시키며, '끝없는 전쟁'을 끝내려는 점에서 자유무역과 동맹 중심의 공화당 대외정책을 근본적으로 바꾸어놓았다.

4장 위기와 탄핵의 백악관 4년

준비되지 않은 출발

소외된 보통 사람들의 '분노'를 내걸고 선거에 뛰어들었으나, 트럼프는 당선될 것으로 믿지 않았다.

일화가 있다. 대선 출마를 선언하기 전에 트럼프가 부인 멜라니아의 의견을 구했다. 멜라니아는 당연한 듯이 '이길 것'이라고 말해주었다. 시간이 지나면서 트럼프의 지지도가 올라가자, 멜라니아는 겁을 내기 시작했다. "사생활 들추기가 시작되면 어린 아들 바론에게도 좋지 않을 거예요." 트럼프가 위로했다. "절대 당선될 리 없으니까 걱정하지 마시라고!"[1] 그런데 이겨버렸다.

트럼프는 공화당 후보로 결정되기 두 달 전에 크리스 크리스티(Chris Christie) 당시 뉴저지 주지사를 인수팀장에 지명하기는 했다. 그러나 트럼프는 인수 문제에 관심이 없었다. 어쩌다 연락이 닿으면, "크리스, 우리 미리 시간 낭비하지 맙시다. 이기면 그때 가서 축하 파티를 조금 일찍 끝내고 준비해도 될 거요"라고 말했다.[2] 당선이 확정된 다음 트럼프는 크리스티를 버려두고 펜스 부통령 당선자에게 인수 작업을 맡겼다. 인수팀은 펜스 부통령의 지휘하에 바닥에서부터 작업을 시작했다.

이기리라고 믿지 않았으니, 통치 준비가 돼 있지 않았다. 무엇보다 인재 풀이 넓지 않았다. 당시 트럼프가 사람을 보는 기준은 독특했다. 성공한 기업인이나 장군을 높이 평가했다. 돈을 많이 벌거나 어깨에 별을 단 사람은 그만한 이유가 있다고 생각했다. 외모도 중시했다. 트럼프는 "틀로 찍어낸 것처럼 잘생겼다(out of central casting)"라는 표현을 잘 쓴다.[3] 트럼프 주변에는 남녀 가릴 것 없이 젊고 잘생긴 백인들이 많다. 특히 여성은 금발 미인이 많다. 트럼프는 자기에 대해 한 번이라도 좋지 않게 말한 사람은 쓰지 않는다. 전문 관료에 대해서는 '선출되지 않은 기득권'이라는 거부감이 있다.

트럼프 정권 초기에 적어도 네 가지 이질적인 사람들이 백악관과 행정부에 들어갔다.

첫째, 트럼프를 백악관으로 보내준 '분노한 보통 사람들'의 대변자들이었다. 극우 언론인 스티브 배넌이 대표적이었다. 배넌은 해군 장교 출신으로 2007년부터 브라이트바트 뉴스(Breitbart News)라는 인터넷 매체를 만들어 극우 메시지를 전파하던 사람이다. 배넌은 트럼프 정권 출범의 일등공신이었다. 지지율에서 고전하는 트럼프에게 '시대정신은 우리 편'이라는 자신감을 불어넣었고, '분노한 보통 사람들'에게 호소할 수 있도록 '이민, 제조업, 영원한 전쟁'이라는 3개의 키워드를 정리해주었다. 배넌의 공로는 트럼프가 인정했다. 당선 후 최초의 인사로 배넌을 '수석전략가 겸 선임자문관'으로 임명했다. 비서실장보다도 먼저였다. 사무실도 백악관 서관 2층 대통령 집무실 바로 앞에 내주었다.

둘째, 트럼프가 후보로 확정된 다음 캠페인에 동참한 공화당 전국위원회 인맥이었다. 라인스 프리버스 의장이 대표적이었다. 트럼프는 프리버스를 비서실장에 임명했다. 공화당 전국위는 트럼프에게 내세울 만한 것이 많지 않았다. 전국위는 '외연 확장'을 주장했지만, 트럼프는 '진영 강화'로 나가 결국 이겼으니까.

셋째, 딸 이방카와 사위 쿠슈너가 있었다. 이들은 고위 직책을 맡지 않았지만, 트럼프의 성격을 잘 알고 어떻게 해야 트럼프를 움직일 수 있는지도 알았다. 트럼프는 장녀 이방카를 특히 좋아했다. 한때 부통령 후보로 거론할 정도였다. 사위 쿠슈너는 원래 민주당원이었다. 트럼프 때문에 백악관에 들어온 이듬해 공화당원으로 등록했다. 쿠슈너는 실용적으로 사고하는 뉴욕의 사업가였다. 유대인 공동체의 핵심적인 집안이고, 그런 인연으로 네타냐후 이스라엘 총리나 키신저와도 잘 아는 사이였다.

마지막으로, 공화당 주류에 속하는 정치인과 전문가 그룹이 있었다. 비교적 일찍 트럼프 지지를 선언한 제프 세션스 앨라배마주 상원의원, 힐러리 클린턴의 리비아 철수 결정을 강하게 비판한 마이크 폼페이오 캔자스주 하원의원, 공화당이 트럼프 후보를 중심으로 단결해야 한다고 호소한 사우스캐롤라이나의 니키 헤일리 주지사가 대표적이었다. 이들은 각각 법무부 장관, CIA 국장, 주유엔대사로 발탁되었다. 그리고 4성 장군 제임스 매티스 중부사령관, 역시 4성 장군 출신인 존 켈리 전 남부사령관, 엑슨모빌(Exxon Mobil) 회장 렉스 틸러슨, 댄 코츠 전 상원의원 등이 국방부 장관, 국토안보부 장관, 국무부 장관, 국가정보국 국장으로 합류했다.

이처럼 사람들을 불러 모았지만, 풀이 좁다 보니 국정 운영 경험과 역량 있는 사람이 부족할 수밖에 없었다. 프리버스 비서실장은 선거판에서 지냈을 뿐, 정부 일을 해본 적이 없었다. 틸러슨 국무장관은 엑슨모빌 회장으로 세계를 누볐지만, 역시 정부 일은 해보지 않았다. 매티스 국방장관도 야전사령관으로서 존경을 받았지만, 워싱턴 정치판에는 들어와 본 적이 없었다. 안보보좌관으로 발탁된 마이클 플린(Michael Flynn)은 2012년 군사정보처장 재직 시 리더십에 문제가 있다는 이유로 조기 전역을 당했다. 배넌, 쿠슈너, 이방카 중 누구도 정부 일을 해본 사람이 없었다.

백악관의 업무 계통도 잘 서지 않았다. 각자의 책임과 임무, 권한이 무엇인지 분명하지 않았다.

혼란과 혼선을 초래한 원인의 상당 부분은 트럼프 본인에게 있었다. 트럼프는 논리적으로 사고하고 체계적으로 일하는 스타일이 아니다. 즉흥적이다. 또한 트럼프는 서류로 일하지 않는다. 책이고 서류고 읽지 않는다. 남의 말을 듣지 않고, 주로 자기가 말을 한다.[4]

또한 트럼프는 프리버스를 비서실장에 임명하면서 비서실 전체를 장악할 수 있는 권한을 주지 않았다. 배넌과 쿠슈너를 지휘할 수 있게끔 해주지 않았다. 배넌은 처음부터 독립군이고 혁명군이었다. 사무실 벽에 커다란 상황판을 걸고, 트럼프의 공약을 빼곡히 적어 넣었다. 선거 공약을 이행하는 것이 자기 임무라고 생각했다. 배넌은 트럼프 정권 초기의 중요한 의제 설정을 주도했다. 캐나다 서부 앨버타주에서 텍사스를 연결하는 키스톤(Keystone) XL 파이프라인 건설사업 재개, TPP 탈퇴, 7개 무슬림 국적자의 입국 중단, 멕시코 국경장벽 건설 등이다.

한편 쿠슈너는 트럼프가 수시로 불러댔다. 중국, 멕시코, 사우디, 의회 협상 등 중요한 일이 있을 때마다 프리버스 대신 쿠슈너를 찾았다. 쿠슈너의 영향력이 커질 수밖에 없었다. 모든 중요한 회의에 참석하고 대통령 집무실을 비롯한 모든 사무실에 들어갈 수 있었다. 오래지 않아 쿠슈너는 '모든 업무의 장관(Minister of Everything)'이라 불리기 시작했다. 이런 상황에서 비서실장이 자기 역할을 제대로 하기는 쉽지 않다.

러시아 스캔들

이제 막 출범하는 트럼프 정권을 뒤흔드는 사건이 일어났다. 2016년 대선 때 러시아가 트럼프를 당선시키려고 개입했다는 의혹이 터져 나왔다. 취임식을 2주일 앞둔 2017년 1월 6일 제임스 클래퍼(James Clapper) DNI 국장, 제임스 코미 FBI 국장 등 오바마 행정부 정보부처의 수장들이 뉴욕 트럼프 타워를 방문했다. 러시아의 대선 개입 의혹에 관한 조사 결과를 당선자에게 보고하기 위해서였다. 2시간의 정보브리핑이 끝난 후, 보고서 요지가 공개되었다.

> 푸틴은 힐러리 클린턴의 신뢰성을 떨어뜨림으로써 트럼프의 당선 가능성을 높이려 했다. 사이버 활동을 포함한 광범위한 공작을 수행했다. 푸틴은 러시아와 사업거래가 있는 사람이 다루기 쉽다는 것을 알기 때문에 트럼프의 당선을 선호했다. (…) 러시아의 개입이 대선에 어떤 영향을 미쳤는가에 대한 평가는 유보한다.[5]

보고서가 공개되자 파장은 컸다. 트럼프가 러시아 덕분에 당선되었다고는 말하지 않았지만, 러시아가 트럼프를 '다루기 쉬운 사람'으로 보고 당선시키려 했다는 결론은 분명했다. 사업거래가 있는 사람이라 다루기 쉽다고? 이유가 그뿐인가?

공개 자료 외에 '첨부 A'라고 표시된 2쪽짜리 문건이 붙은 비공개 보고서가 있었다. '첨부 A'는 영국 정보기관 MI6 러시아 총책으로 있다가 퇴직한 크리스토퍼 스틸(Christopher Steele)이 2016년 6월부터 12월까지 작성했다는 35쪽짜리 문건, 소위 「스틸 도시어(Steele Dossier)」의 요지였다.* 대선 기간에 트럼프 캠프와 러시아 요원들이

---

* 크리스토퍼 스틸이라는 영국 정보부 MI6 전 직원이 만들어 '스틸 도시어'라고 불리는 이 문서는 2017년 1월 21일 미국의 인터넷 매체 '버즈피드 뉴스(BuzzFeed News)'를 통해 공개되었으며, 지금도 'Trump-Intelligence-Allegations'라는 제목으로 인터넷상에 돌아다닌다.

비밀리에 여러 번 접촉했다는 내용이 있었다. 그리고 더 놀라운 내용이 있었다. 트럼프가 2013년 모스크바에서 오바마 내외가 사용한 리츠칼튼호텔 특실에 묵었는데, 창녀들을 불러들여 침대에 오줌을 누게 하는, 소위 '골든 샤워(Golden Shower)' 쇼를 벌였으며, 그 장면을 누군가 비디오로 촬영했다는 주장이었다. 「스틸 도시어」의 내용은 합동 브리핑이 끝난 후 FBI 국장이 트럼프에게 일대일로 따로 보고했다.

사실 FBI는 2016년 7월 31일부터 트럼프 캠프의 러시아 커넥션을 내사하고 있었다. FBI는 트럼프의 외교보좌관 마이클 플린을 주목했다. 플린은 2014년 군사정보처장으로 퇴직한 다음 컨설팅 회사를 차려 러시아 사업을 하고 있었다. 플린은 2015년 12월 러시아 국영 통신 로스텔레콤(RosTelecom) 창립 10주년 행사에 참석했다. 모스크바로 떠나기에 앞서 세르게이 키슬야크(Sergei Kislyak) 주미 러시아 대사를 만났으며, 모스크바 행사 환영 만찬 때는 푸틴의 옆자리에 앉았다.

그러는 사이 대선이 끝나고 정권이 교체되었다. FBI는 난감했다. 플린에 대한 혐의는 있는데, 결정적인 단서를 잡지 못했다. 코미 국장은 트럼프 인수팀에 알리지 않은 채 내사를 계속했다.

이 무렵 러시아 커넥션에 관한 비밀 정보가 언론을 통해 흘러나왔다. 1월 10일 CNN은 트럼프가 「스틸 도시어」에 관한 정보 보고를 받았다고 보도했다. 그날 밤 한 인터넷 방송이 35쪽 문건 전체를 웹사이트에 올렸다.[6] 1월 12일에는 《워싱턴포스트》가 트럼프에게 공개 질문을 던졌다. 러시아의 대선 개입에 대응해 오바마가 제재를 발표하던 날 플린이 키슬야크 대사와 여러 차례 통화했는데, 어떤 대화가 오갔는가? 플린이 오바마 대통령의 제재를 훼손하지 않았는가?[7]

FBI가 관리하는 두 건의 비밀자료가 한꺼번에 언론에 보도된 것은 우연일 수 없었다. 플린-키슬야크 통화에 관해 아는 사람은 FBI 방첩부서 요원과 백악관의 극소수 인원뿐이었다. FBI는 통화 내용을 트럼프 팀에도 말해주지 않았다.

플린-키슬야크 통화의 진실은 결국 언론에 의해 밝혀졌다. 2월 8일 캐런 드영(Karen DeYoung) 《워싱턴포스트》 기자가 플린 안보보좌관을 인터뷰했다. 끝날 무렵, 기자가 지나가는 말처럼 물었다. "동료가 알아봐 달라는데, 혹시 지난해 말 러시아 측과 제재에 관해 의논한 적이 있느냐?" 플린은 "없다"고 했다. 다시 한번 물었는데, 똑같이 대답했다. 사무실로 돌아간 드영 기자가 인터뷰에 배석한 NSC 대변인에게 전화했다. "플린의 말을 인용해도 좋으냐?" 대변인은 "문제없다"고 하고 플린에게 보고했다. 몇 시간이 지난 뒤 플린이 대변인에게 전화를 해 자기 말을 직접 인용한다는 데 대한 우려를 표시했다. 이상하다고 생각한 대변인이 따져 물었다. 기자에게 한 말이 사실이냐? 녹음 파일이 나와도 문제없는가? 플린이 머뭇거리자, 대변인은 발언을 정정하는 것이 좋겠다고 했다. 이튿날 드영은 이날 일어난 일을 사실 그대로 기사에 실었다. 플린이 두 번 부인했다가 다음 날 전화해 "기억이 없지만, 그 문제가 나오지 않았다고 확인할 수 없다"라고 했다.[8]

러시아 커넥션이 사실로 드러났다. 트럼프는 플린을 해임했다.

이렇게 하여 이후 2년간 트럼프를 괴롭히는 러시아 스캔들이 시작되었다. 플린-키슬야크 통화를 도청한 FBI가 트럼프 인수팀에 미리 알려만 주었더라도 스캔들은 나오지 않았을 수 있다. 그런데 FBI는 알려주지 않았다. 새 정부에 알리지 않은 내용이 언론에 먼저 보도되었다. 결국 정치 문제였던가?

「스틸 도시어」에다 플린-키슬야크 통화까지 유출되자, 트럼프는 "나치 독일에나 있을 법한 마녀사냥"이라며 흥분했다.[9] 이때부터 트럼프 백악관에는 '딥 스테이트'가 트럼프를 망치려고 움직인다는 확신이 굳어졌다. 오늘날까지도 트럼프가 지지층과 만나면 딥 스테이트와 FBI에 대한 언급을 빼놓지 않는다. 트럼프에게 딥 스테이트는 단순한 선거 구호 이상의 의미가 있다.

5월 8일 트럼프가 코미 FBI 국장을 전격적으로 해임했다. FBI 국장의 임기는 10년이다. 코미는 임기 4년 차였다. 현직 대통령이 자기를 조사하는 FBI 국장을 해임하자 파장이 컸다. 이런 사례는 1973년 닉슨이 워터게이트에서 아치볼드 콕스(Archibald Cox) 특별검사를 해임한 것이 유일했다. 《뉴욕타임스》는 "제2의 워터게이트인가?"라고 사설을 썼다.[10] 민주당은 특별검사 임명을 요구했다. 법무부가 5월 17일 전 FBI 국장 로버트 뮬러 3세를 특별검사로 임명했다.

트럼프는 왜 굳이 코미 국장을 해임했을까? 특검 임명 소식을 들었을 때 트럼프는 격렬하게 동요했다고 한다. "이건 끔찍한 일이야. 이제 내 대통령직은 끝났어(Oh, my God. This is terrible. This is the end of my Presidency. I'm fucked).”[11]* “특별검사가 임명되면 대통령을 아예 망쳐놓는다던데, 이건 최악이야.” 이것이 사실이면, 트럼프는 특검의 위력을 알고 있었다. 그럼에도 불구하고 해임한 것은 정면 승부를 걸 수밖에 없을 만큼 FBI 수사가 위협적이고 긴박하게 다가왔기 때문이 아닐까.

뮬러 특검은 2017년 5월 임무를 개시했다. 조사가 진행되는 동안 트럼프는 분노하고 좌절했다.

조사 과정에서 회계 부정과 성추행 등 밝히고 싶지 않은 모습이 드러났다. 특검 조사가 마무리 단계에 있던 2019년 2월 하원 청문회에서 개인변호사 코언이 증언했다. 7시간이 넘는 증언에서 코언은 트럼프가 금융기관 대출을 받거나, 세금을 덜 내려고 자산을 부풀리거나 줄였다고 했다. 기업 회계 조작이었다. 성인 모델 스토미 대니얼스와 캐런 맥두걸(Karen McDougal)에게 입막음 돈을 주었고, 그 돈을 나중에 트럼프가 보전해주었다고 했다. 또한 트럼프가 베트남전쟁 징집을 피하려고 가짜 의료진단서를 제출했다고도 했다. 어쩌면 탄핵으로 이어질 수도 있는 증언이 계속되는 동안 트럼프는 하노이 JW 메리어트(Marriot) 호텔에서 TV 생중계를 지켜보고 있었다. 다음 날 오전 김정은과 회담이 예정돼 있었지만, 집중이 어려웠다. 트럼프는 흥정할 기분이 아니었다. 회담은 '노딜'로 끝났다. 트럼프는 모든 것

---

* 당시 트럼프 집무실에는 세션스 장관의 비서실장 조디 헌트(Jody Hunt)가 배석해 있었다. 트럼프의 반응은 그가 기록한 것이며, 이것은 2019년 4월 「뮬러 보고서(The Mueller Report)」에 수록돼 있다.

이 민주당과 딥 스테이트의 음모라고 주장했다.

초기 백악관 혼란의 원인이 러시아 스캔들 때문만이라고 할 수는 없다. 준비되지 않은 출발에 더 큰 원인이 있었다. 즉흥적이고 체계적이지 않은 트럼프의 업무 스타일이 혼란을 더했다. 차분하고 치밀하게 준비했더라면, 플린 같은 사람을 애당초 안보보좌관에 임명하지 않았을 것이다. 또한 코미 국장을 해임하지 않고도 FBI 수사에 대응하는 방법을 찾았을 것이다. 빌 클린턴 대통령도 탄핵 사건의 영향을 차단하면서 위기를 잘 넘기지 않았던가.

트럼프는 또한 프리버스 비서실장에게 충분한 권한과 책임을 주지 않았다. 특히 배넌과 쿠슈너를 통제할 수 있게 해주지 않았다. 프리버스는 백악관과 행정부를 장악하지 못했다.

2017년 7월 28일 자신이 선거 공약의 하나로 추진해온 의료보험 법안이 의회에서 부결되자, 트럼프는 프리버스에게 책임을 물어 해임했다. 국토안보부의 존 켈리 장관을 후임으로 임명했다. 4년간 남부 사령관을 지낸 4성 장군 출신이라면 백악관의 질서를 잡아줄 것으로 생각했던 듯하다.

과도체제

비서실장 켈리는 취임 후 가장 먼저 배넌을 몰아냈다. 배넌은 트럼프를 대통령으로 만드는 데 결정적인 역할을 했지만, 백악관의 권력 게임을 몰랐다. 배넌은 자기 공로를 자기 입으로 떠들고 다녔다. 블룸버그의 조슈아 그린(Joshua Green) 기자한테 "내가 아니었으면 트럼프가 대통령이 되지 못했을 것"이라고 했는데, 그 이야기가 그해 7월 『악마의 거래(Devil's Bargain)』라는 책에 실려 나왔다.[12] 배넌은 트럼프가 코미를 해임한 것을 "현대 정치사 최악의 실수"라고 비판했다.[13] 또한 CNN, 《뉴욕타임스》, 《워싱턴포스트》 등 주류 언론을 기득권이라고 공격하면서도 필요할 때는 이들의 입을 빌리려고 했다. 결국 사고가 터졌다. 8월 8일 북한의 조선중앙통신이 "북한 군부가 괌에 대한 미사일 공격을 검토하고 있다"라고 발표하자, 베드민스터 리조트에서 골프를 치던 트럼프는 "북한이 위협을 계속하면 지금까지 본 적이 없는 화염과 분노(fire and fury)를 만날 것"이라 경고했다. 그런데 일주일 후인 8월 15일 배넌이 어느 기자에게 "북한 핵위협에 군사적 해결 방안은 없다. (…) 개전 30분 만에 천만 명의 서울 시민이 죽는다. 군사적 해결은 불가능하다"라고 했다.[14] 틀린 말이 아니다. 그러나 비판하는 쪽에서 보면, 대통령의 말을 공개적으로 부정하고 권위를 훼손했다. 켈리는 해임을 건의했고, 트럼프는 그날로 조치했다.[15]

배넌을 내보냈지만, 트럼프의 즉흥적인 업무 스타일은 쉽게 바뀌지 않았다.

배넌과 함께 '아메리카 퍼스트' 정책을 밀어붙이던 피터 나바로 무역제조업보좌관, 스티븐 밀러(Stephen Miller) 이민정책보좌관 등은 여전히 정책 결정 경로를 무시하면서 대통령 집무실에 들락거렸다.

외교안보 쪽에서는 맥마스터 안보보좌관이 중심 역할을 찾지 못하고 있었다. 트럼프가 중동 문제나 NAFTA, 중국 정책 등 중요한 일을 쿠슈너에게 맡기면 맥마스터는 속수무책이었다. 더구나 맥마스터는 두꺼운 브리핑 자료를 만들어 가르치려 드는 스타일 때문에 트럼프의 마음을 붙들지 못했다. 외부에서는 매티스 국방장관과 틸러슨 국무장관이 인정해주지 않았다. 두 사람은 매주 한 번씩 하는 오찬에 안보보좌관을 끼워주지 않았다. 해병대 출신인 매티스는 맥마스터가 육군인 데다 3성 장군 출신이라 동급으로 쳐주지 않았다. 한번은 "아, 3성 장군은 그렇게 생각할 수도 있지"라고 했다.[16] 틸러슨은 중요한 외교안보 사안을 국무장관이 주도해야 한다고 생각했다. 그러면서 트럼프와 결이 다른 정책을 계속 추구했다. 트럼프가 북한을 향해 '화염과 분노'를 경고하고 "미국은 언제라도 군사행동이 준비돼 있다(locked and loaded)"라고 트윗을 날리는데도 북한에 조건 없는 대화를 제의하고 있었다.

그래도 켈리가 취임한 후 백악관은 조금씩 질서를 잡아갔다. 8월 21일 켈리는 비서실 전 직원과 행정부 각료들에게 메모를 회람했다. "대통령의 구두 메시지가 있었더라도 문서로 정식 서명되지 않는 한 공식 결정으로 보지 않는다."[17]

집권 2년 차인 2018년 초에 트럼프는 취임 초기에 발탁했던 명망가 그룹을 대거 교체했다. 일부는 해임했고, 일부는 떠나갔다. 3월 6일 트럼프가 철강·알루미늄 수입에 25% 관세를 매기자, 반대하던 게리 콘 경제보좌관이 사직했다. 오랫동안 골드만삭스(Goldman

Sachs)에 몸담았던 콘은 뉴욕 금융가를 대표해 트럼프 백악관에서 자유주의적 국제주의를 지키려고 했다. 후임에는 래리 커들로(Larry Kudlow)가 임명되었다. 원래 자유시장을 주창했으나, "트럼프의 25% 관세 부과를 협상 수단으로 지지한다"라고 말하면서 들어왔다.

3월 31일 트럼프는 틸러슨 국무장관을 해임했다. 틸러슨은 트럼프를 이해하지 못했고, 트럼프의 정책을 받아들이지 못했다. 북한 문제, 기후변화, TPP, 철강·알루미늄 관세, 주이스라엘 대사관 이전, NATO 비판 등 트럼프가 추구하는 MAGA 의제에 공감하지 못했다. 후임에는 폼페이오 CIA 국장이 임명되었다. 폼페이오는 CIA를 맡은 뒤, 이전까지 선임분석관이 해오던 대통령 일일 정보브리핑(PDB)을 본인이 직접 하기 시작했다. 정부 주요 부처장 중에서 트럼프를 대면하는 시간이 가장 길었다.

4월 9일에는 맥마스터 안보보좌관을 해임했다. 맥마스터는 트럼프의 의도를 관철하는 것이 자기 임무라 생각해 북한에 대한 '최대 압박'을 실행하고 주한미군 가족 철수령도 이행하려 했다. 그러나 트럼프를 만족시키지 못했다. 배넌이 백악관에 있을 때는 내내 '글로벌리스트'라고 매도당했다. 존 볼턴이 후임에 임명되었다.

2018년 초의 대규모 인사 교체는 트럼프가 정책과 인사에서 자기 색깔을 주장하기 시작했다는 의미였다. 정권 초기에 얼떨결에 거물들을 대거 영입했더니, MAGA 의제에 공감하지 못하고 오히려 가르치려 들었다. 이른바 자유주의자들이고 글로벌리스트였다. 트럼프는 자기 뜻을 따라줄 사람을 원했다. 정권 초기에 트럼프는 사람을 많이 바꾸었다. 처음 1년간 고위 인사 교체율은 레이건 행정부의 2배, 오바마 행정부의 3배에 달했다.[18]

각료들을 대거 교체한 다음, 트럼프는 MAGA 의제 추진에 속도를 냈다. 5월 8일 이란 핵협정에서 탈퇴했다. 6월 8~9일 캐나다 퀘벡 샤를부아(Charlevoix) G7 정상회의에서 그해 3월 철강·알루미늄에 부과한 25% 관세와 이란 핵협정 탈퇴가 주요 이슈로 논의되었다. 의자에 앉아 있는 트럼프를 메르켈 독일 총리를 비롯한 지도자들이 빙 둘러서서 내려다보는 사진 한 장 때문에 'G6 플러스 원(Plus One)'이라고 불린 바로 그 회의다. 트럼프는 회의 결과가 불만이었다. 공동성명에 서명했지만 돌아가는 비행기에서 "지지를 철회"한다는 트윗을 날렸다. 트럼프는 샤를부아에서 싱가포르로 향했다. 김정은 위원장과 정상회담을 끝낸 다음 깜짝 뉴스로 한미연합훈련 중단을 발표했다. 미국 내 트럼프 지지층에게 호소력이 있었다. 7월 11~12일 브뤼셀 NATO 정상회담에서 방위 분담을 두고 다시 한번 GDP 2% 부담 약속을 지키라고 회원국들을 압박했다. 지지층에 호소력이 있는 주제였다.

브뤼셀 NATO 정상회의와 영국 방문에 이어, 7월 16일 헬싱키(Helsinki)로 푸틴 대통령을 만나러 갔다. 트럼프-푸틴 단독회담이 두 시간이나 이어졌다. 회담에는 통역만 배석했다. 트럼프는 회담 후 통역의 메모지를 회수했다.[19] 미국뿐만 아니라 세계의 언론은 공동기자회견에 나온 트럼프의 모습이 위축돼 보이는 데 주목했다. 기자가 러시아의 2016년 대선 개입에 관해 질문했다. 트럼프가 대답했다.

댄 코츠 국가정보국장은 러시아가 그랬다고 한다. 푸틴 대통령은 그러지 않았다고 한다. (…) 나는 우리 정보기관을 믿지만, 푸틴 대통령은 강력히 부인한다.[20]

미국 내에서 비판이 터져 나왔다. 민주당은 말할 것도 없고, 공화당의 라이언 하원의장, 매케인 상원의원, 린지 그레이엄 상원의원(사우스캐롤라이나) 등도 트럼프가 푸틴을 다그칠 기회를 놓쳤다고 비판했다. 그래도 트럼프는 이 회담을 통해 러시아 스캔들에 따른 의혹을 정면으로 돌파해냈다.

11월 6일로 다가오는 중간선거를 염두에 두고, 트럼프는 다른 MAGA 의제도 점검했다. 국경장벽 건설에 집중했다. 보통 사람의 분노를 상징하는 핵심 공약이었지만, 취임 2년 차인데도 예산 확보가 어려워 진전이 없었다. 10월에 '2018년 장벽건설법안'을 의회에 제출했다. 10월 28일 피츠버그의 '생명의 나무' 유대교회당에서 17명의 사상자가 발생하는 총격 사건이 나자, 트럼프는 불법 이민을 더 방치할 수 없다면서 5,000여 명의 현역 군인들을 멕시코 국경에 배치했다.

2018년 중간선거와 직할체제 구축

2018년 11월 6일 중간선거에서 공화당은 성적이 좋지 못했다. 하원 의석이 241석에서 199석으로 42석이나 줄었다. 대통령 취임 후 처음 치르는 중간선거에서 집권당이 좋은 성적을 거두지 못한다고 하지만, 그래도 예산권을 쥔 하원에서 다수당 지위를 내준 것은 뼈 아픈 일이었다. 상원에서 2석을 추가해 53석으로 다수당을 유지한 것은 그나마 다행이었다.

2년 앞에 다가오는 대선을 위해 중간선거 패배를 체제 정비와 국 면 전환 계기로 만들어야 했다. 트럼프는 연초의 명망가 그룹 대규모 인사에서 남겨놓았던 일부도 다 내보냈다. 중간선거 바로 다음 날 제 프 세션스 법무장관을 해임했다. 트럼프는 세션스가 FBI를 관장하 는 장관이면서도 러시아 스캔들을 막아내지 못한 데 불만이 컸다. 후임에 보수 성향이 강하고 1991년 부시 행정부에서 법무장관을 역 임한 윌리엄 바를 발탁했다.

12월 23일에는 매티스 국방장관을 해임했다. 해임했다기보다 사 표를 수리했다. 매티스는 트럼프가 북부 시리아에서 일방적으로 철 수하겠다고 트윗을 날린 일로 사직서를 썼다. 훌륭한 군인이지만 해 외개입 축소라는 트럼프의 MAGA 의제에 충분히 공감하지 못했다.

2019년 1월 2일 켈리 비서실장을 해임했다. 이제 비서실장도 굳이 관록 있는 인사가 필요하지 않았다. 쉽게 부릴 수 있는 사람이 필요 했다. 하원 프리덤 코커스 회원으로 예산처장을 맡고 있던 믹 멀베이 니(Mick Mulvaney)를 비서실장 대리에 임명했다. 이로써 제임스 매티 스, 존 켈리, 제프 세션스, 게리 콘, H. R. 맥마스터, 렉스 틸러슨 등 트 럼프 행정부 초반에 임명된 '어른들(Axis of Adults)의 시대'는 완전히 끝났다. 트럼프는 이제 "No"라고 말할 사람이 필요하지 않았다. 취임 2년 만에 직할체제 구축을 완료했다.

트럼프를 압박해온 뮬러 특검이 2019년 3월 임무를 종료했다. 거의 2년에 걸쳐 2,800건의 소환장과 500건의 수색 영장을 발부했으며, 500명이 넘는 증인을 소환했다. 트럼프 캠프에서 일한 사람들을 포함해 34명을 기소했다. 트럼프의 개인변호사 마이클 코언, 안보보좌관 마이클 플린, 캠페인 본부장 폴 매너포트 등이 여기에 들었다.

뮬러는 특검 임무를 마치면서 2권으로 된 보고서를 제출했다.[21] "러시아는 SNS 조작, 민주당 이메일 해킹, 민주주의를 훼손하는 여러 가지 방법으로 2016년 선거에 개입했으며, 트럼프를 도우려고 했다. 러시아와 트럼프 캠프 사이에 많은 접촉이 있었던 사실을 확인했다. 그러나 '공모'와 '협력'이 있었다고 볼 만한 충분한 증거는 찾지 못했다."

특검 임명의 원래 사유인 '사법 방해' 여부에 대해서는 결론을 유보했다.

대통령의 행동과 의도에 관해 수집한 증거에 비추어 통상적 기소 절차라면 결론을 내리고 넘어가야 할 것이 많다. 또한 조사 결과로서 대통령이 사법 방해를 하지 않았다고 보았다면 그렇다고 말했을 것이다. 법적 기준과 사실관계에 비추어 우리는 그런 판단을 내릴 수 없었다. 따라서 이 보고서는 대통령이 범죄를 저질렀다는 결론을 내리지 않는다. 그렇다고 해서 무죄라고 단정하는 것도 아니다.[22]

특검이 결론을 유보한 틈을 타 '트럼프 무죄'라는 결론을 끌어낸 사람은 윌리엄 바 장관이었다. 뮬러는 보고서를 공개하기 전에 장관에게 먼저 보냈다. 바 장관은 보고서를 4쪽 분량으로 요약하여 의회에 보냈다.[23] 뮬러는 '사법 방해' 여부에 대한 결론을 유보했지만, 장관은 "조사 결과 러시아와 트럼프 캠프 사이의 공모나 협력을 입증하지 못했으며, '사법 방해'를 했다고 볼 근거가 없다"라고 못 박아버렸다.

트럼프는 이런 충성파 장관을 원했다. 전체 보고서가 일반에 공개된 날, 트럼프는 "오늘은 즐거운 날이야. 공모도 협력도 없었어!"라고 트윗을 날렸다.[24] 트럼프는 2년간 힘든 시간을 보냈지만, 정치적으로는 거의 상처받지 않고 위기를 벗어났다.

대선을 바라보는 트럼프는 MAGA 공약 이행에 집중했다. 진전이 더딘 멕시코 장벽 건설에 박차를 가했다. 의회에 57억 달러의 예산 지원을 요청하고, 예산을 주지 않으면 정부 폐쇄도 불사하겠다고 했다. 펠로시 하원의장은 거절했다. 멕시코 장벽 건설이 트럼프에게는 지지층을 향한 핵심 공약이지만, 민주당이 보기에는 이민 악마화의 상징이었다. 12월 22일 정부 폐쇄가 시작되었다. 필수 요원으로 지정되지 않은 80만 명의 연방 공무원들이 집에서 쉬거나 급여 없이 일하게 되었다. 여론은 55:32로 트럼프에게 불리하게 기울었다.[25]

보다 못한 매코널 상원 공화당 원내대표가 나섰다. 트럼프가 물러설 수 있는 명분을 만들어주었다. 정부 폐쇄 35일째인 1월 25일 장벽 예산 논의를 계속한다는 조건으로 정부 재개에 합의했다. 미국 역사상 가장 길었던 35일간의 정부 폐쇄가 끝났다. 이 사건은 예산권을 뺏긴 공화당의 어려움을 보여주는 장면이었다. 동시에 트럼프의 지지층에게는 트럼프가 하려는 일을 민주당이 집요하게 방해하는 모양으로 비쳤다.

트럼프는 대외정책에서도 '아메리카 퍼스트' 기조를 강화해나갔다. 중국에 대한 전방위 압박을 개시했다. 2019년 6월 백악관은 중국을 '전략적 경쟁자'로 규정한 '인도-태평양 전략'을 발표했다. 이듬해 8월 3,000억 달러의 중국산 물품에 관세를 부과했다. 그해 10월 지적재산권, 농업 등에서 협력하기 위한 '1단계 무역협정'에 합의했으나 전략적 경쟁을 완화하지 못했다. 코로나19가 덮치면서 질병의 원인을 둘러싸고 갈등은 다시 고조되었다.

2019년 9월 볼턴 안보보좌관을 해임했다. 볼턴은 미국이 국제사회에서 행동의 자유를 가져야 한다고 주장했지만, 해외개입을 축소하려는 MAGA 의제와는 결이 달랐다. 볼턴은 이란 핵협정을 탈퇴한 그해 6월 이란이 미국의 RQ-4A 글로벌 호크를 격추하자 군사보복을 주장하고 나섰다. 트럼프는 중동에서 다시 전쟁을 시작하기를 원하지 않았다. 볼턴이 트럼프를 자극하는 일이 한 가지 더 있었다. 9월에 트럼프는 아프간 평화협상을 촉진하기 위해 탈레반 대표단을 캠프 데이비드로 초청하려고 했다. 캠프 데이비드는 카터, 레이건, 클린턴 대통령에 이르는 중동 평화협상의 상징적 장소다. 트럼프는 여기서 평화협상을 마무리하고 아프간 철수를 끌어내고자 했다. 볼턴은 반대했다. 9·11이 가까이 오는데, 탈레반을 캠프 데이비드에 불러오는 것은 테러 집단의 정통성을 인정할 뿐이라고 했다. 김정은과의 정상회담에 반대한 것과 같은 논리 구조다. 9월 10일 트럼프는 MAGA 정책과 노선을 충분히 공감하지 못하는 볼턴을 해임해버렸다. 후임에는 국무부 인질 담당 특사 로버트 오브라이언을 임명했다. 트럼프 취임 후 네 번째 안보보좌관이었다.

우크라이나 스캔들과 1차 탄핵

뮬러 특검이라는 위기를 넘긴 트럼프는 반격에 나섰다. 트럼프는 없는 죄를 찾아 2년을 괴롭힌 특검 조사 전체가 딥 스테이트의 음모라는 의심을 버리지 않았다. 배후에 민주당이 있고, 우크라이나와 관련이 있다는 음모론을 믿었다.

7월 25일 우크라이나 젤렌스키(Zelensky) 신임 대통령에게 전화해 두 가지를 요청했다. 바이든 부통령이 2015년에 우크라이나를 방문해 당시 아들 헌터 바이든(Hunter Biden)이 이사로 재직한 우크라이나 가스회사 부리스마(Burisma)의 부패 혐의를 조사하던 검찰총장을 사퇴시키라고 했다는데, 내용을 확인해달라고 했다. 다른 하나는 2016년 6월에 있었던 민주당 전국위(DNC) 이메일 유출 사건에 관한 것이었다. 우크라이나가 힐러리 클린턴 후보를 도우려다 이메일이 유출되었고, 이것을 조사하기 위해 디지털 포렌식 전문회사 크라우드스트라이크(Crowdstrike)가 투입되어 마치 러시아가 그런 것처럼 가짜 증거를 심었다고 하는데, 이 회사의 소유주가 우크라이나 사람이니 알아봐 달라고 했다.[26] 트럼프는 통화 1주일 전에 4억 달러에 달하는 우크라이나 군사 원조를 동결했고, 통화할 때는 정상회담 가능성을 띄웠다. 협조해주면 군사 원조 4억 달러와 백악관 정상회담이 보장된다는 제의였다.

당시 트럼프가 왜 음모론에 기울었는지는 분명하지 않다. 트럼프는 러시아가 개입했다고 하면 당선의 정당성이 훼손될 것이라고 우려할 수 있었다. 그런데 그런 이유라면 우크라이나가 개입했다고 해도 마찬가지다. 딥 스테이트와 FBI에 대한 트럼프의 깊은 불신이 배경에 작용했을 것이다.

그런데 비밀로 유지하려던 젤렌스키 통화 내용이 국가정보국 내부고발로 나왔다. 8월 12일에 나온 이 내부고발을 국가정보국 감사관이 의회에 보고했고, 언론을 통해 외부에 알려졌다.[27] 바이든에 관한 조사를 우크라이나 대통령에게 요청했다면, 미국 대선에 외국의 개입을 요청한 것이다. 대통령이라는 직위를 이용한 명백한 권력 남용이고 탄핵감이다.

2019년 9월 24일 펠로시 하원의장이 트럼프 탄핵 조사를 개시한다고 발표했다. 백악관은 "불법적이고 당파적인 조사에 협조할 수 없으며, 참석 요구에 일절 응하지 않겠다"라고 못 박았다.[28]

백악관이 협조를 거부했지만, 탄핵 절차는 계속되었다. 11월 13일부터 21일까지 5차례 청문회가 진행되었고, 12월 10일 법사위가 '권력 남용'과 '하원 활동 방해'라는 두 가지 탄핵 사유를 제출했다.[29]

12월 18일 하원 전체 회의에 부쳐 '권력 남용' 조항은 230:197로, '하원 활동 방해' 조항은 229:198로 채택했다. 공화당에서 2표 이탈이 있었을 뿐, 모두 당적에 따른 표결이었다.

상원의 탄핵 심판은 2월 5일 이루어졌다. 하원이 보낸 탄핵소추안 2개 조항에 대해 모두 무죄로 판결했다. '직권 남용' 조항은 48:52로, '하원의 활동 방해' 조항은 47:53으로 부결했다. 한 명의 공화당 의원을 제외하고 모두가 소속 정당에 따라 투표했다. 그 한 명은 유타주 출신의 밋 롬니 상원의원이었다.

탄핵에 대해 트럼프는 처음부터 끝까지 정면 돌파로 대응했다. 트럼프는 젤렌스키 통화 내용을 내부고발자에게 알려준 사람은 "간첩이나 마찬가지(close to a spy)"라고 했다.[30] 탄핵 조사를 주도한 하원의 쉬프(Schiff) 정보위원장을 "반역죄로 체포해야 하는가?"라고 트윗을 날렸다.[31] 트럼프가 탄핵 조사에 일절 협조하지 말라고 했음에도 불구하고 일부 현직 관리까지 증언에 나서자, 트럼프는 반격 수위를 끌어올렸다. 전문 관료들은 '선출되지 않은 사람들'이며, 트럼프를 대통령으로 인정하지 않는 딥 스테이트의 일부라고 비판했다. 탄핵 판결이 무죄로 끝난 뒤, 트럼프의 뒤끝이 작렬했다. 청문회에서 증언한 선들랜드(Sondland) 주EU 대사와 NSC 소속 빈드먼(Vindman) 중령을 해임했다. NSC에 근무하던 빈드먼 중령의 쌍둥이 형도 해임했다.[32] 내부고발을 의회에 처음 알린 국가정보국 앳킨슨(Atkinson) 감사관은 4월에 해임했다.

2020년 2월 트럼프는 취임 초기에 수행비서로 데리고 있던 존 매켄티(John McEntee)를 백악관 인사국장에 임명했다. 매켄티는 1990년생의 전 미식축구 선수로 열렬한 트럼프 숭배자였다. 트럼프는 매켄티에게 앞으로 해고해야 할 연방정부 관리들의 명단을 만들라고 지시했다.[33] 살생부였다.

민주당과 공화당이 사실상 반반으로 의석을 나누어 가진 상원에서 3분의 2의 찬성이 필요한 대통령 탄핵은 애당초 실현하기 어려운 프로젝트다. 탄핵을 피하려는 쪽에서 보면, 상원의원 3분의 1의 반대만 확보하고 있으면 된다. 이럴 때는 진영을 다지는 일이 중요하다. 외연 확장은 의미가 없다.

2019년 1월 2일 트럼프는 "이것은 탄핵이 아니라 미국 시민으로서 종교, 군대, 국경장벽, 신앙 그리고 총기를 휴대할 수 있는 자유와 인민의 힘을 박탈하려는 쿠데타"라고 트윗 메시지를 내보냈다.[34] 어려운 상황은 지지층을 단합시키고 충성심을 고조시키는 기회가 된다. 이번 탄핵 정국에서도 이 전략은 여지없이 나타났고, 위력을 발휘했다.

2019년 하반기의 트럼프 탄핵은 미국 역사상 가장 당파성이 강했고, 그 진행 과정에서 당파성을 증폭시켰다. 여론도 극심하게 분열되었다. 펠로시가 탄핵 조사 개시를 발표한 9월, 여론은 찬반이 43:43으로 동일했다. 2020년 1월에도 여론은 양분돼 있었다. 민주당원은 89%가 찬성하고, 공화당원은 8%만 찬성했다. 무소속은 반반이었다. 극심한 당파성을 배경으로 트럼프는 러시아 스캔들에 이어 또 한 번 정치적 위기를 넘겼다.

2020년 11월 대통령 선거

탄핵 위기를 정면으로 돌파하자, 트럼프는 대선에도 자신이 생겼다. 탄핵이 끝날 무렵, 트럼프의 지지도는 49%로서 2017년 취임 후 가장 높은 수치를 기록했다.[35] 공화당원의 지지율이 94%로 1월보다 6%나 높아졌고, 무당층에서도 5%가 오른 42%를 기록했다. 지지도가 높아진 이유는 공화당의 단합 강화였다. 진영을 강화하는 전략이 먹혀들고 있었다. 2020년 1월에 있었던 이란혁명수비대 쿠드스(QUDS) 사령관 가셈 솔레이마니(Qasim Soleimani) 사살, 미국-캐나다-멕시코 협정 서명, 그리고 양호한 경제 실적도 지지도를 높이는 요소였다. 이 추세를 유지하면 재선은 어려움이 없을 것 같았다.

그런데 이름도 들어본 적이 없는 바이러스가 닥쳤다. 2019년 12월 중국 우한에서 확산하기 시작한 코로나19였다. 최초 대응은 순조로웠다. 1월 23일 중국이 우한을 봉쇄하자, 1월 28일 NSC는 코로나19가 "대통령 재임 중 가장 심각한 안보위협이 될 것"이라고 트럼프에게 보고했다. 중국에서 오는 여행객의 입국을 금지했다.

그런데 여기까지뿐이었다. 트럼프는 NSC의 경고를 주의 깊게 듣지 않았다. "겁먹을 필요 없다"라는 메시지를 계속 발신했다. 2월 27일에도 "곧 없어질 것이다. 기적처럼 없어질 것이다"라고 트윗을 날렸다.[36] 그러나 코로나19가 없어지기는커녕 트럼프 곁으로 다가오고 있었다. 3월 5일 마라라고에서 자이르 보우소나루 브라질 대통령을 만난 다음에 경호원이 감염되자, 그때서야 사태의 심각성을 인식했다. 3월 11일 국가비상사태를 선언했고, 사회적 거리두기를 발표했다. 코로나19를 '중국 바이러스(Chinese Virus)'라고 부르기 시작했다.

문제는 경제였다. 코로나19를 통제하지 못하면 경제가 망가진다. 경제가 망가지면 재선이 어려워진다. 트럼프는 경제가 망가지는 것을 보고 있을 수 없었다. 거리두기를 시작한 지 1주일이 채 지나지 않은 3월 22일 "병보다 치료가 더 나쁘게 둘 수는 없다"라고 트윗을 날렸다.[37] 4월 17일 몇 개 트윗을 연달아 날렸다. "미네소타를 해방하라!" "미시건을 해방하라!" "버지니아를 해방하라! 그리고 (총기 소유에 관한) 수정헌법 제2조를 수호하라!" 이때부터 트럼프의 코로나19 대응 방식은 180도 전환되었다. 지금까지 눈에 보이지 않는 바이러스를 상대했지만, 이제는 눈에 보이는 민주당과 딥 스테이트로 공격 대상을 바꾸었다. 마스크와 사회적 거리두기를 거부하는 것이 트럼프에 대한 지지 표시가 되었다.

트럼프의 진영정치는 당파성이 유난히 강했다. 트럼프는 3월 27일 2.2조 달러의 긴급구제금융 서명 행사에 민주당 의원을 초청하지 않았다. 국가적 위기에 대응한다는 차원에서 의도적으로라도 초당적 행사를 만들 법하건만, 트럼프는 그러지 않았다. 지방을 방문하는 데도 자기를 지지한 주와 그러지 않은 주를 구분했다. 지지해준 주를 5배 더 자주 방문했다. 지지하느냐 아니냐에 따라 방문 횟수도, 예산 배정도, 코로나19 대응을 위한 의약품과 개인보호장비(PPE) 배정도 다르게 했다.

트럼프의 모든 관심은 대선에 꽂혀 있었다. 지지층이 관심을 가지는 공약 이행에 집중했다. 이민 제한과 국경장벽 건설은 공약의 핵심이고 상징이었다. 트럼프는 장벽 건설을 독려했다. 2020년 여름까지 전체 목표 약 800km의 3분의 2인 550km의 장벽을 완성했다.

해외개입 축소에도 박차를 가했다. 2018년 12월 북부 시리아 주둔군 철수를 선언했고, 2020년 2월에는 아프가니스탄 미군 철수를 선언했다. 6월 2일 독일 주둔 미군을 그해 9월 말까지 철수시키라고 지시했다.[38] 당시 독일에는 3만 4,500명이 주둔하고 있었다. 3개월 안에 전면 철수시킨다는 것은 불가능했다. 고심 끝에 3분의 1 정도인 1만 1,900명을 철수시키기로 했다. 6,400명은 미국으로, 나머지는 유럽 다른 나라에 재배치하기로 했다. NATO 사무총장은 "러시아의 위협에 대응한 전략적 재배치"라고 설명했다. 그런데 트럼프는 "독일이 GDP 2%의 국방비 지출을 하지 않기 때문이다. (…) 다른 이유는 없다"라고 했다.[39] 2020년 9월에는 약 5,200명의 이라크 주둔군을 3,000명으로 줄이기로 했으며, 소말리아에서 대테러작전을 수행하던 700~800명도 2021년 초까지 철수시키기로 했다.

트럼프가 중국 때리기를 계속하자, 긴장과 갈등이 전방위로 확대되었다. 트럼프는 코로나19를 계속 '중국 바이러스'라고 불렀고, 바이러스의 출처를 두고 날카로운 대립이 이어졌다. 무역전쟁은 격화되었다. 2020년 7월에는 지적재산권 침해를 이유로 휴스턴 주재 중국 총영사관을 폐쇄했다. 중국은 청두 주재 미국 총영사관을 폐쇄했다. 8월에는 틱톡(TikTok)의 모회사 바이트댄스(ByteDance)의 영업을 중단시켰다. 중국이 홍콩 보안법을 실시하자, 미국은 홍콩의 '특별무역

지위'를 박탈하고, 홍콩과 신장의 인권 문제도 제기했다.

2020년 대선의 가장 큰 변수는 코로나19였다. 코로나19가 트럼프의 당선 가능성을 끌어내리고 있었다. 트럼프는 과학을 거부했다. 질병관리청(CDC) 전문가들의 권고를 무시했다. 마스크도 거부했다. 백신 개발에 모든 것을 걸었다. 어떻게 해서든지 선거 이전에 백신을 만들어야 했다. 트럼프는 식약처(FDA)와 질병관리청을 압박했고, 백신 개발이 "임박했다"는 트윗을 여러 번 날렸다. 그러나 백신 사용을 허가하는 식약처의 '과학적 절차'는 대선 시간표를 따라주지 않았다. 대선이 끝날 때까지 백신은 나오지 않았다.

"2020년 대선 결과에 승복할 것인가?"라는 질문에 트럼프는 명확한 태도를 보이지 않았다. 코로나19가 미국을 짓누르는 가운데 트럼프는 '부정선거'라는 말을 시작했다. 트럼프는 2016년 선거 때도 '부정선거'라는 말을 자주 했다. 2016년 10월 라스베이거스 토론회에서 말했다. "깨끗한 선거라면 결과에 승복하겠다. 그러나 결과에 문제가 있다면 법적으로 문제를 제기할 수 있다."[40] 이기면 결과를 받아들이고 지면 받아들이지 않는다는 말이지만, 2016년에는 문제가 되지 않았다. 트럼프가 이겼으니까.

이제 2020년이 되었다. 선거 결과에 승복하겠느냐고 묻자, "두고 보자. 그럴 수도 있고 아닐 수도 있다"라고 대답했다.[41] 당시 미국은 코로나19가 악화해 매일 6,000명이 사망했고, 5월에 일어난 조지 플로이드 피살 사건으로 인종 분규와 시위가 각지에서 일어나고 있었다.

11월 3일 투표가 종료되었다. 코로나19 때문에 개표가 예년보다 늦어졌다. 특히 펜실베이니아, 위스콘신, 미시건, 조지아에서 부재자 투표와 우편투표 개표에 시간이 걸렸다. 11월 4일 새벽 2시가 넘어 트럼프가 지지자들 앞에 나타났다. "이것은 미국 국민에 대한 사기(fraud)다. 우리는 분명 이기고 있었다. 솔직히 말해서, 우리가 이겼다."[42]

11월 7일 CNN을 선두로 모든 언론이 바이든의 승리를 보도했다. 민주당의 바이든 후보가 총투표에서 700만 표, 선거인단에서 306:232로 이겼다. 그러나 트럼프는 "내가 이겼다. 크게 이겼다"라는 트윗을 연달아 날렸다. 또한 부정선거였다고 하면서, 법정에서 싸울 것이라고 했다.

트럼프는 억울했다. 코로나19가 닥치기 전에 S&P500 지수는 사상 최고를 기록했고 실업률도 낮았다. 흑인 실업률도 낮았다.

그런데 졌다. 승복할 수 없었다. 11월 9일 트럼프는 백악관과 행정부 관리들에게 정권 인계인수에 협조하지 말라고 하고, 법무장관에게 모든 부정투표 사례를 조사하라고 지시했다.

그러는 한편 트럼프는 자기에게 충성하지 않는다고 생각한 관리들을 숙청했다. 11월 6일 국제개발처(USAID) 부소장을 '정권 인계인수 자료'를 만들었다는 이유로 해임했다. 11월 9일 국방부의 마크 에스퍼 장관과 간부 2명을 해임했다. 에스퍼는 2019년 6월 소요 때 트럼프가 정규군 투입을 언급하자, "그렇게 할 수 없다"라고 공개적으로 반대한 사람이다.[43] 11월 17일 부정투표가 없었다고 말한 사이버

안보처장과 세 명의 간부도 해임했다. 12월 14일 충성스러운 법무장관이 "의미를 둘 만한 투표 부정이 없었다"라고 하자, 그마저 해임했다.

트럼프는 선거 결과를 뒤집기 위해 모든 수단을 다했다. 바이든이 근소한 차이로 이긴 곳마다 소송을 제기했다. 조지아와 위스콘신에서 재검표를 했지만, 승패는 변하지 않았다.[44] 12월 11일까지 50개 주와 워싱턴D.C까지 투표 결과 인증을 마쳤고, 그때까지 침묵을 지키던 매코널 원내대표도 바이든의 승리를 수긍했지만, 트럼프는 승복하지 않았다. 트럼프는 조지아주 국무장관에게 전화해 바이든을 이길 수 있도록 1만 1,780표를 찾아내라고 했다.[45] 이 통화는 결국 선거 개입이 되어 트럼프에 대한 형사 고발로 돌아왔다. 의회에서는 공화당 의원의 결속을 유지하고 이탈을 방지하기 위해 위협도 했다. 1월 6일 의회가 선거인단을 인증할 때도 트럼프는 누구든지 바이든 인증에 찬성하는 사람은 다음 선거에서 반대편에 서게 될 것이라고 경고했다.[46]

마지막으로 트럼프는 펜스 부통령을 압박했다. 미국 헌법은 선거인단 투표에서 누구도 과반수를 얻지 못하면 하원이 새로운 대통령을 선출토록 하고 있다. 이때 하원 표결은 '1인 1표'가 아니라 '1주 1표' 방식을 적용한다. 중서부 농촌을 기반으로 하는 트럼프가 유리할 수 있다. 펜스가 일부 주의 선거인단 명부에 문제가 있다고 선언하면 트럼프와 바이든 둘 다 과반수를 얻을 수 없을 것이므로, 그때 하원이 대통령을 선출할 수 있다고 했다. 펜스는 거절했다. 부통령은 법률에 따라 각 주가 보내온 명부의 숫자를 더할 뿐, 그 명부의 유효성을 판단할 권한은 없다고 했다. 트럼프는 언성을 높였다. "당신은 약해. 용기가 없어. 당신은 나를 배신하고 있어. 내가 당신을 만들었잖아."[47]

의사당 난입과 2차 탄핵

전 세계의 시선과 관심을 집중시킨 2021년 1월 6일의 의사당 난입 사건은 이런 배경에서 일어났다. 이날 워싱턴 시내에 많은 시위가 예정돼 있었다.[48] SNS에는 프라우드 보이스와 우익 무장단체, 백인우월주의 단체 등이 워싱턴 기념관과 프리덤 플라자(Freedom Plaza), 의사당으로 모이도록 촉구하는 구호가 난무했다.

백악관 근처에 모여 있던 시위대가 오후가 되자 의사당으로 몰려들었다. 일부 시위대가 폭도로 변해 난입했다. 오후 2시경 펜스 부통령, 펠로시 하원의장을 비롯한 의원들이 숨거나 도망갔다. 트럼프는 백악관에서 TV로 시위 현장을 보고 있었다. 오후 4시 17분, 마침내 트럼프가 영상 메시지를 내보냈다. "이것은 부정선거다. 그렇지만 우리는 평화를 지켜야 한다. 집으로 돌아가라. 여러분을 사랑한다."[49] 오후 6시 1분, 트럼프가 다시 트윗을 내보냈다. "선거에서 압승한 결과가 억울하게 빼앗길 때 이런 일이 일어난다. 오랫동안 핍박을 당해 온 사람들이여, 이제 집으로 가서 편히 쉬시라. 오늘을 영원히 기억하라."[50]

의사당의 질서가 회복되고, 저녁 8시에 회의를 재개했다. 2021년 1월 7일 새벽 3시 40분에 펜스 부통령은 바이든의 승리를 선언했다. 1월 7일 오후 트럼프 대통령은 평화적인 정권 교체를 약속하는 트윗 성명을 발표했다.

선거 결과에 결코 동의할 수 없으나, 1월 20일에는 질서정연한 인계인수 가 이루어질 것이다. (…) 이로써 역사상 가장 위대한 대통령의 첫 번째 임 기를 끝마치지만, 이는 위대한 미국을 만들기 위한 우리 투쟁의 시작일 뿐이다.[51]

트럼프의 트윗 메시지는 이것이 마지막이었다. 취임 후 4년 동안 2만 5,000개가 넘는 메시지를 남기고 트위터 계정이 폐쇄되었다. 트 위터는 트럼프의 계정을 폐쇄하는 이유가 '더 많은 폭력을 사주할 위험'이 있기 때문이라고 밝혔다.[52]

의사당 난입이 일어난 다음, 트럼프를 대통령직에서 조기 배제하 는 방안이 논의되었다. 수정헌법 제25조 4항은 대통령이 직무를 수 행할 수 없을 때, 부통령과 각료 반수 이상의 합의에 따라 부통령이 직무를 수행할 수 있게 한다. 1월 12일 하원은 이 조항을 원용해 펜 스 부통령에게 트럼프의 권한을 박탈하도록 요구했다. 펜스 부통령 은 거절했다.[53]

남은 방법은 탄핵이었다. 하원은 1월 13일 절차를 시작했다. 미국 대통령 역사상 네 번째였고, 한 명의 대통령에 대해 두 번째 탄핵을 시도하는 최초 사례였다. 사유는 '내란 선동'이었다. '미국 정부를 상대로 폭력을 선동한 중대한 범죄'를 저질렀다고 했다. 하원의 탄핵소추안은 1월 13일 표결에 부쳐 232:197로 채택되었다. 공화당 소속 의원 10명이 찬성했다.

상원의 탄핵 심판은 트럼프가 퇴임하여 플로리다로 간 다음인 1월 25일에 개시되었고, 2월 9일에 이루어졌다. 표결 결과 57:43으로 찬성이 많았다. 그러나 대통령 탄핵에 필요한 3분의 2에는 미치지 못해 부결되었다. 공화당 의원 중에서는 7명이 찬성했다.

여론은 1년 전의 1차 탄핵 때와 같이 양분되었다.[54] 의사당 난입 직후 조사에서 절반은 찬성했고 절반은 반대했다. 1월 7일 PBS 조사에서 응답자의 48%, 1월 6일 유고브(YouGov) 조사에서 50%, 1월 7일 액시오스(Axios) 조사에서 51%, 1월 9일 ABC 조사에서 56%가 트럼프가 즉각 물러나야 한다고 답변했다. 정당에 따라 의견은 확연하게 갈렸다. PBS 조사에서 민주당원 84%가 찬성했으나 공화당원은 83%가 반대했다. 유고브 조사에서도 민주당원 83%가 찬성한 데 비해 공화당원은 85%가 반대했다.

여론 분열은 당파성에 따른 것만이 아니었다. 대부분 공화당원은 트럼프에게 잘못이 없다고 믿었다. 유고브 여론조사에서 "지난 대선에서 얼마나 많은 투표 부정이 있었다고 보느냐?"는 질문에 공화당원 73%는 "승부에 영향을 미칠 만큼의 부정투표가 있었다"라고 답변했다. 반면 민주당원 중에서는 4%만 그렇게 생각했다.

이런 정도라면 미국의 정치적 분열을 당파성의 표시로만 보기 어렵다. 트럼프와 공화당에 의해 하나의 거대한 가상현실이 만들어진 것이다. "2020년 선거를 도둑맞았다"라는 주장이 적어도 공화당원들 사이에서는 진실로, 믿음으로 굳어져 가고 있었다.

트럼프는 1월 20일 바이든 대통령 취임식에 참석하지 않고 플로리다의 마라라고 리조트로 내려갔다.

트럼프 백악관 4년

모든 사람으로부터 사랑받기를 바라고 모두에게 잘 보이고 싶은 트럼프는 2020년 대선에서 감당하기 어려운 '퇴짜'를 맞았다. 살아오면서, 적어도 겉보기에는 퇴짜를 맞아본 적이 없는 트럼프다. 그런데 인생의 가장 결정적인 고비에서 퇴짜를 맞았다.

이런 상황이면 누구나 한 번쯤은 뒤를 돌아보게 마련이다. 후임자의 취임식에도 참석하지 않고 플로리다로 가버린 2021년 1월 20일부터 다음 대선 도전을 선언한 2022년 11월 15일까지 22개월 동안 트럼프는 백악관 4년을 돌아보았을 것이다. 트럼프는 무엇을 보고 또한 생각했을까?

가장 먼저 생각하는 것은 2020년 대선일 수밖에 없다. "승리를 도둑맞았다"라는 것은 "질 수 없는 게임에서 졌다"라는 말이나 마찬가지다. 코로나19가 닥치기 전까지 경제는 유례없는 호황을 구가하고 있었다. 2019년의 실업률은 3.5%. 50년 이래 가장 낮은 숫자라고 했다. 물가상승률은 1.9%로서 연방준비은행의 목표치 2% 안에 머물렀다. 경제성장률은 2.9%. 미국 기준으로 높은 편이었고, S&P500도 사상 최고를 달리고 있었다.

취임 직후부터 중점을 두어온 이민 통제는 법원의 판결과 예산 조달의 어려움으로 원하는 만큼은 못 했지만, 나름 성과를 보이고 있었다. 중국과의 전략적 경쟁에서 중국을 몰아붙이고 있다고 생각했으며, 제조업 재건 차원에서 추진하는 중국과의 무역전쟁은 광범위한 지지를 받고 있었다.

해외개입 축소와 공정한 방위 분담도 성과를 내고 있었다. 아프간과 중동에서 '영원한 전쟁'을 끝낼 수 있는 기초를 다지고 있었고, NATO 유럽 회원국들이 GDP 2% 국방비 지출 목표를 달성토록 하는 데도 성과를 보이고 있었다.

NATO 유럽 회원국들의 GDP 대비 국방비 지출 비율

연도	2014	2015	2016	2017	2018	2019	2020	2021
%	1.47	1.44	1.46	**1.48**	**1.53**	**1.56**	**1.75**	1.70

트럼프는 코로나 대응을 잘못했다. 그렇다고 트럼프가 코로나19 대응을 잘못했다고 인정하지는 않을 터. "누가 해도 그럴 수밖에 없었을 것"이라 해버리면, 트럼프는 질 수 없는 게임에서 졌다. 트럼프가 귀환을 도모하는 것은 자연스러운 귀결이다. 다만 질 수 없는 게임에서 졌으니, 그에 대한 최소한의 설명은 여전히 필요하다.

트럼프는 취임 후 2년을 괴롭힌 '러시아 스캔들'과 2019년 하반기의 탄핵 사태를 몰고 온 '우크라이나 스캔들'을 떠올렸을 것이다. 트럼프가 보기에 이들은 둘 다 정치적 공작이었다. 러시아 스캔들을 두고 FBI 조사는 물론 특별검사까지 임명해 2년 동안 샅샅이 뒤졌지만, 아무것도 나오지 않았다. 우크라이나 스캔들에서 "군사 원조를 중단하면서 압력을 행사했다는데, 2015년에 바이든도 원조를 미끼로 검찰총장 해임을 압박하지 않았나?" 무슨 차이가 있는가? 트럼프에게는 FBI의 도청, 국가정보국의 내부고발, 언론 유출, 민주당의 탄핵 움직임이 모두 자기의 발목을 잡고 MAGA 의제 수행을 방해하려는 기득권과 딥 스테이트의 음모였고, 이러한 음모가 임기 내내 계속되었다고 생각했을 것이다.

양극화된 정치에서 기득권의 음모에 휘말리지 않고 당장 탄핵을 당하지 않기 위해서라도 트럼프는 지지층을 단결시키고 진영을 강화해야 했다. 임기 중에 트럼프는 실제로 그렇게 했다. 2017년 샬러츠빌 사건 때도, 2019년 탄핵 정국 때도, 2020년 플로이드 피살 사건 때도 트럼프는 진영을 강화하는 데 주력했다. 그런데도 2020년 대선에서 다시 한번 당했다.

그리고 트럼프는 준비되지 않은 채 출발한 지난 정권 초반을 생각했을 것이다. 트럼프 행정부는 인사이동과 교체가 유독 많았다. 역량과 이념을 두루 갖춘 사람을 찾는 데 시간이 걸렸다. 초기에 들어온 많은 사람이 역량은 갖추었으나 MAGA 의제를 이해하지 못했다. 배넌처럼 이념에 충실했으나 워싱턴 정치를 전혀 모르는 사람도 있었다. 트럼프가 자기 사람으로 조직 체계를 갖추는 데 2년이 걸렸다. 이념을 달리하는 사람들이 투쟁하고 이동하는 사이에 행정부가 혼란하고 불안정하다는 인식이 많이 퍼졌다.

2021년 1월 21일 플로리다로 내려갔지만, 트럼프는 그것이 끝이라고 생각하지 않았다. 1월 7일 자 트윗에서 트럼프는 "위대한 미국을 만들기 위한 여정을 시작한다"라고 했다. 플로리다에 도착한 트럼프가 곧바로 재집권 로드맵 작성에 나선 것은 자연스러운 수순이었다. 백악관 4년의 경험과 반성은 이 로드맵을 만드는 바탕이자 출발점이 되었다.

DONALD

★★★
3부

재집권을 향한 도전

TRUMP

1장 재집권 로드맵

플로리다의 트럼프

트럼프는 2021년 1월 20일 바이든 대통령 취임식에 참석하지도 않고 플로리다의 마라라고 리조트로 내려가 버렸다.

주위에 사람이 많지 않았다. 1·6 의사당 난입 사건이 일어난 후에 많은 사람이 떠났다. 트럼프는 떠난 사람을 부르지 않았다. 오히려 1·6 사건을 비판하거나 "선거를 도둑맞았다"라는 주장에 동의하지 않는 사람은 블랙리스트에 올렸다. 주위에는 충성파들만 남았다. 그런데 이들은 MAGA 이념에 충실했지, 트럼프의 정치 일정을 관리해줄 만큼 역량 있는 인사들은 아니었다.

트럼프는 2016년 선거에서 플로리다를 가져다준 수지 와일스 (Susie Wiles)에게 주변 관리를 부탁했다. 플로리다는 2012년에 오바마를 지지했다. 플로리다를 맡은 와일스는 트럼프를 실망시키지 않았다. 1.19% 격차로 트럼프에게 승리를 안겨주었다. 플로리다는

2020년 대선 때도 트럼프를 지지했다. 그런 와일스를 다시 불러들여 플로리다 사무소 운영을 맡긴 것이다. 당장 해야 할 일은 정치 후원금 모금과 각종 선거에 공화당 후보를 추천하는 것이었다.[1] 트럼프는 1·6 사건으로 정치적 평판에 큰 흠이 생기기는 했지만, 직전 대통령이고 공화당원 사이에 여전히 폭넓은 지지기반을 유지하고 있었다. 2021년 5월 21일 자 여론조사에 의하면, 공화당원 중에서 2020년 대선이 공정하게 치러졌다고 생각하는 사람은 25%에 불과했고, 56%는 부정선거였다고 믿었다. 또한 "트럼프가 2024년 대선에 출마하지 말아야 한다"라는 질문에 공화당원 63%가 동의하지 않았다.[2] 2021년 한 해 동안 트럼프의 마라라고 리조트는 적어도 20회 이상 공화당 주지사, 상·하원 의원 또는 그 자리를 노리는 후보자들이 몰려와 정치 모금행사로 애용하는 장소가 되었다.[3]

트럼프의 플로리다 사무소는 와일스의 지휘하에 움직이기 시작했다. 와일스는 트럼프의 정치활동을 지원하기 위해 리더십 팩(PAC) '세이브 아메리카(Save America)'를 만들고 그 대표를 맡았으며, 트럼프의 비서실장 역할도 했다.* 트위터와 페이스북에서 축출된 트럼프를 위해 새로운 SNS 플랫폼을 만드는 작업도 시작했다.[4] 2022년 2월 하순 '트루스 소셜'의 서비스를 시작했다.

---

* 리더십 팩은 대통령이나 국회의원 등 정치인들이 본인의 활동을 지원하기 위해 정치 기부금을 받을 수 있게 허용한 정치행동위원회(PAC)다. 2022년 개정된 규정에 따라 개인의 정치 기부금은 연간 총합계 5,000달러를 넘지 못하며, 세금 감면 혜택이 없다. 리더십 팩은 정치인 본인의 활동을 지원할 수 있다는 점에서 일반 팩(PAC)과 차이가 있다. 이외에 특정 정치인에 대한 지원은 아니면서 광고나 여론조사, 투표 독려 활동 등으로 정치활동을 할 수 있는 슈퍼 팩(Super PAC)이 있다. 슈퍼 팩에 대한 정치헌금은 제한이 없다.

트럼프의 시선은 2022년 중간선거를 향하고 있었다. 1·6 사건 이후 탄핵 과정에서 자기를 배신한 상·하원 의원들을 몰아내는 것이 당면 과제였다. 플로리다 사무소는 곧 트럼프가 지지하는 후보들을 위한 모금과 지원 연설을 추진했다.

공화당에 대한 트럼프의 영향력은 백악관 재임 4년 동안에 정착되었고, 1·6 의사당 난입 사건을 겪으면서도 크게 약화되지 않았다. 매카시 원내대표가 마라라고 리조트를 방문해 공화당의 향후 진로를 협의했으며, 2022년 2월 전국위는 트럼프의 1·6 사건 개입에 대해서도 당 차원에서 면죄부를 주었다. 트럼프에 대한 공화당 풀뿌리의 지지가 단단했기 때문에 가능한 일이었다.

2022년 6월 26일 오하이오주 웰링턴에서 트럼프가 처음 대중집회를 시작했다. 주제는 '2020년 대선을 도둑맞았다'는 것이었다. 트럼프가 말했다.

우리는 지지 않았다. 우리는 두 번 이겼다. 세 번째도 이길 수 있다.[5]

웰링턴 집회를 시작으로 트럼프는 중간선거가 끝난 2022년 11월까지 모두 30회의 후보 지원 연설에 나섰다. 트럼프는 중간선거에 깊숙이 개입했다. 우선은 1·6 사건 이후 트럼프 탄핵을 지지한 사람부터 몰아내야 했다. 이런 지역구에 MAGA 전사를 내보내 당내 경선을 하게 만들었다. 이 바람에 사우스캐롤라이나의 톰 라이스(Tom Rice), 워싱턴의 제이미 뷰틀러(Jaime Beutler) 등이 현역이면서 경선에서 탈락했다. 지금도 공화당 우파에서 활동하고 있는 스티브 배넌이 말했다. "우리의 목표는 공화당 의석을 하나 더 추가하는 데 있지 않다. MAGA 거점을 하나 더 확보하는 데 있다."[6]

2022년 중간선거에서 트럼프는 상원 선거에 18명의 후보를 추천했다. 그중에서 2명은 낙선했다. 하원 선거에는 115명을 추천했고, 9명이 낙선했다. 이렇게 당선된 의원들은 하원 프리덤 코커스 안에서 영향력을 키웠고, 그 안에서 다시 별도의 MAGA 코커스를 조직하려는 시도도 했다. 공화당을 다수당으로 만들어 전체적인 영향력을 키우려는 매카시 하원 원내대표와는 입장에 차이가 있었고, 이 차이와 갈등이 점차 커지면서 나중에 MAGA 그룹이 매카시의 지도력에 도전하게 된다.

트럼프가 중간선거 캠페인을 지원하는 2022년 후반기 내내 하원 운영위원회는 1·6 의사당 난입 사건 공개청문회를 진행했다. 2022년 6월부터 12월까지 모두 10차례 공개청문회가 열렸다. 1월 6일에 실제로 어떤 일이 일어났는지, 트럼프와 그 주변 사람들이 선거에서 패했다는 사실을 인식하고 있었는지, 선거 결과를 뒤집기 위해 펜스 부통령을 어떻게 압박했는지, 조지아주 선거 공무원들에게 어떤 압력을 가했는지, 투표 부정을 찾아내도록 법무부에는 어떤 압력을 행사했는지, 프라우드 보이스 등 시위에 가담한 극우주의자들이 어떻게 폭력행사를 준비했는지, 트럼프는 어떻게 극렬 시위를 사주했으며 시위대가 폭도로 변하는데도 말리지 않은 이유가 무엇인지 등을 조사했다. 조사위원회는 154쪽의 보고서를 채택하고, 트럼프 대통령을 고발하도록 법무부에 권고했다.

출마 준비

트럼프의 대선 도전은 "2020년 선거를 도둑맞았다"라는 주장
에서 출발한다. 공화당은 하원 청문회가 활동을 시작하기 전인
2022년 2월에 이미 전국위 회의에서 의사당 난입을 "정치적 의사 표
시였다"라고 재규정했다. 이렇게 되면 하원 청문회가 내리는 결론은
어차피 민주당이 주도하는 정치적 결정이 될 수밖에 없다.

하원 청문회가 마무리되는 것을 보면서 트럼프는 2024년 대선을
겨냥한 선거본부를 꾸리기 시작했다. 트럼프는 2020년 대선 캠페인
에서 너무 많은 사람이 너무 많은 돈을 쓰는 바람에 오히려 효율성
이 떨어졌다고 보고, 2024년 대선 캠프는 인원과 예산을 최소로 쓰
면서 효율성을 높이는 방향으로 조직하기로 했다.[7] 선거본부는 워싱
턴으로 가지 않고 플로리다에 머물기로 했다. 마라라고 리조트 부근
에 별도의 사무실을 냈다.

트럼프는 불리한 여건을 극복하고 승리를 만들어낸 2016년의 역
전승을 자랑스럽게 기억한다. 2024년 대선도 2016년과 같은 역동적
인 캠페인을 만들고자 했고, 이 역전 드라마를 함께 써나갈 사람들
을 찾았다,

트럼프는 두 번이나 플로리다를 트럼프에게 안겨준 수지 와일스의

정치적 감각을 높이 평가하고 신뢰했다. 와일스 다음으로 버지니아 출신의 정치 컨설턴트 크리스 라치비타(Chris LaCivita)가 합류했다. 2016년과 2020년 대선에서 트럼프를 도왔으며, 2020년에는 트럼프 캠페인을 위해 1억 달러 이상을 지출한 슈퍼 팩 '프리저브 아메리카(Preserve America)'를 운영했다.[8] 또 한 사람, 브라이언 잭(Brian Jack)이 있다. 2016년과 2020년 트럼프 캠페인에 참여했으며, 트럼프 백악관에서 정치국장을 역임했다. 우리나라로 치면 정무수석에 해당하는 고위직이다.* 트럼프 캠페인의 여론조사를 지원한 토니 파브리지오(Tony Fabrizio)가 이번에도 참여키로 했다.

홍보는 2016년과 2020년 대선에서 트럼프를 도운 스티븐 청(Steven Cheung)이 맡기로 했다. 청은 트럼프 백악관 홍보실에서 일했다. 트럼프에 대한 충성파이며, 강경한 MAGA 전사다. 트럼프가 "이민자들이 우리 피를 더럽힌다", "기생충(vermin) 같은 급진 좌파 깡패를 뿌리 뽑아야 한다"라고 말해 비판을 받자, "우리가 일상생활에서 쓰는 용어일 뿐, 이것을 비난하는 사람은 트럼프만 보면 정신착란을 일으키는 환자들"이라고 일축해버리는 정도다.[9] 폭스뉴스 호스트 터커 칼슨과 함께 일한 미디어 전략가 알렉스 파이퍼(Alex Pfeiffer)도 홍보팀에 합류했다.

쿠슈너와 이방카는 이번 캠페인에 참여하지 않는다.[10] 그래도 이방카 내외는 트럼프의 마라라고 리조트에 가까이 살고 있어 늘 긴밀

---

* 브라이언 잭은 2024년 조지아 하원의원 선거에 출마하고 있다.

한 유대와 소통을 유지하며 필요할 때 조언도 할 수 있다.

트럼프의 주변에 늘 붙어 다니는 정치인으로 린지 그레이엄 상원의원이 있다. 2016년 공화당 경선 초기에 처음 만난 후 트럼프의 절친한 골프 친구가 되었을 뿐 아니라, 1·6 사건으로 트럼프 주변의 많은 사람이 떠난 다음에도 늘 가까이에 머물러주었다. 그레이엄은 트럼프가 무슨 생각을 하는지 파악하고, 가능한 범위에서 영향을 미치려고 했다. 트럼프가 플로리다로 내려갔지만 마음마저 내려간 것은 아니라고 보았으며, 트럼프에 대한 공화당 우파의 열렬한 지지도 눈여겨보고 있었다. 그레이엄은 2022년 중간선거를 앞두고 트럼프가 공화당을 위해 역할을 해줄 것을 계속 설득했다. 설득이라기보다 트럼프가 듣고 싶어 하는 말을 해준 것이었으리라. 그레이엄 의원은 공화당 후보들이 트럼프 이름이 들어간 자동차 범퍼 스티커를 달 수 있게 해달라면서 사정했다.[11]

트럼프는 2022년 9월에 슈퍼 팩 'MAGA, Inc.'를 설립했다.[12] 퇴임 후 트럼프는 리더십 팩 '세이브 아메리카'를 설립해 일상적인 정치활동에 필요한 자금을 조달하고, 플로리다에 기반을 둔 슈퍼 팩 'MAGA Again'도 설립했으나 대규모 정치자금을 동원하는 데는 부족했다. 또한 바이든이 현직 대통령으로 있는 민주당에 비해 공화당은 정치자금 후원이 턱없이 적었다. 공화당은 트럼프가 자기 돈을 잘 안 쓰지만 정치 모금에서는 큰손인 만큼 도움을 기대했다. 'MAGA, Inc.'는 '세이브 아메리카'가 확보하고 있던 1억 달러 정도의 자금과 'MAGA Again'도 흡수해 전국적인 규모에서 트럼프와 공화당의 정치활동을 지원할 수 있게 되었다. 'MAGA, Inc.'는 정치 광고와 여론 조사, 유권자 동원 활동을 통해 트럼프가 선호하는 후보와 전략 지역을 지원하게 된다. 트럼프는 라치비타가 수석전략가로서 'MAGA, Inc.'의 관리를 맡도록 했다. 라치비타는 슈퍼 팩 '프리저브 아메리카'를 운영해본 경험이 있다.

출마 선언

트럼프는 중간선거 이전에 이미 대선에 출마하기로 마음을 굳히고 있었다. 2022년 7월 언론 인터뷰에서 "나는 이미 마음을 정했다. (출마 선언을) 중간선거 전에 하느냐, 뒤에 하느냐만 정하면 된다"라고 했다. 그러면서 "내가 나가면, 이기는 데는 문제 없을 것"이라고 장담했다.[13]

2022년 8월 FBI가 비밀문서를 불법적으로 보관하고 있다는 혐의로 마라라고 리조트를 수색한 다음, 트럼프 주위에서 대선 출마 선언을 최대한 앞당기는 것이 좋겠다고 권고했다.

트럼프는 중간선거가 끝나고 일주일이 지난 2022년 11월 15일 마라라고 리조트에서 대선 출마를 선언했다.

내가 백악관을 떠날 때 세계는 평화로웠고, 미국은 번성하고 있었으며, 정말 멋진 미래를 향해 가고 있었다. (…) 지금 이 나라는 쇠퇴하고 실패한

나라가 되어가고 있다.

    중간선거의 성과를 발판으로 기세 좋게 출정식을 할 계획이었지만, 뜻대로 되지 않았다. 전체적으로 보면, 공화당의 성적은 좋지 못했다. 상원에서 1석을 잃었고 하원에서는 9석을 추가했지만, 현직 대통령이 취임한 다음 첫 번째 중간선거에서 집권당이 30석 내외를 잃어온 경험에 비추어보면, 이번 결과는 공화당의 기대에 미치지 못했다. 주지사 선거에서도 애리조나, 메릴랜드, 매사추세츠를 잃고, 네바다를 얻었다. 결과적으로 2석이 줄었다. 또한 중간선거에서 눈에 띄는 부정투표 사례가 나타나지도 않았다. '부정선거였다'거나 '대선을 도둑맞았다'는 주제에 맞춘 캠페인은 한계에 도달하고 있었다.

    그 결과 출정식의 분위기는 그리 밝지 않았다. 1,000여 명이 참석했지만, 전국적인 인물은 거의 보이지 않았다. 컨설턴트이며 트럼프의 오랜 친구인 로저 스톤(Roger Stone), 중간선거에서 낙선한 하원의원 매디슨 코손(Madison Cawthorn), 전 백악관 예산처장 러셀 보트(Russell Vought), 측근 제이슨 밀러(Jason Miller) 등이 있었을 뿐이다. 플로리다 강경 보수를 대표하는 맷 게이츠(Matt Gaetz) 하원의원도 참석하지 않았다. 중간선거에 앞서 많은 후보자가 마라라고에 드나들던 것과 대조적이었다. 가족으로는 부인 멜라니아 여사, 둘째 아들 에릭 내외, 막내아들 바론, 그리고 사위 쿠슈너가 참석했다. 맏아들 도널드 주니어와 딸 이방카는 참석하지 않았다. 이방카는 "아이들과 조용히 살고 싶다. (…) 정치에 들어갈 계획이 없다"라고 했다.[14]

트럼프 출마 선언에 대한 언론과 정치권의 반응은 미지근하고 회의적이었다. 공화당에서는 저조한 중간선거 성적 때문에 트럼프에 대한 기대가 줄었다. 반면 민주당에서는 오히려 반기는 분위기가 있었다. 트럼프가 출마함으로써 민주당 지지기반이 강화될 것이며, 트럼프 4년의 혼란과 무질서를 기억하는 무당파층이 바이든 편에서 투표에 나설 것으로 기대했다.[15]

캠페인

트럼프는 비교적 일찍 대선 출정식을 했지만, 서둘러 대규모 집회에 나서지는 않았다. 그 대신 트럼프는 2020년이나 2022년 중간선거 때와 다른 새로운 모습을 보였다. 첫째, 주요 현안에 관한 입장을 정교하게 제시하기 시작했다. "2020년 대선을 도둑맞았다"라는 주장만 반복하는 데 대해 유권자들이 피로를 느끼고 있다는 판단이 있었다. 2022년 12월부터 대선 캠프 홈페이지에 '어젠다 47(Agenda 47)'이라는 코너를 만들어 정책 비디오를 올렸다. '어젠다 47'은 2024년에 제47대 대통령에 당선되어 시행할 의제라는 뜻이다. 대선 출정식을 한 다음 달에 시작해 2023년 말까지 트럼프가 직접 말하는 3~5분짜리의 짧은 정책 비디오 46개를 제작하여 게시했다.[16] 또한 유권자들을 만나는 집회도 수만 명 이상이 참석하는 대형 집회에 집중하던 과거의 유형을 벗어나 청중과 좀 더 가깝게 교감할 수 있는 소규모 집회에서 시작했다.[17] 트럼프는 출정식을 한 뒤 3개월이 지난 2023년 1월 28일 사우스캐롤라이나와 뉴햄프셔에서 최초의 캠페인 집회를 시작했다. 사우스캐롤라이나 집회는 고등학교 강당을 빌려 200여 명이 참석한 소규모로 조직했다.

언론은 트럼프가 중간선거에서 좋은 성적을 거두지 못한 데다 사법 리스크까지 겹쳐 입지가 취약하다는 사실을 의식하고 있다는 증거라고 평가했다. 정치 후원금이 줄어들었고, 공화당 전국위는 잠재적 대선 후보들에게 경선에 나서도록 독려했다. 트럼프로는 바이든을 대항하기 어려울 수 있다는 판단이 있었다. 심지어 2016년에 트럼프를 당선시키는 데 큰 역할을 한 복음주의 교회에서도 지지가 흔들리는 기미가 보였다.[18] 돌아선 지지자들을 다시 불러 세워야 하는 과제가 트럼프 앞에 놓였다. 우려와 의구심을 잠재우려는 듯이 트럼프는 "나는 지금 그 어느 때보다 더 분노에 차 있고, 선거에 집중하고 있다"라고 확인하고 또 확인했다. 또한 "멀지 않아 더 큰 집회를 가질 것"이라고도 했다.[19]

조심스럽게 시작했지만, 트럼프의 캠페인은 신속히 페이스를 찾았다. 2016년에 비하면 이번 캠페인은 수지 와일스의 지휘하에 한결 효율적으로 작동하고 있었다.

트럼프는 3월 4일 보수정치행동회의에 참가해 연설했다. 주제는 단순했다. "이번이 마지막 전투다. 시작한 것을 끝장내자. 이 전투를 승리로 끝내자."

3월 25일 텍사스 웨이코(Waco)에서 캠페인 최초의 대형 옥외집회를 시작했다. '마녀사냥'이라고 적힌 팻말을 흔드는 지지자들을 상대로 트럼프는 이번 대선에 임하는 자기의 기본 시각을 제시했다. 이번 대선은 "MAGA 운동의 적에 대한 응징(retribution)"이 될 것이라고 했다.[20] 집회에서는 '모두를 위한 정의(Justice for All)'라는 제목의 2분 24초짜리 동영상이 상영되었다. 트럼프가 '국기에 대한 맹세(Pledge of Allegiance)'를 낭독하는 사이사이에 1·6 사건 복역수들이 합창하는 미국 국가를 끼워 넣고, 맨 끝에 'U.S.A'를 6번 외치는 것으로 구성했다. 1·6 의사당 난입을 불법으로 규정한 데 항의하는 목적으로 제작했다.[21] 트럼프는 이번 대선을 '응징'과 '정의 구현'을 위한 캠페인으로 제시했다.

트럼프에 대한 지지도에 변화가 일어났다. 퀴니피악(Quinnipiac)대학 조사에 따르면, 공화당원 사이에서 트럼프에 대한 지지는 2023년 전체를 통해 점진적으로 증가했다. 이 증가 추세는 3월 말부터 8월까지 트럼프에 대한 네 가지 형사소송이 이루어지는 가운데서도 꾸준하게 나타났다.

2023년도 공화당 경선에서 트럼프 지지도 추이*

2023년도(월일)	2.16	3.15	3.29	5.24	6.28	8.16	12.20
공화당 경선 트럼프 지지도	42	46	47	56	49	57	67

캠페인에 나선 지 거의 일 년이 된 2023년 말에 이르러 공화당 경

---

* 퀴니피악대학 여론조사 결과를 정리한 것임. (https://poll.qu.edu/)

선 후보로서 트럼프의 지위는 확고부동했고, 2020년 대선 결과 뒤집기를 비롯해 트럼프에게 제기된 형사소송은, 적어도 공화당원 사이에서는 지지 여부에 거의 영향을 미치지 않게 되었다. 이러한 공화당 기층의 지지를 배경으로 트럼프의 공화당 경선은 순조롭게 진행되었다.

공화당 장악

그 사이에 트럼프는 공화당에 대한 장악력을 더욱 공고하게 했다. 하원 원내대표 매카시는 트럼프가 퇴임한 다음 1·6 사건에서 트럼프를 비판한 데 대해 '사죄'하러 마라라고까지 갔고, 당 주류와 트럼프 지지자 사이에 균형을 유지하려고 애썼다. 그러나 프리덤 코커스를 중심으로 한 우파, 특히 트럼프를 따르는 조지아의 마저리 테일러 그린(Majorie Taylor Greene) 하원의원, 플로리다의 맷 게이츠 하원의원을 비롯한 MAGA 그룹은 우크라이나와 이스라엘에 대한 군사 원조, 예산 삭감, 장벽 건설 등을 둘러싸고 매카시를 조직적으로 압박했고, 결국 2023년 10월 표결로 하원의장 자리에서 축출했다. 의원 표결을 통해 의장을 축출한 일은 미국 하원 역사상 처음이었다.

표결 결과는 216:210으로 민주당 전원과 공화당 소속 의원 8명이 찬성에 가담했다. 트럼프를 추종하는 MAGA 의원들이 민주당을 부추겨 공화당 주류를 흔드는, 전례를 찾아보기 어려운 반란이었다. 하원의 레이건-부시 공화당이 사라지는 순간이었다. 매카시의 후임으로, 프리덤 코커스 소속이며 열렬한 트럼프 추종자인 루이지애나 출신의 마이크 존슨(Mike Johnson)이 10월 25일 선출되었다. 존슨은 2019년 탄핵에서 트럼프를 방어하기 위해 분투했고, 2020년 대선 결과 뒤집기에도 적극적으로 가담했다. 낙태와 동성애자 권리 강화에 강력하게 반대하는 대표적 우파 인물이다. 존슨이 하원의장에 선출되었을 때, 트럼프가 환영 메시지를 발표했다. 트럼프가 하원의 공화당을 완전히 장악했다.

2024년 2월 28일에는 상원 원내대표 미치 매코널이 자리에서 물러나겠다고 선언했다. 매코널은 레이건 때 당선된 이래 40년이나 상원을 지켰으며, 2007년 이후 줄곧 공화당 지도자 자리를 유지해왔다. 트럼프가 재임하는 동안 원만한 관계를 유지해오다가 의사당 난입 사건 때 갈라섰다. 매코널은 트럼프가 "도발하고 사주했다"라고 비난했다.[22] 트럼프 추종자들로부터 많은 압력이 있었지만, 매코널은 '전략적·전술적 수완과 동료 의원들을 이해하는 능력'으로 버텨왔다. 이제 그의 퇴장으로 트럼프는 상원에서도 공화당을 완전히 장악했다. 매코널이 퇴장을 선언하자, 트럼프는 몬태나 출신의 스티브 데인스(Steve Daines) 공화당상원위원회(RNSC) 위원장을 지지하고 나섰다. 매코널의 후임은 11월 대선 결과가 나온 다음에 결정될 것으로 본다.

2024년 대통령 후보 경선 과정에서 드러났듯이, 지금 공화당에는 트럼프에 맞설 수 있거나 그럴 의지가 있는 정치인이 보이지 않는다.

오히려 공화당 엘리트들은 트럼프의 호감을 사려고 눈물겨운 노력을 한다. 텍사스 상원의원 테드 크루즈나 전 플로리다 주지사 젭 부시(Jeb Bush) 같은 주류 엘리트들은 일찌감치 대선 출마를 포기했다. 트럼프에 맞설 대선주자로 손꼽히던 플로리다 주지사 론 디샌티스도 포기했다. 트럼프는 디샌티스 주지사가 대선 경쟁에 나선다는 소문이 나던 2022년 중간선거 때부터 주지사를 'DeSanctimonious'라고 불렀다.* 'DeSanctimonious'는 '위선적이고 경건한 척한다'는 sanctimonious라는 영어 단어에 DeSantis의 'De'를 붙인 조어다. '2018년 중간선거에서 주지사에 입후보했을 때 내가 도와주어 당선되었는데, 이제 나한테 맞서 경선에 나선다고?'라는 뜻이 들어 있다. "부인에 관해 좋지 않은 소문을 퍼뜨릴 수 있다"라고 사실상 공개 위협도 했다. 디샌티스는 기가 꺾였다. 2024년 1월 디샌티스가 경선을 포기하고 트럼프 지지를 선언했다. 트럼프는 "이제부터 'DeSanctimonious'라 부르지 않겠다"라고 했다.[24] 슈퍼 화요일까지 경선 캠페인을 계속한 전 사우스캐롤라이나 주지사 니키 헤일리 후보도 트럼프를 자극할 수 있는 발언은 삼가는 모습을 보였다.

트럼프는 공화당 전국위에 측근들을 전진 배치하고 있다. 2024년 3월 8일 공화당 노스캐롤라이나 위원장 마이클 와틀리(Michael Whatley)를 전국위 의장에 새로 임명했다. 또한 둘째 며느리 라라 트

---

* 트럼프는 2023년 6월에 폭스뉴스에 출연해 이 별명에 관해 설명한 적이 있다. 2018년 11월 중간선거에서 트럼프 대통령이 도와준 덕분에 디샌티스가 당선되었는데, 지금에 와서 트럼프와 공화당 후보 경선에 나서는 것은 불충이라는 것이다. "정치에 충성이 어디 있느냐고? 나는 충성을 중요하게 생각한다."[23]

럼프(Lara Trump)를 공동의장에, 트럼프 캠페인 수석자문관 크리스 라치비타를 전국위 사무총장에 임명했다.[25] 이제 전국위는 트럼프의 직접 통제하에 들어갔으며, 트럼프 캠페인과 전국위 활동은 사실상 일체화되었다. 지금 공화당은 트럼프가 전국위, 하원, 상원을 모두 장악했다. 누구든지 공화당 소속으로 정치활동을 하려는 사람은 이제 트럼프의 반대편에 서기 어렵다.

재집권 계획

트럼프가 다시 집권하게 된다면, 1기 행정부 후반과 비슷한 모습이 될 것이다. 2018년 중간선거를 지났을 때쯤 트럼프는 국가권력을 어떻게 행사하는지 충분히 감을 잡았다. 취임 초기에 백악관과 행정부에 불러들였던 명망가 그룹은 모두 내보냈다. 제임스 매티스 국방장관, 렉스 틸러슨 국무장관, 제프 세션스 법무장관, 게리 콘 경제보좌관, H. R. 맥마스터 안보보좌관이 스스로 떠나거나 트럼프가 해임했다. 프리버스 비서실장의 후임으로 발탁한 존 켈리 비서실장과 댄 코츠 국가정보국장도 내보냈다. "아닙니다" 혹은 "안 됩니다"라고 말하던 사람들은 다 떠났다. 그리고 나서 트럼프는 '이제 내가 하고 싶은 일을 할 수 있겠구나'라고 생각했다. 그런데 선거에 져버렸다.

진 것이 아니라, "승리를 도둑맞았다." 트럼프가 재집권에 나선 가장 큰 명분은 누가 뭐래도 '도둑맞은 정권을 되찾는다'는 데 있다.

지난 행정부 때 트럼프는 하고 싶은 일을 제대로 하지 못했다. 이번에는 1기 때의 잘못을 반복하지 않으려고 한다.

첫째, 이번에는 정권 인수 채비를 단단히 하고 있다. 우왕좌왕하던 1기 때와는 완전히 딴판이다. 1기 행정부에 대한 반성을 바탕으로 정책도 인사도 준비하고 있다.

둘째, 이번에는 정권 초기 단계에서부터 충성파들을 요직으로 보내 트럼프가 원하는 MAGA 의제를 일사불란하게 추진할 것이다. 지난 행정부 초기에 명망 있는 전문가 그룹을 많이 발탁했다가 교체한 경험에서 나오는 반성이다. 플로리다에 있는 트럼프 선거본부는 물론 AFPI(America First Policy Institute)와 헤리티지재단 등이 정책을 개발하는 한편, 차기 정부에서 일할 인재 명부를 업데이트하고 있다.

셋째, 지난 행정부에서 트럼프의 정책에 저항하고 반대했다고 생각하는 딥 스테이트에 대한 대대적인 숙청을 준비하고 있다. 두 가지 변화가 있을 것이라고 한다. 법무부는 법 집행기관으로서 독립성을 버리고 다른 행정부 부처와 마찬가지로 대통령의 직접 지휘하에 들어간다. 트럼프는 본인이 겪고 있는 모든 소송과 재판이 바이든 행정부와 딥 스테이트의 음모라고 주장한다. 2023년 6월 트럼프는 "내가 재선되면, 특별검사를 임명하여 바이든과 그 범죄 가족을 추적할 것"이라고 했다.[26] 11월에도 같은 말을 했다. "다른 나라가 이런 일을 하는 것을 보았지만, 미국에서 이런 일이 일어나는 것은 처음 본다. 저들이 끝까지 이렇게 나오면 나도 똑같이 할 수밖에 없다. 바이든이 호로병에 들어 있던 요괴를 풀어놓고 있다."[27] 1970년대 워터게이트

사건 이후 미국의 대통령은 법무부의 전반적인 업무 추진 방향에 대해서는 지휘권을 행사하되, 개별적이고 구체적인 사건 조사에는 관여하지 않는다는 관행이 정착돼 있었다. 트럼프는 이러한 법무부의 정치적 독립성을 인정하지 않겠다는 것이다. 또 한 가지는 지난 행정부 후반에 추진하다가 임기 만료로 실행하지 못한 직업공무원의 신분보장 완화다. 중요한 정책의 기획, 결정, 이행에 관여하는 직업공무원들을 '스케줄 F(Schedule F)'라는 새로운 직렬(職列, series of classes)로 설정해 정치적 임명 공무원처럼 대통령이 해임권을 행사할 수 있게 하자는 것이다. 특히 정보기관과 국무부 및 국방부 관리에 대한 대통령의 인사권을 대폭 확대한다.* 딥 스테이트에 대한 견제 방안이다.

지난 트럼프 백악관 인사국장을 지낸 존 매켄티에 따르면, 트럼프는 "프랭클린 D. 루스벨트 이래 누구도 해본 적이 없는 방향으로 연방정부를 개편하려고 한다." 또한 지난번에 예산처장을 역임했고 지금은 보수 성향의 '미국재건센터(Center for Renewing America)'를 운

---

* 트럼프는 2019년 후반과 2020년 초의 1차 탄핵 위기를 넘긴 다음, 직업공무원에 대한 장악력을 강화할 수 있도록 '스케줄 F'라는 직렬을 새로 만드는 안을 내놓았다. 당시 트럼프는 우크라이나 스캔들을 둘러싼 의회의 탄핵 움직임이 정치적 음모라고 주장하면서 백악관과 행정부 공무원들에게 의회의 소환이나 자료 요청에 일절 협조하지 말라고 지시했다. 그런데도 일부 연방 공무원들이 하원 청문회에 출석해 증언하고 자료를 제출하는 일이 있었다. 이때의 탄핵소추안은 결국 상원에서 기각되었는데, 이 사건이 있고 난 다음 트럼프는 일부 직업공무원에 대한 대통령 또는 백악관의 통제권을 강화할 필요가 있다고 보고 그 방안으로 '스케줄 F' 직렬을 만들기로 했다. 2020년 10월 '스케줄 F' 직렬을 신설하는 행정명령에 서명했으며, 이 직렬에 포함할 행정부 전 부처의 직위 목록을 작성하도록 인사처(OPM)에 지시했다. 그러나 대선에서 패하는 바람에 이행을 지켜보지 못한 채 백악관을 떠났다. 이 행정명령은 바이든 행정부에 의해 폐기되었다.

영하는 러셀 보트는 "우리가 하려는 것은 연방정부 안에 독립적으로 활동하는 부서가 없도록 하는 일"이라고 했다.[28]

　트럼프는 '응징'과 '정의 구현'을 내세워 캠페인을 시작했고, 주변 사람들이 정책을 개발하고 새로운 정부에서 일할 사람들의 명단을 작성하고 있다. 헤리티지재단은 2022년 4월에 벌써 '프로젝트 2025(Project 2025)'를 출범시켰다. 트럼프 행정부 때 인사처장, 비서실장을 역임한 폴 댄스(Paul Dans)가 팀장, 역시 트럼프 백악관에서 대통령 특보 겸 인사 담당 부국장을 지낸 스펜서 크레티엔(Spencer Chretien)이 부팀장을 맡고 있다. 이 프로젝트에는 100개 이상의 보수단체들이 자문위원으로 참여하고 있다. 레이건 대통령 당선 이후 대선 때마다 보수 정부가 추진할 의제를 제시해온 헤리티지재단의 브랜드 보고서, 「리더십을 위한 지침: 보수의 약속(Mandate for Leadership: The Conservative Promise)」도 만들었다.[29] 미국재건센터의 러셀 보트 회장, 트럼프 퇴임 직전에 임명되어 시리아와 독일 주둔 미군의 철수 작업을 진행한 크리스토퍼 밀러(Christopher Miller) 전 국방장관 대리, "미중관계는 문명충돌"이라고 하여 논란을 일으킨 키론 스키너(Kiron Skinner) 전 국무부 정책기획실장 등이 집필에 참여했다. 또한 인력 데이터베이스를 업데이트하고 있다. 원하는 사람이 등록할 수 있도록 홈페이지에 신청 창구를 열어두고 있으며, 연방정부 전 영역에 걸쳐 정치적 임명이 가능한 약 9,000개 고위직의 목록도 게재해놓고 있다.[30]

　'프로젝트 2025'에 자문위원으로 등록돼 있으면서 독자적인 인맥과 운영으로 두각을 드러내는 연구소와 단체들이 있다. 지난 트럼프 행정부 때 고위직을 지낸 인사들이 모인 AFPI가 대표적이다.[31] 2021년 4월 MAGA 정책을 영속화한다는 목표하에 2,000만 달러 예산으로 출범했다.[32] 마라라고의 트럼프 직속 보좌진을 제외하고는 가장 큰 외곽 조직이다. 트럼프 때 중소기업청장을 역임한 린다 맥마흔(Linda McMahon)이 이사장을, 국내 담당 보좌관을 지낸 브룩 롤린스(Brooke L. Rollins)가 회장을 맡고 있다. 당시 백악관 경제보좌관 래리 커들로, USTR 대표 로버트 라이시저, 에너지장관 릭 페리(Rick Perry), 대통령 자문관 켈리앤 콘웨이(Kellyanne Conway), 국가정보국장 존 락클리프(John Ratcliffe), 펜스 부통령 안보보좌관 키스 켈로그(Keith Kellogg), 번영신학의 폴라 화이트 목사 등 다수의 전직 고위 인사들이 이사 또는 자문위원으로 등록돼 있다. 이 조직을 위해 트럼프는 자기의 리더십 팩 '세이브 아메리카' 계좌에서 100만 달러를 옮겨주었다. AFPI도 인재 데이터베이스를 구축하고 있다.

미국재건센터는 행정부의 수반으로서 대통령의 권한 확대와 FBI 등 딥 스테이트 개혁을 주창한다. "FBI처럼 정부의 무기가 되어버린 부패한 기관을 의회가 나서서 조사할 것"을 촉구한다.[33] 트럼프 행정부 때 예산처(OMB)를 맡았던 러셀 보트가 설립해 회장을 역임하고 있으며, 2020년 대선 결과 뒤집기에 앞장섰던 제프리 클라크(Jeffrey Clark) 법무부 전 민사국장, 기후변화 이론을 거부하고 불법 이민에 강력한 대응을 주장하는 켄 쿠치넬리(Ken Cucinelli) 전 국토안보부 차관 대리, 우크라이나 스캔들에서 트럼프의 지시에 따라 우크라이나 원조를 중단한 마크 파올레타(Mark Paoletta) 전 OMB 법률고문 등이 모여 있다. 이들의 주장은 법무부도 행정부의 다른 부처와 마찬가지로 대통령의 직접적인 지휘하에 두어야 한다는 것이 핵심이다. 트럼프가 당선되면 보트는 법무장관으로 기용될 것이라는 전망이 나온다.

트럼프 행정부에서 무슬림 입국을 금지하는 행정명령을 작성하는 등 스티브 배넌과 함께 초강경 이민정책을 주도한 스티븐 밀러 전 백악관 선임 정책보좌관은 '아메리카 퍼스트 리걸(America First Legal, AFL)'이라는 법률 단체를 조직해 MAGA 의제를 추진하고 바이든 행정부의 대응을 가로막는 작업을 해오고 있다.[34]

2017년 MAGA 전사 양성을 목표로 설립된 '보수주의 파트너십 연구소(Conservative Partnership Institute, CPI)'도 있다. 프리덤 코커스의 핵심 멤버이자 트럼프의 비서실장을 역임한 마크 메도스 하원의원이 깊이 관여하고 있다. 워싱턴 의사당 가까운 곳에 건물을 확보하여 교육 훈련장으로 활용한다.[35]

이들 외에도 많은 단체와 연구소들이 트럼프 2기 행정부를 염두에 두고 영향력을 확보하기 위해 캠프 주변에 몰려든다. '프로젝트 2025'에 자문위원으로 등록된 100개 이상의 보수 단체와 연구소들이 모두 트럼프 캠프 주변에 모여 있는 셈이다.

차기 트럼프 행정부의 인재 선발에서는 충성심이 가장 중요한 기준이 될 것이라고 한다. 지난 행정부 때 전문가 그룹과 관료의 저항으로 일부 정책을 추진하지 못했다는 반성에 따른 것이다.[36] FBI와

뮬러 특검의 러시아 스캔들 조사 2년을 거치면서 트럼프는 딥 스테이트에 대해 거의 증오에 가까운 반감을 갖게 된 듯하다.

양극화가 극심한 미국의 정치 환경에서 대선의 당락을 결정하는 공식은 단순하다. 첫째, 지지층을 얼마나 효율적으로 투표장에 동원해 투표율을 올리느냐. 둘째, 여기에 얼마만큼 플러스알파를 만들어 낼 수 있느냐. 앞엣것은 진영이고, 뒤엣것은 외연 확장이다.

2장 진영 플러스알파

미국 정치의 양극화와 경합 주의 등장

트럼프가 재집권을 노리는 지금 미국의 정치는 심각한 양극화 현상을 보이고 있다. 경제·사회·문화적 변화, 이민 유입과 인구 변동, 기술 발전과 새로운 매체의 등장, 소선거구제와 게리맨더링(gerrymandering, 정당이 자기 당에 유리하게 선거구를 개정하는 일) 선거 전략 등 여러 가지 요인이 정치적 양극화를 촉진했다.

정치적 양극화 과정을 시작하고 미국 정치의 지형을 바꾼 가장 직접적이고 중요한 계기는 1968년 대선이었다. 그때까지 미국 유권자들의 성향을 구분하는 가장 중요한 기준은 경제적 요인, 즉 소득이었다. 민주당은 1930년대 프랭클린 D. 루스벨트가 이른바 '뉴딜 연대'를 구축한 이후 기본적으로 노동계급을 대변하는 '인민의 정당'이라는 정체성을 유지해왔다. 도시와 농촌 노동자, 새로 유입되는 이민자, 흑인을 비롯한 유색인종 유권자가 모두 뉴딜 경제정책과 사회복

지정책, 인권정책에 끌려 민주당 지지 세력으로서 거대한 연대를 구축했다. 특히 1960년대 민권운동 이후 흑인은 민주 연대를 구성하는 핵심 요소가 되었다. 반면 공화당은 자본가와 대기업을 대변하는 정당으로 자리가 매겨졌다.

이러한 정치 구도에서 변화를 촉발한 것이 1968년 대선이었고, 닉슨의 남진 전략(Southern Strategy)이었다. 당시 미국 정치는 요동치고 있었다. 1964년 민권법이 통과되어 인종차별이 금지되고 1965년에는 투표권법이 통과되어 흑인도 투표권을 행사할 수 있게 되었다. 인종차별에 익숙해 있던 남부 백인 유권자들의 불만이 팽배했고, 급기야 1968년에 마틴 루터 킹(Martin Luther King) 목사가 피살되는 사건이 일어났다. 닉슨은 이들 불만에 가득 찬 백인 유권자들을 끌어들임으로써 뉴딜 이후 계속되어온 민주당의 선거 연대를 깨려고 했다. 닉슨은 '법과 질서', 그리고 '주(州) 권리'를 강조했다. '주 권리'는 '연방정부 권리'에 대응해 작은 정부를 지향하는 개념이지만, 인종분리정책, 동성애와 낙태 반대 등 사회적 보수주의의 가치를 암시하는 정치적 용어이기도 하다. 이는 민주당이 주도해온 흑인 해방과 민권운동에 대한 유보적 자세를 뜻했고, 여기에 남부 백인 유권자들이 호응했다.

1968년 선거에서 민주당은 뉴딜 이후의 텃밭인 남부에서 사실상 괴멸되었다. 아칸소, 루이지애나, 미시시피, 조지아, 앨라배마 등 5개 주는 노골적으로 인종차별을 주창하는 미국독립당의 조지 월리스 후보를 지지했고, 플로리다, 사우스캐롤라이나, 노스캐롤라이나 등 3개 주는 닉슨 지지로 돌아서 버렸다. 월리스가 등장해 3파전으로 치른 이 선거에서 닉슨은 민주당의 휴버트 험프리(Hubert Humphrey)를 총투표에서 43.3% : 42.7%, 선거인단에서 301:191로 누르고 승리를 거머쥐었다.

1968년에 시작된 남부 지역 백인들의 민주당 이탈 추세는 1980년 선거에서 소위 '레이건 민주당원(Reagan Democrat)'이라는 말을 만들면서 절정을 이루었다. 레이건은 가족과 종교 등 보수주의 가치를 고양하는 외에 닉슨과 마찬가지로 '주 권리'를 강조했다. 레이건은 공화당 후보로 확정된 다음 최초의 대중집회를 1964년 민권운동가 3명이 KKK 단원들에게 피살당한 미시시피주 네쇼바(Neshoba)에서 개최함으로써 인종주의 색채를 여지없이 드러냈다.

"이건 경제야, 바보야!"라는 구호로 당선된 클린턴 집권 8년을 거친 다음, 2000년 대선에서 남부 지역의 백인 노동자들이 공화당으로 기우는 흐름이 재개되었다. 그해 11월 미국 선거사상 가장 근소한 차이로 공화당의 조지 부시(George W. Bush) 후보가 당선되었다. 당락을 결정한 것이 미국 선거사에 남아 있는 '플로리다 재검표(Florida recount)'였다. 11월 7일 투표가 끝나고 몇 시간 후 AP통신이 출구조사 결과 플로리다에서 "앨 고어(Al Gore)가 승리했다"라고 발표했다. 그러나 잠시 후 "표 차가 너무 근소하여 승부를 말하기 어렵다"라고 말을 바꾸었다. 다시 잠시 후 이번에는 "부시 후보의 승리"라고 발표했고, 잠시 후 "표 차가 너무 근소하다"라고 다시 말을 바꾸었다. 이때부터 플로리다는 재개표를 시작해 기계 개표와 수 개표, 지방법원과 연방대법원의 개입 등 36일간의 갈등과 투쟁, 반전의 드라마를 썼고, 양쪽이 필사의 힘을 다해 다투는 과정에서 진영 사이에 깊은 분열의 골이 파였다.

36일의 드라마를 거치면서 언론과 매체가 공화당을 붉은색, 민주당을 푸른색으로 표시하는 관행도 굳어졌다.* 12월 12일 연방대법원이 개표 중단을 판결하여 부시 후보가 537표 차로 플로리다 선거인단 25명을 가져갔으며, 이에 따라 271:266이라는 근소한 차이로 백악관을 차지하는 데 성공했다. 2000년 대선에서 전통적인 민주당 지지로부터 공화당으로 돌아선 지역이 웨스트버지니아, 아칸소, 테네시였다. 웨스트버지니아는 뉴딜 선거 이후 18번의 대선에서 세 번을 제외하고 모두 민주당을 지지한 텃밭이었다. 아칸소는 클린턴 대통령, 테네시는 고어 후보의 정치 기반이었다. 민주당으로서는 뼈아픈 패배였다.

정치적 양극화를 강화하고 촉진한 것은 인터넷의 발명에 따른 새로운 매체의 등장이었다. 케이블 뉴스 채널이 나타나고 SNS까지 등장해 유권자가 자기 구호에 맞는 매체를 선택할 수 있게 되면서, 선입견이나 편견이 검증되지 않은 채 재확인되고 재생산되고 증폭됨으로써 분열을 가속화했다. 내가 말한 것이 되돌아오는 메아리 효과

---

* 언론 보도에서 정당을 색깔로 표시한 최초의 사례는 남북전쟁 때였는데, 당시 북군이 푸른 제복을 입었고 북부를 링컨 대통령이 이끌었기 때문에 링컨이 소속된 공화당을 푸른색으로 표시했다고 한다. 그 후 공화당과 민주당을 특정하지 않고, 매번 선거마다 편의에 따라 '붉은색'과 '푸른색'을 부여했으며, 때로는 현직 대통령 소속 정당에 푸른색을 부여했다. 때마침 2000년 대선 때는 클린턴이 민주당 소속이었으므로 민주당을 푸른색으로 표시했다. 그런데 플로리다 재개표 사건으로 36일간이나 '공화당 붉은색, 민주당 푸른색' 표시가 이어지자 이것이 관행으로 굳어져 이후에도 바뀌지 않은 채 지금까지 이어져 오고 있다.

가 양극화를 심화시켰다.

미국 정치에서 정치적 양극화를 재는 척도의 하나가 '압승 지역 (Landslide county)'이라는 개념이다.* 공화당과 민주당에 대한 지지율 격차가 20%를 넘는 카운티를 말하며, 이런 지역이 많을수록 정치적 지지가 어느 한쪽 정당으로 쏠려 양극화가 심각하다고 할 수 있다. 1976년에 압승 지역의 비중이 전국 카운티의 27%였으나, 40년이 지난 2016년이 되자 그 비중이 62%로 늘어났다. 그만큼 정치적 양극화가 심각해졌다.

연도별 압승 지역의 비중[1]

연도	1976	1992	1996	2004	2012	2016	2020
%	26.0	37.7	42.0	48.3	50.6	62.0	58.2

승자와 패자 사이의 득표 차이도 점차 줄어드는 추세를 보여왔다.

공화당과 민주당 대선 후보의 대선별 총투표 득표 차이 변화

연도	1980	1984	1988	1992	1996	2000	2004	2008	2012	2016	2020
%	9.74	18.21	7.72	5.56	8.51	0.51	2.46	7.27	3.86	2.09	4.45

점점 심각해지는 정치적 양극화에서 이른바 경합 주(swing state) 가 등장했다. 미국의 50개 주와 워싱턴D.C를 포함한 51개 선거구 가

---

* 카운티(county)는 미국의 주(state)와 시(city) 또는 읍(town) 사이에 있는 행정단위이며, 2022년 미국 통계국 자료에 따르면 미국 내에 모두 3,143개 카운티 또는 그와 동급의 행정구역이 있다.

2000년 이후 6회 대선에서 각 주별 투표 성향

		2000	2004	2008	2012	2016	2020	2024 ?
1	앨라배마	R	R	R	R	R	R	9 R
2	알래스카	R	R	R	R	R	R	3 R
3	애리조나	R	R	R	R	R	D	11 R
4	아칸소	R	R	R	R	R	R	6 R
5	캘리포니아	D	D	D	D	D	D	54 D
6	콜로라도	R	R	D	D	D	D	10 D
7	코네티컷	D	D	D	D	D	D	7 D
8	델라웨어	D	D	D	D	D	D	3 D
9	워싱턴D.C.	D	D	D	D	D	D	3 D
10	플로리다	R	R	R	R	R	R	30 R
11	조지아	R	R	R	R	R	D	16 ?
12	하와이	D	D	D	D	D	D	4 D
13	아이다호	R	R	R	R	R	R	4 R
14	일리노이	D	D	D	D	D	D	19 R
15	인디애나	R	R	D	R	R	R	11 R
16	아이오와	D	R	D	D	R	R	6 ?
17	캔자스	R	R	R	R	R	R	6 R
18	켄터키	R	R	R	R	R	R	8 R
19	루이지애나	R	R	R	R	R	R	8 R
20	메인	D	D	D	D	D	D	4 D
21	메릴랜드	D	D	D	D	D	D	10 D
22	매사추세츠	D	D	D	D	D	D	11 D
23	미시건	D	D	D	D	R	D	15 ?
24	미네소타	D	D	D	D	D	D	10 D
25	미시시피	R	R	R	R	R	R	6 R
26	미주리	R	R	R	R	R	R	10 R
27	몬태나	R	R	R	R	R	R	4 R
28	네브래스카	R	R	R	R	R	R	5 R
29	네바다	R	R	D	D	D	D	6 D

30	뉴햄프셔	R	D	D	D	D	D	4 D
31	뉴저지	D	D	D	D	D	D	14 D
32	뉴멕시코	D	R	D	D	D	D	5 D
33	뉴욕	D	D	D	D	D	D	28 D
34	노스캐롤라이나	R	R	D	R	R	R	16 R
35	노스다코타	R	R	R	R	R	R	3 R
36	오하이오	R	R	D	R	R	R	17 ?
37	오클라호마	R	R	R	R	R	R	7 D
38	오리건	D	D	D	D	D	D	8 D
39	펜실베이니아	D	D	D	D	R	D	19 ?
40	로드아일랜드	D	D	D	D	D	D	4 D
41	사우스캐롤라이나	R	R	R	R	R	R	9 R
42	사우스다코타	R	R	R	R	R	R	3 R
43	테네시	R	R	R	R	R	R	11 R
44	텍사스	R	R	R	R	R	R	40 R
45	유타	R	R	R	R	R	R	6 R
46	버몬트	D	D	D	D	D	D	3 D
47	버지니아	R	R	D	D	D	D	13 D
48	워싱턴	D	D	D	D	D	D	12 D
49	웨스트버지니아	R	R	R	R	R	R	4 R
50	위스콘신	D	D	D	D	R	D	10 ?
51	와이오밍	R	R	R	R	R	R	3 R
	538				206:332	304:234	232:306	265:273 ?

위 표에서 ▨는 공화당 지지, ▨는 민주당 지지, ▨는 경합 주, R은 공화당 지지, D는 민주당 지지를 나타낸다. 2024년 칼럼 안의 숫자는 선거인단 규모다.

운데 2000년 이후 실시된 6번의 대선에서 한 번이라도 지지 정당을 바꾼 곳은 15개에 불과하다. 6번 모두 공화당을 지지한 곳이 20개 주에 선거인단 155명, 민주당을 지지한 곳은 16개 주에 선거인단 194명, 나머지 선거인단 189명을 가진 15개 주가 이른바 경합 주다.

2000년 이후 각 주별 대선 투표 성향 분석 (괄호 안은 선거인단 숫자)

공화당 지지	민주당 지지	경합 주
앨라배마 (9)	캘리포니아 (54)	애리조나 (11)
알래스카 (3)	코네티컷 (7)	콜로라도 (10)
아칸소 (6)	델라웨어 (3)	플로리다 (30)
아이다호 (4)	워싱턴D.C. (3)	조지아 (16)
캔자스 (6)	하와이 (4)	인디애나 (11)
켄터키 (8)	일리노이 (19)	아이오와 (6)
루이지애나 (8)	메인 (4)	미시건 (15)
미시시피 (6)	메릴랜드 (10)	네바다 (6)
미주리 (10)	메사추세츠 (11)	뉴햄프셔 (4)
몬태나 (4)	미네소타 (10)	뉴멕시코 (5)
네브래스카 (5)	뉴저지 (14)	노스캐롤라이나 (16)
노스다코타 (3)	뉴욕 (28)	오하이오 (17)
오클라호마 (7)	오리건 (8)	펜실베이니아 (19)
사우스캐롤라이나 (9)	로드아일랜드 (4)	버지니아 (13)
사우스다코타 (3)	버몬트 (3)	워싱턴 (10)
테네시 (11)	워싱턴 (12)	
텍사스 (40)		
유타 (6)		
웨스트버지니아 (4)		
와이오밍 (3)		
20개 주 선거인단 155명	16개 주 선거인단 194명	15개 주 선거인단 189명

　　미국의 대선은 전망과 예측이 어렵지만, 적어도 지난 사반세기 동안은 선거인단 189명을 가진 이들 15개 경합 주가 대선 결과를 좌우했다. 이 가운데서도 2012년부터 최근의 세 차례 대선에서 같은 정당을 지지한 주가 7개나 된다. 또한 애리조나는 과거 5번 공화당을 지지하다가 2020년 대선에서 트럼프가 애리조나의 영웅 존 매케인 상원의원을 모욕했다는 이유로 바이든을 선택했다. 예외적인 경우라할 수 있다.

　　이들 7개 주와 애리조나가 과거의 지지 성향을 유지한다고 가정해보자. 애리조나, 인디애나, 노스캐롤라이나가 공화당을, 콜로라도,

네바다, 뉴햄프셔, 뉴멕시코, 버지니아가 민주당을 지지한다고 가정하면, 경합 주는 플로리다, 조지아, 아이오와, 미시건, 오하이오, 펜실베이니아, 위스콘신 등 7개로 줄어든다. 이들 7개 주에서 공화·민주 양당의 지지율 격차는 모두 10% 미만이며, 심지어 펜실베이니아와 위스콘신은 1~2%에 불과하다. 이들 7개 주는 '진성 경합 주'라고 불러도 좋을 것이다.

7개 '진성 경합 주'의 2016년 및 2020년 대선 지지율 격차(%)

주	플로리다	조지아	아이오와	미시건	오하이오	펜실베이니아	위스콘신
2016	1.24	5.32	9.41	0.24	8.13	0.75	0.82
2020	3.39	0.24	8.37	2.83	8.15	1.18	0.64

심각한 정치적 양극화 속에서 치러지는 미국 대선은 그만큼 치열하고 박빙의 승부가 이루어진다. 7개 '진성 경합 주' 가운데 플로리다, 아이오와, 미시건, 오하이오, 펜실베이니아, 위스콘신 등 6개 주가 2012년에 민주당의 오바마를 지지했다. 오바마가 이겼다. 2016년에는 7개 주 모두 트럼프를 지지했다. 트럼프가 이겼다. 2020년에 이들 가운데 조지아, 미시건, 펜실베이니아, 위스콘신 등 4개 주가 민주당 지지로 돌아섰다. 애리조나도 민주당으로 갔다. 바이든이 이겼다.

트럼프가 등장한 다음 미국의 정치적 양극화는 더 심해졌다. 2024년 대선도 최근 몇 번의 대선과 마찬가지로 7개 경합 주의 선거인단 113명이 어느 쪽으로 가느냐에 따라 결과가 정해지는 박빙의 승부가 될 것이다.

2024년 대선과 경합 주 전망 (괄호 안은 선거인단 숫자)

	공화당 지지	민주당 지지	경합 주
2000년 이후 6번 대선에서 투표 성향	20개 주 (155)	16개 주 (194)	15개 주 (189)
2012년 이후 3번의 대선에서 투표 성향 및 애리조나	애리조나 (11) 인디애나 (11) 노스캐롤라이나 (16)	콜로라도 (10) 네바다 (6) 뉴햄프셔 (4) 뉴멕시코 (5) 버지니아 (13)	플로리다 (30) 조지아 (16) 아이오아 (6) 미시건 (15) 오하이오 (17) 펜실베이니아 (19) 위스콘신 (10)
	3개 주 (38)	5개 주 (38)	7개 주 (113)
	155+38=193	194+38=232	

진영

트럼프가 백악관을 떠난 다음인 2021년 6월 린지 그레이엄 상원의원이 트럼프를 만나 다음 선거에서 공화당의 선두에 서달라고 요청했다. 그러기 위해 "과거를 저주하는 일을 그만두고 미래를 향해 나가자"라고 했다. 그러나 트럼프는 바뀔 생각이 없었다. "(내가 변하면) 지지기반이 없어질 거야. 그들은 내가 싸우고 깨부숴주기를 바라. (…) (2020년) 선거는 도둑맞은 거야."[2]

백악관에 있는 4년 동안 트럼프의 생각은 진영에 머물러 있었다. 정치적으로 외연을 확장하지 못했고, 정책적으로는 감염병과 인종차별 문제 등 국가가 당면한 문제를 해결하는 데 집중하지 못했다. 이런 장면에서 트럼프가 보이는 태도는 쿠슈너가 말한 '체셔 캣'과 비숫하다. 인내하고 투쟁하지만 무엇을 위한 투쟁인지, 어디로 가는지 모르는 모습이다.

2022년 11월 중간선거를 치르고 나서 트럼프는 다음 대선에서 이기려면 진영만으로는 부족하다고 느꼈다. '2020년 선거를 도둑맞았다'는 주제로 지원 연설을 다니고 경선 후보를 추천했으나, 탄핵에 가담한 공화당 하원의원 10명 중에서 캘리포니아의 데이비드 발라다오(David Valadao)와 워싱턴의 댄 뉴하우스(Dan Newhouse)는 끝내 살아남았다. 반면 MAGA 전사로 상원 선거에 투입하여 적극적으로 후원해준 펜실베이니아의 메흐메트 오즈(Mehmet Oz) 후보나 조지아의 허스켈 워커(Herschel Walker) 후보는 낙선했다. 후보 선정과 메시지에 문제가 있는 것이 틀림없었다. 더구나 선거 부정 이야기가 나오지 않았으니 시스템 문제도 아니었다.

상황이 바뀌었다고 해서 진영을 버리거나 바꿀 수는 없는 일. 진영을 지키면서 플러스알파를 찾아야 했다. 우선 트럼프는 진영을 지키는 데로 나섰다. 캠페인을 본격적으로 시작한 2023년 3월 4일 보수정치행동회의에서 트럼프가 말했다.

2016년에 나는 여러분의 목소리라고 선언했다. 오늘 여기에다 하나를 더 보태겠다. 나는 여러분의 전사다. 여러분의 정의다. 여러분을 배신하고 여러분에게 해를 끼친 사람들을 모조리 응징하겠다. (…) 딥 스테이트를 완전히 소탕하겠다. 우리 사법 체계를 무기로 사용한 그림자 세력과 선출되지 않은 관료들을 모조리 해임하겠다. (…) 취임 첫날부터 우리는 사악한 야당과 급진 좌파 공산주의자, 관료들, 가짜 언론, 글로벌리스트, 거대 금융 이익, 민주당 검사들로부터 공격당했다. 이들은 나를 증오한다. 내가 무슨 일을 하건 이들은 나를 잡으려고 한다.[3]

연설 내용의 대부분은 2016년 캠페인에서 했던 말들이었다. 3월 27일 텍사스 웨이코 집회에서도 비슷한 말을 이어갔다. 웨이코에서부터 트럼프는 "법 집행을 무기화하는 바이든"이라는 말을 많이 하기 시작했다. 웨이코 집회에서 트럼프가 한 말의 요지를 보자.[4]

- 바이든이 정적을 향해 법을 무기화하는 것은 스탈린 공포 영화에나 나올 일이다. 미국은 완전히 제3세계 국가가 되었다. 러시아 스캔들 조사도 처음부터 마녀사냥이었다. 2년 반이나 괴롭혀놓고는 아무 일도 없었다고 한다. 완전히 망가진 시스템이다. 법 집행을 무기화하는 것은 단순한 정치 문제가 아니다. 우리 시대가 직면한 가장 심각한 문제다. 법의 지배를 파괴하는 것은 서구 문명에 대한 가장 심각한 위협이다. 우리에게 가장 큰 위협이 무엇이냐? 중국이냐? 러시아냐? 아니다. 우리의 가장 큰 위협은 미치 매코널, 낸시 펠로시, 슈머(Schumer), 바이든 같은 부패한 정치인과 우리나라를 더럽히는 법무부다. 중국이 문제가 아니다. 중국을 잘못 다룬 사람들이 문제다.
- 이 사람들은 지금 나를 잡으려고 하는 것이 아니다. 여러분을 잡으려고 한다. 내가 여러분의 앞을 막고 서 있다. 끝까지 막고

서 있을 것이다. 그러나 2024년에는 선거가 있고 우리가 이길 것이기 때문에 그때까지만 막고 서 있으면 될 것이다. 그러면 여러분은 모두 자랑스러울 것이고, 우리의 사법 체계를 더럽히는 깡패와 범죄자들은 패배하고 처참하게 망신을 당할 것이다.

그리고 마지막에 트럼프는 3월 4일에 했던 "나는 여러분의 정의다"라는 발언 전체를 반복했다.

여러분을 배신하고 여러분에게 해를 끼친 사람을 모조리 응징하겠다.

3월 30일 뉴욕 맨해튼 지방 검사가 트럼프를 형사 고발했다. 2016년 선거 당시 포르노 배우 스토미 대니얼스에게 입막음 돈을 지불하고 회계 처리를 조작했다는 혐의였다.

이 사건은 러시아 스캔들 일부로서 이미 조사되었다. 개인변호사 코언이 2019년 2월 하원 청문회에서도 언급했다. 그해 7월 뉴욕 남부 지역 검찰은 이 사건을 기소하지 않기로 한 바 있다. 그러나 조사는 계속되었고, 정권이 바뀐 다음 기소가 이루어졌다. 트럼프 측이 정치적 공작이라고 반박할 틈이 없지 않았다. 맨해튼 지방 검사는 선출직이고, 트럼프를 형사 고발한 앨빈 브래그(Alvin L. Bragg) 검사는 민주당 소속으로 2021년에 당선되었다. 트럼프는 브래그 검사를 '인종주의자'라 비난하고, 형사 소추가 부당하다면서 지지층에 호소하기 시작했다.[5]

그해 트럼프에 대한 세 가지 기소가 추가로 이루어졌다. 2023년 6월 플로리다의 마라라고 리조트에 비밀문서를 불법 보관하고 있었다는 혐의로 기소가 이루어졌다. 2022년 초부터 조사가 이루어졌고, 2022년 8월에 FBI가 압수수색을 나왔다. 2022년 11월 현 바이든 행정부의 메릭 갈랜드(Merrick Garland) 법무장관이 테네시주 지방 검사 잭 스미스(Jack Smith)를 특별검사로 임명해 사건을 담당하게 했다.

2023년 8월 1일에는 2021년 1월 6일 의사당 난입 사건을 사주했다는 혐의로 기소가 이루어졌다. 하원 운영위가 법무부에 조사를 권고한 것과는 별도로 법무부의 독자적인 조치로 조사를 시작했다. 갈

트럼프에게 제기된 네 가지 형사소송 개요

사건 명칭	내용	진행 경과
2016년 대선 캠페인 회계 조작 (2019. 7. 조사, 2023. 3. 30. 기소)	• 스토미 대니얼스에게 지급한 입막음 돈 13만 달러를 캠페인 경비로 처리하지 않고 일반 법률 경비로 처리	• 2024. 4. 15. 재판 개시 • 변호인단은 '재임 중 사건 면책'에 대한 대법원 판결을 기다려야 한다고 주장
비밀문서 불법 유출 (2022. 8. 압수수색, 2023. 6. 8. 기소)	• 퇴임 시 비밀문서를 외부로 반출하고 FBI의 압수수색에 협조하지 않음	• 재판 일정 논의 중: 재판부는 7월, 변호단은 8월 제의 ※ 2023. 2. 8. 바이든의 비밀 유출 보고서 발표
2020년 대선 결과 전복 기도 (2022. 12. 청문회, 2023. 8. 1. 기소)	• 2021년 1·6 의사당 난입을 사주	• 변호인단은 '재임 중 사건 면책'을 주장 - 워싱턴 지방법원과 항소법원은 기각 • 현재 연방대법원 판결 대기 중 - 4. 25. 변호인 변론 청취
조지아주 선거 결과 전복 시도 (2021. 조사, 2023. 8. 14. 기소)	• 주 국무장관에게 전화해 투표 결과를 뒤집을 수 있는 부족한 표를 '찾아내라고 공갈'한 혐의	• 변호인단은 조지아 지방 검사 파니 윌리스 자격 시비 - 사건 담당 검사와 애정 행각을 벌였다는 이유

랜드 법무장관은 이 사건에서도 잭 스미스를 특별검사로 임명해 플로리다 비밀문서 불법유출 사건과 함께 다루도록 했다.

마지막으로, 8월 14일 조지아주 풀턴 카운티(Fulton County)의 파니 윌리스(Fani Willis) 지방 검사가 트럼프를 2020년 조지아주 투표 결과 인증 과정에 불법 개입한 혐의로 기소했다.

트럼프는 이들 네 가지 형사소송을 철저하게 바이든 행정부에 의한 정치적 공격으로 몰고 갔다. "법 집행을 무기로 사용하는 마녀사냥"이며, 자기는 "피해자이고 희생자"라고 했다. 그러면서 웨이코 집회에서 주장한 것처럼, "저들이 지금은 나를 잡으려고 하지만, 나를 잡은 다음에는 여러분 차례가 될 것"이라고 했다. 형사소송이 바이든 행정부의 정치적 공격이며, 자기는 억울하게 당하는 "정치적 희생자"라고 호소하는 트럼프의 역공은 먹혀들었다. 트럼프에게 제기된 형사소송이 오히려 트럼프에 대한 지지층의 동정심을 유발하고, 그리하여 진영을 결집하고 단결을 강화하는 계기로 바뀌어갔다. 공격이 날카롭고 일방적일수록 오히려 피해자에게 역공의 빌미와 기회를 제공했다. '피해자 코스프레' 현상이라고도 할 수 있었다.

공화당원들 사이에서 트럼프 지지율은 시간이 지나면서 계속 상승했다. 2023년 여름 당시 디샌티스 주지사의 공화당 경선 출마 가능성을 재고 있던 토머스 매시(Thomas Massie) 하원의원(공화-켄터키)은 "디샌티스도 기소를 당하면 지지도가 올라갈 텐데…"라고 하소연할 정도였다.[6] 트럼프가 불법적인 행위를 했느냐, 그래서 대통령 출마를 할 수 없느냐는 질문에 대해서도 공화당원들은 대부분 그렇게 생각하지 않았다. 더구나 이것도 시간이 지나면서 하향 추세를 보였다. 3월에는 공화당원 23%가 출마에 문제가 있다고 보았으나, 8월에는 12%로 내려갔다.* 2016년 선거에서 트럼프가 멕시코 불법 이민자를 강간범으로 매도하거나 무슬림의 입국을 전면 금지하겠다는 돌출 발언을 할 때마다 지지율이 올라간 것과 흡사했다. 트럼프에 대한 형사소송은 이제 법 집행 당국이 오히려 그 강도와 속도를 조절해야 할 상황이 되고 있다.

실제로 소송 진행 경과를 보더라도 처음 예상했던 일반 국민의 관심과 이로 인한 파급 영향은 많이 줄어드는 것으로 보인다. 지금은 트럼프에게 제기된 모든 형사소송이 '대통령 재임 중의 일에 면책이 주어지느냐'에 대한 연방대법원의 판결로 집중돼가는 모양새다. 2023년 12월 메인과 콜로라도, 2024년 올해 2월 일리노이가 1·6 의사당 난입 사건을 이유로 트럼프가 경선에 참여할 수 없다고 판결했지만, 3월 4일 연방대법원이 주 법원 결정은 연방 대통령 선거에 효력을 가질 수 없다고 판결함으로써 문제될 일이 없어졌다. 트럼프는 재임 중에 보수 법관 3명을 임명한 덕을 톡톡히 보는 셈이다. 더구나 트럼프는 향후 재판 일정에 대선 캠페인 일정이 고려되어야 한다고 주장하고 있어, 앞으로 재판 일정을 둘러싸고 공방이 이어지겠지만 대선에 미칠 파급 영향은 결과를 좌우할 만큼 크지 않을 것으로 보인다.[7] 다만 동시다발적으로 진행되는 4개 형사소송과 재판이 트럼

---

* 2023년 3월 29일 및 8월 12일 퀴니피악대학 여론조사 참조. (https://poll.qu.edu/poll-results/)

프의 선거 캠페인에 상당한 부담이 되는 것은 피할 수 없다. 소송 준비와 재판 출석에 물리적으로 시간을 할애해야 할 뿐만 아니라, 정치 후원금의 상당 부분이 법률 비용으로 지출되고 있어 그만큼 정치 광고와 풀뿌리 선거운동이 위축될 수밖에 없다.

그럼에도 불구하고 트럼프는 2016년에 자기를 지지해준 진영을 다시 결집하는 데 성공하고 있다. 트럼프가 억만장자지만, 지지층은 억만장자로 보지 않는다. '억만장자로 입증된 능력'을 본다. 백악관을 4년 동안이나 차지했고 공화당을 완전히 장악하고 있는 트럼프가 어디를 보아 아웃사이더일 수 있을까만, 지지자들은 여전히 '기득권과 싸우는 아웃사이더 투사'라고 본다. 트럼프는 능력 있는 MAGA 전사다. 2016년과 비슷한 메시지를 던지지만, 지금도 먹힌다. 그만큼 사람들은 어디론가 탈출구를 찾고 있다. 트럼프는 "취임 첫날 하루만 독재를 하겠다"라고 한다. 그래도 지지자들은 문제 삼지 않는다. 이런 말은 트럼프만이 할 수 있지 않을까? 다른 사람은 이런 말을 할 생각도 못 하겠지만, 하더라도 우습거나 진짜 독재자가 되려는 사람처럼 이상하게 보이고 말 것이다.

2024년 캠페인에서 트럼프는 국내 정적에 대한 공격을 더욱 날카롭게 하고 있다. 2016년 대선 때 중국, 이란, NATO, 멕시코 등 주로 외부 세계에 대해 문제를 제기하던 모습과 대비된다.

1·6 의사당 난입 사건 당시에 마크 밀리 합참의장은 중국이 미국의 국내 상황을 오해하지 않도록 인민해방군 참모장과 통화하여 안심시키려고 한 일이 있다. 2023년 9월에 트럼프는 밀리를 두고 "옛날

같으면 사형감"이라고 했다.[8] 트럼프는 "대선을 훔쳐 가는 엄청난 사건이 있을 때는 헌법도 정지시킬 수 있어야 한다"라고도 했다.[9]

트럼프는 2023년 11월 뉴햄프셔에서 가진 재향군인의 날 행사에서 "외부에서 오는 적보다 내부의 적이 더 위험하다"라고 하면서, "우리 땅에 있는 기생충 같은 공산주의자, 마르크스주의자, 급진 좌파 깡패를 뿌리 뽑자"라고 했다.[10] 이날 트럼프는 마약 거래자들을 사형에 처할 수 있어야 한다면서, 그렇게 하는 중국을 칭찬했다.

2023년 12월 17일 네바다주 리노(Reno)에서 열린 집회에서 트럼프는 "불법 이민자들이 침공(invasion)한다", "마약, 범죄, 갱, 테러리스트들이 우리 피를 더럽힌다(poisoning our blood)", "다시 백악관에 들어가서 사상 최대 규모의 추방 작전을 실시할 것이다" 등의 거친 말을 쏟아냈다.[11] 2016년에 멕시코에서 넘어오는 불법 이민자들을 '강간범'이라고 매도할 때보다 더하면 더했지 덜하지 않다. '기생충', '피를 더럽힌다' 등의 표현은 나치 독일이 유대인에게 사용한 용어다. 바이든 대통령이 "1930년대의 나치 독일을 연상시킨다"라고 비난한 것도 무리가 아니다.[12]

트럼프가 '사형', '헌법 정지' 같은 말을 쓰면 사람들은 놀란다. 트럼프는 공포를 무기로 쓰고 있다. 2021년 1월 의사당 난입 사건 때 탄핵에 찬성한 공화당 하원의원 10명 가운데 4명은 은퇴했고 4명은 2022년 예비선거에서 탈락했으며, 이제 2명만 남아 있다. 상원의원 중에는 7명이 찬성했는데 3명은 은퇴했고, 가장 강력하게 탄핵을 주장했던 밋 롬니 의원은 올해 2024년 말 은퇴할 예정이다. 탄핵에 찬성하고 의회의 1·6 사건 조사위 활동에 참여했던 리즈 체니 하원의원은 "탄핵에 찬성한 롬니의 공포를 이해할 수 있다"라고 했다.[13] 우파 성향의 라디오 방송 MEDIA-ITE의 진행자 글렌 벡(Glenn Beck)이 2023년 8월 29일 트럼프에게 물었다. "2016년 선거 때는 힐러리 클린턴을 감옥에 넣겠다고 했다가, 당선 후에 없던 일로 했다. 이번에 다시 당선되면, 사람들을 감옥에 집어넣겠느냐?" 트럼프가 대답했다. "지금 저들이 나를 감옥에 보내려고 하는데, 다른 선택이 없지 않으냐?"[14]

트럼프는 포위되었다고 느낄수록 진영을 더욱 강화하는 데로 갔다. 지지자들을 향해 '내가 당신들을 위해 고통을 겪는다'라는 메시지를 반복적으로 전달했다.

고통은 믿음을 강화한다. 트럼프에 대한 지지는 구세주를 향한 믿음처럼 무조건으로 바뀐다. 지지자들에게 트럼프는 정치지도자일 뿐 아니라 우상화의 대상이다.[15] 이들에게 트럼프는 고통받는 구세주다. 지지자들은 트럼프와 자기를 일체화하고 트럼프에 대한 비난이나 공격을 자기에 대한 비난이나 공격으로 받아들인다. 트럼프를 제외하고 이처럼 열광하는 지지자 집단을 가진 정치지도자가 있을까? 트럼프 집회장에는 "예수는 나의 구세주요, 트럼프는 나의 대통령이다(Trump is my president, Jesus is my savior)", "나는 국기에 경례하고, 십자가 앞에 무릎 꿇는다(I stand for the flag, I kneel for the cross)"와 같은 구호를 새긴 T-셔츠나 모자가 많이 팔린다.[16] 지금도 트럼프가 참석하는 집회에 가면 지지자들은 트럼프를 "우리의 진짜 대통령

(Our Real President)"이라고 부른다. 이들에게 지금 백악관에 있는 바이든은 가짜 대통령이다.

트럼프의 정치가 무엇을 지향하는지는 아직도 분명하지 않다. 트럼프 현상도 특정한 시대에 나타나는 특별한 감정의 흐름에 불과할 수 있다. 중요한 것은 트럼프 정치가 지금 미국민들에게 먹혀든다는 사실이다. 정체성의 싸움으로 정치가 길을 찾지 못하는 시대에 트럼프는 특유의 솔직함과 정직함으로 호소력을 가진다. 자유주의적 경쟁 체제에 지치고 '정치적 올바름'에 신물이 난 보통 사람들에게 다가선다. 모두가 나라를 위한다고 나서는 때에 나라보다 나 자신이 더 중요하다고 솔직하게 말한다. 부정직하다는 사실에 대해서조차 정직한 모습을 보인다. 트럼프는 재임 중에 몇 번의 스캔들과 탄핵 위기가 있었고, 미국의 민주주의를 부정했다는 1·6 의사당 난입을 사주한 혐의도 받지만, 트럼프의 주위에는 여전히 미국의 보통 사람들이 모여든다. 미국 사람의 반은 트럼프의 메시지에 목말라하고 트럼프의 모습에서 희열을 느끼고 위로를 받는다.

플러스알파

트럼프는 2016년 대선에서 '외연 확장'을 하자는 공화당 주류의 생각과 정반대로 나가 백악관을 차지했다. 전통적으로 민주당에 쏠렸던 북서부의 저학력 백인 노동자 계층을 끌어낸 결과였다. 2020년

대선 때도 트럼프의 전략은 바뀌지 않았다. 심지어 2022년 중간선거에서도 진영에 몰두했다. "대선을 도둑맞았다"라는 주장에 초점을 맞추었고, 이 주장에 동조하는 후보들만 추천했다.

그러고는 실패했다. 진영만으로는 부족하다는 사실이 확인되었다. 이제 트럼프는 좀 더 정교한 외연 확장을 모색해야 할 처지가 되었다. 그런데 지지율이 낮은 유권자 집단을 통째로 옮겨오려고 하는 것은 무리다. 그중 일부라도 진영을 옮기게 하거나, 적어도 상대 진영에 적극적으로 가담하지 못하게 중립화만 달성하더라도 그 효과는 지대할 것이다.

2020년 센서스에 따르면, 미국의 가장 큰 인구 집단은 여전히 57.8%의 백인이다. 다음이 18.7%로 히스패닉이다. 흑인은 12.1%다. 이런 인구구조에서는 백인 표만으로 백악관을 차지하기 어렵다. 더구나 백인 인구의 비중은 줄어들고 있다. 10년 전의 63.7%에서 벌써 6%나 줄었다.

따라서 미국 정치의 양극화와 경합 주의 비중을 고려할 때, 경합 주 유색인종 그룹은 당락에 결정적인 영향을 미치는 투표 블록이 될 수 있다. 특히 애리조나, 플로리다, 조지아 3개 주는 유색인종 비율이 50%를 넘는다. 트럼프도 바이든처럼 유색인종에서 러닝메이트를 찾아야 한다는 말이 나오는 이유가 여기에 있다.

지금 트럼프 캠프가 가장 높은 우선순위를 두고 외연 확장을 시도하는 인구 집단은 히스패닉 그룹이다. 2020년 대선에서 패한 다음, 공화당은 이미 히스패닉 그룹으로 외연 확장을 시도해오고 있었

경합 주의 유색인종 비율

	백인	흑인	히스패닉	기타
애리조나	49.4	5.5	32.5	12.6
플로리다	49.8	17.0	27.1	6.1
조지아	48.5	33.1	10.5	7.9
아이오와	83.9	4.4	6.9	4.8
미시건	72.9	14.1	5.7	7.3
오하이오	76.4	13.3	4.5	5.8
펜실베이니아	72.2	12.2	8.6	7.0
위스콘신	80.1	6.6	7.6	5.7

다. 특히 플로리다, 텍사스, 뉴멕시코 등 히스패닉이 집중된 지역에 스페인어 방송과 홍보물 송출을 늘려왔다. 이러한 외연 확장 시도는 멕시코 국경에 가까운 남부 지역에서 법 집행이 강화되기를 바라는 자영업자들, 사회주의를 싫어하는 쿠바계 인구, 복음주의 기독교 신자들, 백인과 동일한 정체성을 원하는 2세, 3세 히스패닉 인구 그룹에서 상당한 성과를 거두고 있으며, 2020년 이후 히스패닉 인구에서 트럼프 지지가 꾸준히 증가, 지금은 40%를 넘어선 곳도 있다고 한다.[17]

트럼프가 멕시코 불법 이민을 '강간범'이라 했고. 강경한 이민정책을 고수하고 있는 사실에 비추어보면 히스패닉 인구 그룹에서 트럼프 지지가 상승하는 이유를 얼핏 이해하기 어렵다. 그런데 히스패닉 인구가 이미 미국 영토 안에 들어와 있고, 미국 사회에 동화되기를 원한다고 보면 이야기가 달라진다. 이들에게는 민주당의 복지정책이나 사업자 구제정책이 아니라, 마약을 퇴치하고 국경을 안정시키고 일자리를 보호해주는 트럼프의 정책이 더 반가울 수 있다. 히스패닉 인구에서도 트럼프에 대한 지지도는 고졸 이하의 저학력 유권자 그룹에서 더 현저하다고 한다. 이 인구 그룹은 경제적인 면에서 새로 유입되는 이민자들과 경쟁 관계에 놓여 있다고 생각할 수 있다.

트럼프는 흑인 유권자 그룹에도 외연 확장을 시도한다. 트럼프는 2024년 2월 24일 사우스캐롤라이나 흑인보수주의협회 연설에서 흑인 공동체로 확장하려는 각별한 노력을 보여주었다. "흑인들이 나를 좋아하는데, 나도 그들처럼 상처받고 차별받기 때문"이라 하고, 2023년 8월 조지아주 풀턴 카운티 형무소에서 찍은 머그숏을 이야기하면서 "흑인들이 동류의식을 느끼는 모양이다. 나는 사실 흑인들을 위해 기소당하는 것"이라고 했다.[18] 지극히 상반된 반응이 나왔다. "흑인을 범죄자로 보는 트럼프의 편견이 드러났다"라고 하는가 하면, 다른 쪽에서는 "행사가 잘 진행되었는데 언론이 왜곡한다"라는 반응도 나왔다.[19]

어떻게 해서든 흑인 공동체와 공감대를 넓혀보려는 마음에서 트럼프가 실언했는가 싶기도 하지만, 다른 사람들이 드러내기 어려워하는 속마음을 그대로 말해버리는 트럼프 특유의 성격으로 보이기도 한다. 트럼프가 어떻게 피해자가 될 수 있느냐는 의문이 들지만, 늘 피해의식 속에서 사는 흑인들이 의외의 호응을 보일 수 있겠다는 생각도 든다.

2020년 대선에서 바이든은 자메이카와 인도 혼혈의 카멀라 해리스(Kamala Harris)를 러닝메이트로 선택하는 외에 사우스캐롤라이나의 짐 클리번(Jim Clyburn) 하원의원을 만나 "당선된다면 흑인 여성을 대법관에 임명하겠다"라고 약속했다. 그 덕분에 흑인 유권자들의 표를 휩쓸 수 있었고, 그것이 바이든의 당선에 결정적으로 기여했다. 트럼프도 진영을 약화시키지 않는 범위에서 흑인 공동체에 내밀 무

바이든과 트럼프에 대한 지지도 추이[20]

		2021년 1월	2022년 11월	2023년 12월
바이든	전체	59	44	41
	백인	48	35	38
	유색인종	82	63	48
트럼프	전체	36	37	42
	백인	45	41	46
	유색인종	15	28	36

2023년 12월 지지도의 세부 내용

		바이든	트럼프	격차
	전체	41	42	−1
성별	남	37	51	−14
	여	46	34	12
연령	18~34	30	42	−12
	35~54	40	44	−4
	55~	47	41	6
인종	백인	38	46	−8
	유색인종	48	35	13
교육	대졸	53	26	27
	고졸 이하	35	50	−15
정당	공화당	4	79	−75
	민주당	82	6	76
	무소속	38	41	−3

언가 의미 있는 카드를 찾고 있을 것이다.

현재까지 여론조사를 보면, 트럼프와 공화당이 전개하는 외연 확장 노력은 상당한 성과를 거두고 있다. 2024년 1월 갤럽이 발표한 조사 결과를 보면, 2021년 1월에서 2023년 12월 사이에 바이든과 트럼프에 대한 유색인종 그룹의 지지도가 확연히 변해왔다. 바이든에 대한 지지가 82%에서 48%로 줄어든 반면, 트럼프에 대해서는 15%에서 36%로 증가해왔다.

같은 날 발표된 자료에서 2023년 12월 지지도의 세부 내용을 보면, 학력 차이에 따른 지지도 차이가 확연하게 드러난다. 대졸 이상에서는 53:26으로 바이든 지지가 많은 반면, 고졸 이하에서는 50:35로 트럼프 지지가 많다.

트럼프의 집권 연대

진영과 외연을 합한 것이 집권 연대다. 트럼프가 추구하는 집권 연대는 일종의 노동계급 연대다. 1930년대 민주당의 루스벨트가 만들어낸 노동계급 연대가 100년이 지난 다음 공화당의 트럼프에 의해 재구성되고 있다는 사실이 사뭇 흥미롭다.

다만 트럼프의 노동계급 연대는 유권자 정체성의 기준에서 루스벨트의 연대와 다르다. 뉴딜 연대에서 정체성의 기준은 주로 소득수준이었다. 즉 경제적 요인이 정치적 지향을 결정했다. 그러나 이 기준은 닉슨의 남진 정책 이후 바뀌기 시작했으며, 이러한 변화는 지난 20~30년 사이에도 꾸준히 진행되어왔다. 1996년 대선에서 소득에 따른 투표 성향의 차이는 47%였지만, 2020년에는 이 격차가 23%로 줄어들었다. 그 대신 인종이나 사회적 가치에 따른 격차는 각각 74%에서 92%, 121%에서 150%로 증가했다.[21]

다시 말해 경제를 둘러싼 정치적 갈등의 강도가 인종이나 사회적 가치를 둘러싼 갈등보다 덜하다는 뜻이다. 경제와 소득에 대한 유권자의 관심이 줄어들었다기보다는 정치적 정체성의 기준으로 적절하

1996년 대선 유권자 투표 성향

구분	기준	공화당	민주당	차이	투표 격차
소득	$15,000 이하	29	60	31	47
	$100,000 이상	55	39	16	
인종	백인	46	44	2	74
	흑인	12	84	72	
사회적 가치	진보	12	81	69	121
	보수	72	20	52	

2020년 대선 유권자 투표 성향

구분	기준	공화당	민주당	차이	투표 격차
소득	$15,000 이하	55	44	11	23
	$100,000 이상	54	42	12	
인종	백인	58	41	17	92
	흑인	12	87	75	
사회적 가치	진보	10	89	79	150
	보수	85	14	71	

지 않을 정도로 컨센서스가 형성되고 있다는 뜻이다. 가까운 예로, 트럼프 집권 4년과 바이든 행정부를 거치면서 미국의 경제·무역정책은 놀라운 정도의 일관성을 보였다. 트럼프 4년 동안 정치, 외교안보, 국가정보 분야에서 정책 잡음이 계속되고 인사 교체가 빈번했지만, 경제·무역 분야에서는 눈에 띄는 인사 교체가 없었다. 스티븐 므누신 재무장관, 윌버 로스 상무장관, 일레인 차오(Elaine Chao) 교통장관, 벤 칼슨(Ben Carlson) 주택도시개발장관, 소니 퍼듀 농무장관, 로버트 라이시저 USTR 대표, 백악관의 피터 나바로 무역·제조업정책보좌관이 모두 4년 동안 재임했다. 이들은 트럼프가 제시한 '아메리카 퍼스트' 정책에 따라 미국 제조업을 되찾기 위해 또는 중국의 불공정 무역 관행을 바로잡기 위해 애썼다.

바이든 행정부도 경제·무역 분야에서 트럼프의 '아메리카 퍼스트'를 계승하고 있다. 백악관 안보보좌관 제이크 설리번(Jake Sullivan)은 바이든의 '중산층을 의한 외교'가 미국의 제조업 기반 붕괴, 지정학적 경쟁, 기후변화와 에너지 전환, 그리고 불평등 해소라는 네 가지 도전에 대응하기 위한 것이라고 강조했다.[22] 백악관 안보보좌관이 경제·무역과 산업정책을 주제로 연설하는 것도 흥미롭지만, 바이든의 '중산층을 위한 외교'가 트럼프의 '아메리카 퍼스트'와 별반 차이가 없다는 사실이 더 흥미롭다. 바이든은 트럼프가 중국산 물품에 부과한 관세를 지금까지 대부분 유지하고 있다. 더구나 최근에는 중국산 철강과 알루미늄에 고율의 관세를 새로 도입하기도 했다. 경합주의 하나인 펜실베이니아 유권자들에게 다가서려는 시도다.

다시 말해 오늘날 미국 정치에서 계급을 구분하고 지지 정당을 결정하는 기준으로는 소득보다 인종, 낙태, 총기 사용에 대한 태도 등 사회·문화적 요소가 더 중요하다. 트럼프의 MAGA 정치는 우리가 알던 공화당의 정치가 아니다. 공화당도 지금은 레이건-부시 공화당이 아니다. 트럼프 정치의 본질은 정체성에 있고, 이것은 결국 문화전쟁이다.

트럼프는 지난 2016년 대선에서 전통적인 공화당 지지기반보다는 저소득 저학력 백인 그룹과 노동자 그룹을 묶어 새로운 집권 연대를 만들어냈다. 지금 트럼프는 멕시코계와 쿠바계 유권자 등 히스패닉 그룹과 흑인 그룹으로 외연 확장을 시도한다. 2016년에 비해 다양한 인종 집단의 집권 연대를 만들고 있다. 진영 플러스알파다. 특히 급속도로 성장하는 히스패닉계 인구에서 트럼프 지지 확대 추세가 계속된다면, 트럼프의 집권 연대는 상당한 지속성을 가질 수 있고, 공화당은 장기 집권이 가능할 수도 있다.

다만 이번 선거에서 공화당 집권 연대가 만들어질 수 있을지, 아직은 단정하기 어렵다. 2020년 대선에서 트럼프는 코로나19 대응 실패, 성추행 이력에 실망한 고학력 여성 유권자 이탈, 선거를 앞두고 일어난 조지 플로이드 피살 사건으로 생긴 흑인 유권자 이탈로 재선에 실패했다. 트럼프는 2022년 중간선거 때까지도 공화당의 외연 확장보다는 진영을 다지는 데 주력했다. 핵심 지지층의 투표율을 올려 승리한다는 전략이었지만, 지금까지 치러진 몇 차례 선거 결과는 그리 성공적이지 못했다. 2018년 선거에서 의회 다수당을 빼앗겼고,

2020년 대선에서 패배했다. 2022년 중간선거도 기대에 부응하지 못했다. 2023년 11월에 치러진 버지니아주 중간선거에서도 공화당은 주 상원에서 1석이 줄었고, 주 하원에서는 3석이 줄었다. 버지니아 선거는 2022년 연방대법원이 낙태의 헌법적 권리를 인정한 1973년 '로 대 웨이드' 판결을 뒤집은 다음 처음 시행된 주요 지방선거였으며, 2024년 대선 향방을 가늠하는 시금석이 될 것으로 전망되었다.

2024년 대선이 그리 많이 남지 않았지만, 결과를 전망하는 데는 여전히 조심스럽다. 정치적 양극화 속에서 초박빙의 승부를 겨루어야 하는 상황이라 언제든지 돌발적인 변수가 나타날 수 있다. 낙태 문제, 이민 문제, 심지어 이스라엘-하마스 전쟁 같은 외부 요인, 그리고 대선에 앞서 시행되는 양당 후보의 대선 토론도 승패를 좌우하는 결정적인 요인이 될 수 있다. 트럼프가 보수 대법관을 임명하여 '로 대 웨이드' 판결을 뒤집었다고 자랑하지만, 오히려 여성 유권자들의 반발을 불러일으켜 그 칼날이 트럼프에게 거꾸로 돌아올 수도 있다. 그뿐만 아니라 2024년 대선은 역대급 비호감의 대결이다. 경위가 어찌 되었든 트럼프는 4개 형사사건에서 91개 혐의를 두고 소송에 휘말려 있다. 그 밖에 회계 조작, 성추행, 명예훼손 등 보통 사람이면 파렴치범으로 매장당할 수 있는 민사소송도 있다. 항소 과정이 남아 있지만, 1조 원이 넘는 벌금도 선고된 판이다.

바이든도 사정이 낫지 않다. 나이와 건강에 대한 의구심을 극복하지 못하고 있다. 3조 달러가 넘는 돈을 쏟아붓고 있지만, 경제가 눈에 띄게 좋아지지도 않는다. 넘쳐나는 달러 때문에 이자율이 높아

오히려 서민들은 불만이 많다. 우크라이나 전쟁도, 하마스 전쟁도 끝이 보이지 않는 것은 현직 대통령 바이든에게 악재다. 지난 2024년 1월 입소스/로이터(Ipsos/Reuters) 조사에서 응답자의 70%가 바이든의 재선 출마를 지지하지 않았다. 여기에는 민주당원 50%도 포함돼 있었다. 트럼프에 대해서는 공화당원의 3분의 1을 포함한 응답자의 56%가 출마하지 않아야 한다고 대답했다.[23] 그러면서도 투표에 나가겠다는 의지는 강하다. 바이든이 싫지만, 트럼프는 더 싫다는 민주당원, 트럼프가 싫어도 바이든보다는 낫다고 생각하는 공화당원이 많다.

앞으로 남은 기간에 트럼프는 핵심 지지층의 결속을 얼마나 강화할 수 있을까? 외연은 얼마나 더 확장할 수 있을까? 바이든은 민주당 전통 지지층의 결속을 끌어올릴 수 있을까?

바이든은 지금 시큰둥해서 뒷짐 지고 있는 지지층, 특히 유색인종 그룹의 지지율을 끌어올리는 것이 최대 과제다. 트럼프는 외연 관리에서 한 가지 위험 요소를 피해야 한다. 프라우드 보이스 같은 극우 집단과의 유대를 어떻게 관리하느냐다.* 트럼프는 대선 출마를 선언한 지 일주일이 지난 2022년 11월 22일 백인우월주의자 카니예 웨스트(Kanye West)를 만나 저녁 식사를 같이 했고, 이 사실이 알려져 논란이 일었다. 스포츠용품 회사 아디다스의 간판 홍보 모델인 웨스

---

* 미국의 주요 극우주의자 단체들: 6MWE(Six Million Weren't Enough), 익스트림 티파티(Extreme Tea Party), 큐어넌(QANon), 패트리어트 무브먼트(Patriot Movement), 위 더 피플 무브먼트(We the People Movement), 나치(Nazis), 프라우드 보이스(Proud Boys), 디 오스 키퍼(The Oath Keepers), 뉴스맥스(NewsMax), 에포크(Epoch) 등

트는 "유대인에게 죽음을!"이라는 말을 SNS에 올려 아디다스로부터 계약을 해지당하고 트위터와 인스타그램 계정도 폐쇄된 이력이 있다. 트럼프가 극우 그룹과 관계가 가까워지면 전통적인 공화당 지지층의 이탈이 예상된다. 총기협회나 복음주의 교회도 극우 그룹과는 거리를 두려고 한다. 샬러츠빌 총격 사건이 일어났을 때, 공화당 주요 인사들은 트럼프와 다른 반응을 보였다.

트럼프 집권 연대 구축은 지금도 진행 중이며, 2024년 대선 전망은 아직 불투명하다.

3장 아메리카 퍼스트 2.0

정책의 중요성 재인식

돌이켜보면 2016년 대선 때 트럼프는 지지층에게 호소력 있는 정책을 개발했을 뿐 아니라, 이를 효율적으로 전달하는 데 성공했다.

2016년 7월 캠프에 합류한 스티브 배넌이 세 가지 정책 아이템을 말했다. 이민 통제, 제조업 재건, 그리고 해외개입 축소다. 트럼프는 이 세 가지 주제를 장벽 건설, 관세 부과, GDP 2% 국방비 지출과 미군 철수라는 간결한 메시지로 바꾸어 캠페인 내내 반복적으로 전달했다. 강력하게 머리에 남을 수 있는 이미지도 제시했다. 이민 통제를 강화한다는 정책은 "장벽을 건설하라(Build the wall)"라는 구호로, 기득권 세력을 몰아내자는 메시지는 "웅덩이에서 물을 빼라(Drain the swamp)"라는 구호로 만들었다. 듣기만 해도 그림을 보는 듯한 강렬한 호소력이 있다.

2020년에 트럼프는 정책 플랫폼을 제시하지 않았다. 2020년 8월 공화당 전당대회는 정책에 관한 모든 사항을 트럼프에게 백지위임했고, 백악관은 차기 트럼프 행정부가 무엇을 하려는지 유권자들에게 설명하지 못했다. 탄핵 때문이든 코로나19 때문이든, 어쨌든 하지 못했다. 그리고 대선에서 실패했다.

2020년 대선 후 퇴임할 때까지, 2022년 중간선거 때까지 트럼프는 "대선을 도둑맞았다"라는 주장으로 지지층에 다가갔으나 역시 원하는 결과를 얻지 못했다.

트럼프 캠프는 전략 전환을 모색했다. 2016년에 했던 것처럼 간결하면서도 강력한 정책 메시지를 개발하고 전달해야만 했다. 이렇게 하여 나온 것이 대선 캠프 홈페이지에 올린 '어젠다 47'이다. 오는 2024년 7월 공화당 전당대회에서 트럼프가 후보로 공식 선언되고 수락 연설을 할 때쯤 더 포괄적이고 업데이트된 정책 플랫폼을 내놓겠지만, 지금으로서는 '어젠다 47'이 2기 트럼프 행정부의 정책을 전망해볼 수 있는 가장 권위 있고 체계적인 자료다.

현재까지 올라와 있는 것 중에서 우리가 관심을 가질 만한 사항을 간추려보면 다음과 같다.

- 딥 스테이트를 척결하기 위해 취임 첫날의 조치로서 2020년에 내렸던 행정명령을 복원할 것이다.* 국가안보와 정보 부처에 있는 부패한 관료들을 모조리 쫓아낼 것이다.

---

* 여기서 말하는 행정명령은 트럼프 행정부 4년 차에 직업공무원의 '스케줄 F' 직렬을 신설하려고 내놓았던 행정명령 13957호를 말한다.

- 학원에 침투한 급진 좌파와 공산주의자들의 영향을 뿌리 뽑고, 불법적인 역차별을 없애겠다.

- 불법 체류 외국인 자녀에게 미국 국적을 자동으로 부여해오던 정책의 시행을 중단하며, 외국인이 미국에 출산 여행 오는 것을 금지한다. 불법 체류 외국인에게 제공하는 모든 복지 혜택을 없앤다.

- 국방부와 국무부, 정보기관에서 전쟁을 부추기는 호전광들을 모조리 내쫓겠다. 우크라이나 전쟁은 애당초 일어날 필요가 없었다.

- 연방통신위원회(FCC)와 같은 연방독립기구들을 모두 대통령 직속으로 만들어 선출되지 않은 공무원들이 규제를 남발하지 못하도록 하겠다. 불필요한 규제를 모두 폐기하겠다.

- 미국의 국방력을 대폭 강화하겠다. 우크라이나에 보내는 탄약 비용을 유럽 국가들이 부담하도록 하겠다. 미사일 방어를 완벽한 수준으로 끌어올리겠다.

- 범죄를 줄이고 공동체 안전을 증진하기 위해 법 집행기관을 강화할 것이며, 필요하면 주방위군도 투입할 것이다.

- 마약 조직을 테러 단체로 지정하겠다. 마약 조직을 뿌리 뽑도록 특수부대를 포함한 군대를 동원할 것이며, 해군을 동원해 해상 봉쇄도 실시하겠다.

- 미국의 에너지 독립을 다시 확립하겠다. 10년 안에 전기차 생산 비율을 67%까지 올리도록 한 바이든의 조치를 폐기하겠다.

- 모든 수입품에 일률적으로 10% 기본 관세를 부과하겠다. 미국보다 높은 관세를 부과하는 나라는 미국과 같은 수준으로 관세를 낮추든지, 아니면 보복관세를 부담하든지 둘 중 하나를 선택해야 할 것이다. 상대국이 부과하는 관세보다 높은 관세를 부과할 수 있는 권한을 대통령에게 주겠다.
- 중국에 부여한 최혜국 대우를 철폐하겠다. 중국이 인프라, 에너지, 기술, 통신, 농지, 천연자원, 의료 필수품 등 전략물자 공급 시설을 소유하지 못하도록 할 것이다. 중국이 미국을 소유할 수 없도록 만들겠다. 중국이 미국에서 간첩 활동을 못 하게 만들겠다.

다소 의외의 발상으로 보이지만, 다음과 같은 것도 있다.

- 독립 250주년을 기념하여 '미국에 대한 경례(Salute to America)' 행사를 하겠다. 미국 50개 주가 모두 참가해 2025년 5월 27일 메모리얼 데이에서 시작하여 이듬해 독립기념일까지 계속하는 '위대한 미국 박람회'를 개최한다. 취임 첫날 T/F를 구성해 준비에 착수한다.
- 미국민의 생활수준에 '대도약(Quantum Leap)'을 가져오도록 미국 전역의 연방 토지에 워싱턴D.C. 규모의 신도시를 10개 건설하고, 수직이착륙 자동차를 개발하며, 자녀 출산 부부에게 보너스를 주어 새로운 베이비붐 세대를 창출하겠다.

트럼프는 '생활수준 대도약' 메시지를 내보낸 다음 날 보수정치행동위원회 연례회의에서 이 메시지를 반복했고, 3월 9일(2023년) 폭스뉴스의 터커 칼슨 앵커는 "더 많은 자녀, 더 멋진 빌딩, 더 깨끗한 공원. 이것이 바로 트럼프가 만들려는 세상"이라고 트럼프 홍보 지원에 나섰다.[1]

아메리카 퍼스트 1.0의 기조 유지

트럼프가 지금 '어젠다 47'에서 말하는 내용은 그가 직접 하는 약속이지만, 그래도 어디까지나 캠페인에서 나오는 것으로서 모든 것이 여기에서 말하는 대로 이행될 수는 없을 것이다. 입법이 필요한 사항이 있으며, 민주당이 반대하면 입법이 어려울 수 있다. 행정명령으로 시행하려고 해도 법원에서 소송이 제기되는 등 시행에 한계가 있을 수 있다. 또한 교육 개혁에 관한 사항 등은 원래 주정부의 권한에 속하므로 애당초 연방정부가 할 수 없는 것도 있다. 그럼에도 불구하고, 트럼프가 제시하는 대부분은 지지층에게 내놓는 MAGA 공약이기 때문에 트럼프가 백악관에 들어간다면 일단은 시도한다고 보는 것이 맞다.

2021년 1월 바이든 행정부가 출범하면서 트럼프가 시행한 MAGA 정책의 많은 부분을 트럼프 이전으로 돌려놓거나 조정한 것들이 있다. 바이든은 취임 첫날의 조치로 파리기후협약에 다시 가입했고, 캐나다 서부와 텍사스를 연결하는 키스톤 XL 파이프라인 건설 허가도 취소했다. 7개 무슬림 국적자의 입국을 금지하는 행정명령을 폐기했으며, 멕시코 국경장벽 건설 작업도 중단했다. 트럼프가 변경해놓은 의료보험 체계와 환경규제도 대부분 복원했다. 국제적으로는 트럼프가 흔들어놓은 동맹 네트워크를 복원 내지 강화했다. 유럽에서는 우크라이나 전쟁을 계기로 NATO 강화와 확대에 나섰고, 아시아에서는 미국-영국-호주 3국 동맹을 체결하고 한미일 3국 안보협력 강화에도 나섰다. 유엔과 세계무역기구(WTO) 등 다자협력기구에도 활발하게 참여하기 시작했다.

물론 바이든 정부가 트럼프 정책을 바꾸지 않고 계승한 것도 있다. 중국과 전략적 경쟁을 계속하고 미국의 제조업을 되살리려는 노력이 대표적이다. '중산층을 위한 외교'라고 이름만 바꾸어 계속 시행하고 있다. 또한 바이든은 트럼프가 시작한 아프가니스탄 철수를 완료했으며, 우크라이나·중동 등지에 미국의 군사력을 다시 투입하는 데 극히 신중한 자세를 보이고 있다.

트럼프 2기 행정부가 들어선다면, 바이든이 바꾸어놓은 것을 또다시 되돌리려고 할 것이다. 트럼프는 2021년 1월 백악관을 떠나면서 「트럼프 행정부의 업적」이라는 문서를 발표했다.[2] 모두 17개 항목에서 4년 동안 추진한 사업들을 나열했다. 그중에서 트럼프가 4년간 의지를 갖고 노력한 것을 간추려보면 감세, 규제 완화, 공정하고 상호적인 무역질서 확립, 에너지 독립, 사법부의 보수화, 이민 통제, 해외개입 축소, 국방력 강화, 법과 질서, 낙태 반대 등 10개다. 모두가

MAGA 캠페인의 의제다.

그 밖에 '해외 지도력 강화' 항목이 있는데, 동맹국의 분담금 증액, 이란 핵협정 탈퇴, 북한과의 협상 및 제재 유지, 이스라엘 지원 강화와 이스라엘-아랍 수교 등이 포함된 것으로, 이것도 모두 MAGA 의제다. 트럼프 2기 정권에서도 이들 정책 노선은 변하지 않고 추진될 것이다. 물론 중국 정책이나 제조업 재건처럼 바꿀 필요가 없는 부분은 그대로 이어가면 된다.

트럼프가 내세우는 MAGA 정책은 뿌리가 깊다.

트럼프가 외교안보정책의 전환을 촉구하는 신문 광고를 낸 것은 1987년 9월이었다. 트럼프가 『거래의 기술』을 출판한 것은 그보다 3개월이 지난 12월이었다. 책을 팔려고 대선 출마라도 하려는 듯이 광고를 냈다는 시각도 있지만, 트럼프가 무역이나 방위 분담 등 국가 간의 이슈를 거래적 시각에서 접근한다는 점에서는 광고도 책도 다르지 않다. 일관성이 있다. 1990년 《플레이보이》 인터뷰에서 고르바쵸프를 '약한 지도자'로, 덩샤오핑을 '강한 지도자'로 묘사한 것도 현재의 트럼프와 다르지 않다. 법과 질서를 강조하는 점도 마찬가지다. 트럼프의 MAGA 정책은 수십 년에 걸쳐 놀라운 일관성을 보여왔다.

2024년 '슈퍼 화요일' 경선에서 압승한 다음 3월 9일 조지아주 집회에서 트럼프는 한 시간 반에 걸쳐 연설했다. 좀 길지만 2기 트럼프 행정부가 추진해나갈 정책 방향을 가늠하는 데 도움이 될 수 있어 열거한다.

- 지금 이 나라는 쇠퇴하고, 실패하고 있다. 바이든은 미국 역사상 가장 무능하고 가장 부패한 최악의 대통령이다. 바이든은 트럼프를 잡으려고만 한다. 바이든은 민주주의에 대한 위협이다. 바이든이 나라를 망친다. 바이든이 손을 대는 것은 모조리 똥 덩어리로 변한다. "꾸부정한 바이든, 당신은 해고야(Crooked Joe, you're fired)!"

- 바이든은 미국의 법 집행기관을 나를 억압하는 무기로 사용한다. 나에 대한 91가지 혐의는 모조리 조작이다. 민주당이 배후다. 지금 법무장관은 파시스트이고 인종주의자다. 딥 스테이트를 해체하자. 글로벌리스트를 몰아내자. 공산주의자, 파시스트, 인종주의자들을 몰아내자. FBI가 문제다. 코미 국장을 해임한 것은 정당하다.

- 우리에 대한 최대의 위협은 국경이다. 불법 체류 외국인을 추방하지 않고 있다. 바이든은 이들을 '신분증 없는 사람(undocumented)'이라고 부르더니, 최근에는 '이웃(neighbor)'이라 하고, '새로 온 사람들(new comer)'이라 부른다. 이게 말이 되는가? 바이든 때문에 레이큰 라일리(Laken Riley)가 불법 체류 외국인에 의해 잔혹하게 살해되었다.[*] 세계의 범죄자와 정신병자들이 미국으로 몰려온다. 내가 당선되면 국경을 폐쇄할 것이다. 사상 최대의 불법 체류 외국인 추방 작전을 실행할 것이다.

---

[*] 2024년 2월 22일 22세의 여대생 레이큰 라일리가 대학에서 조깅을 하던 중에 납치되어 살해당하는 일이 일어났다. 범인은 26세의 베네수엘라 사람으로, 2022년 9월 멕시코 국경을 통해 밀입국했으며, 경찰에 체포되었다가 뚜렷하지 않은 이유로 석방된 적이 있었다. 이 사건으로 국경 통제를 강화하라는 요구가 다시 제기되고, 바이든 행정부의 이민정책에 대한 비판으로 이어지고 있다.

- 중국의 시진핑, 러시아의 푸틴, 김정은은 모두 억센 사람들이다. 내가 대통령으로 있을 때는 이들이 나를 존중했다. 그런데 지금은 자기들끼리 연합해 우리를 무시한다. 며칠 전에 빅토르 오르반 헝가리 총리와 만찬을 했다. 내가 집권할 때는 세계가 편안했다고 하더라. 그때는 우크라이나 전쟁도 없었고, 이스라엘과 하마스 전쟁도 없었다. 지금은 세계가 미국을 우습게 본다. 한국과 중국은 세탁기를 덤핑한다.

- 그래도 시진핑이나 푸틴, 김정은은 우리가 적절히 상대하고 통제할 수 있다. 가장 위험한 적은 우리 내부에 있다. 파시스트, 공산주의자, 인종주의자, 지금 이 사람들이 나를 잡으려고 한다. 그런데 사실은 이들이 여러분을 잡으려고 하는 것이다. 내가 잡히면 다음은 여러분 차례다. 내가 여러분들을 위해 이들을 막아서고 있다.

- 나의 목적이 복수에 있다고 하는데, 그렇지 않다. 대통령으로서 성공하는 것이 나의 목적이다. 성공이 나의 복수다. 힘을 통한 평화와 호혜적인 무역협정을 달성할 것이다. 호혜적인 무역협정이란 간단하다. "네가 나를 쥐어짜면, 나도 너를 쥐어짠다." 연방정부가 학교교육에 개입하지 못하도록 한다. 성전환에 대한 지원을 없앤다. 백신이든 뭐든 강제로 하는 것은 다 없앤다. 총기 사용에 관한 수정헌법 2조를 존중한다. 유권자 등록을 제도화한다. 공정한 의료보험을 실시하고, 법과 질서를 추구한다.

- 경제도 잘할 것이다. MAGAnomics(마가노믹스)! 석유가 있는데 왜 굳이 전기차로 바꾸려고 하나? 중국은 석유가 없다. 그러니까 전기차로 전환하려 한다. 그런데 우리는 값싸고 효율적으로 개발할 수 있는 석

유가 지천으로 깔려 있다. 왜 그걸 버리고 태양열이나 바람으로 바꾸어야 하는가? 에너지 독립은 가능하다. 그냥 뚫기만 하면 된다. 뚫어라(Drill)! 뚫어라(Drill)!

- 교외 지역에 사는 여성 유권자들이 나를 좋아하지 않는다는데, 여론 조사는 엉터리다. CNN은 엉터리다. 흑인, 히스패닉, 아시아계 사이에서 내 지지율이 올라가고 있다. 특히 흑인의 지지율은 28%라고 한다. 흑인 지지율이 28%면 선거는 이미 끝난 거나 마찬가지다. 사실 나는 링컨 대통령 다음으로 흑인들을 위해 일을 많이 했다. 교도행정 개혁을 했고, 흑인 대학에 대한 지원도 확대했다.

- 지난 2020년 대선은 부정선거다. 다시는 부정선거가 있어서는 안 된다. 우리는 세 번 이길 수 있다. 미국을 다시 안전하게, 부유하게, 아름답게, 위대하게 만들자.

2016년 대선에 출마한 후 4년의 재임 기간을 포함해 지금까지 트럼프가 해온 모든 이야기가 망라돼 있다. 딥 스테이트, FBI, CNN, 글로벌리스트, 이민 통제, 교역조건 개선, 작은 정부, 법과 질서, 에너지 독립 등이다. 여기서 트럼프가 말한 내용은 이후 트럼프가 하는 모든 연설에서 비슷하게 반복되어 나온다. 약간씩 달라지는 부분은 주로 외연 확장을 위해 히스패닉이나 흑인 공동체 등 그때그때의 청중에 맞추어 이야기하는 것들이다.

또한 트럼프도 정책의 이행 가능성을 염두에 두고 있다. 한 가지 예를 들자면, 최근 트럼프가 이민 문제를 제기할 때 '불법 외국인

(illegal alien)'이라는 말을 잘 쓴다. '이민자(immigrant)'라고 할 때보다 범위가 좁아지고 대상이 특정된다. 트럼프가 지난 행정부 때 추진했던 정책의 많은 부분이 정치적·법적인 제약에 부딪혔다. 의회의 반대에 부딪히고 소송에 휘말려 폐기된 것도 있었다. 이제는 트럼프도 저인망식의 정책으로 분란을 일으키는 것보다는 외과수술식 처방으로 정책 효율성을 높이면서 유권자들에게 호소력도 가질 수 있는 방식을 택하고 있다.

강력한 정책 추진력

2기 트럼프 행정부가 1기 때의 정책 기조를 유지하겠지만, 정책 추진력은 한층 강력해질 것이다. 그렇게 보는 이유가 적어도 세 가지 있다.

첫째, 트럼프는 '2020년의 도둑맞은 대선'에 대한 보복을 강조한다. 2016년에는 없던 요소다. 지금 트럼프의 모든 감각은 2020년의 패배를 설욕하는 데 집중돼 있다. 트럼프의 이번 대선 출마 주제는 '응징'이다.

둘째, 2017년의 트럼프는 공화당 기득권 세력과 다투는 아웃사이더였지만, 지금 공화당에는 트럼프에 반대 목소리를 내는 사람이 없다. 한때 공화당 유력 주자로 주목받았던 디샌티스 플로리다 주지사는 일찌감치 손을 들었다. 3월 초까지 고독한 경선 레이스를 계속했던 니키 헤일리 후보도 의제에서는 MAGA 범주를 크게 벗어나지 않으려고 했다. 총기 휴대, 이민 통제, 성전환 반대, 중국 정책, 교육부 역할 축소 등에서 헤일리 노선은 트럼프와 차이가 없었다. 낙태 문제를 '악마화'하지 말라고 했지만, 헤일리 후보가 여성이라는 점을 고려하면 충분히 이해 가능한 수준이다. 한 가지 눈에 띄는 차이는 NATO와 우크라이나에 관한 입장이다. 헤일리는 러시아 침략에 대한 방파제로서 NATO의 역할을 평가한다. 우크라이나에 대한 원조도 계속하겠다고 했다. 그러면서도 다른 NATO 국가로 전선이 확대되지 않게 하려는 데 목적이 있다고 함으로써 해외개입 축소라는 MAGA의 범주를 벗어나지 않으려고 애썼다.[3] 지금 공화당에는 자유시장경제와 동맹체제라는 레이건-부시 공화당의 전통적인 의제가 들어설 공간이 없다.

마지막으로, 2017년과 달리 이번에는 치밀한 집권 계획을 준비하고 있다. 2016년 대선 때 트럼프 진영은 당선을 기대하지 않고 있다가 갑작스럽게 백악관에 들어갔다. 인사도 정책도 준비돼 있지 않았다. 더구나 트럼프는 임기 초반에 러시아 스캔들로 정치적 위기를 겪었고, 임기 후반에 두 번이나 탄핵 위기에 처하는 바람에 MAGA 의제를 추진하는 여건이 더 나빴다. 그러나 2024년의 트럼프는 다르다. 지난 집권 때의 실패와 실수, 그리고 혼선을 되풀이하지 않게끔 준비하고 있다. 공화당은 물론 보수 진영의 정책 개발 역량이 모두 트럼프 주위로 몰려들고 있다.

캠프 주변의 정책 보고서

2기 트럼프 행정부 정책에 관해 캠프 주변의 각종 단체와 연구소들이 정책 보고서를 발표하고 있지만, 트럼프 캠프나 공화당의 공식 입장은 아니다. 이 문제에 대해 2023년 11월 트럼프 캠프를 이끄는 수지 와일스와 라치비타가 공동으로 성명을 발표했다. "항간에 언급되는 정책과 인사는 순전히 추측이고 이론적인 의견이며 제안일 뿐, 트럼프나 트럼프 캠페인의 입장이 아니다."[4]

또한 당연한 말이지만, 주변 연구소들이 발표하는 내용도 트럼프 캠프가 트럼프의 입을 빌려 발표하는 내용을 벗어나지 못하다. 헤리티지재단이 내놓은 보고서 「리더십을 위한 지침: 보수의 약속」이나 AFPI가 내놓은 「패스웨이 투 2025(Pathway to 2025)」도 마찬가지다.

트럼프가 본인 입으로 말하는 사항이자, 캠프 주변 연구소가 내놓는 보고서에 공통적으로 나오는 특징적인 요소가 있다. 행정부 수반으로서 대통령의 권한을 극대화하자는 주장이다. 헤리티지재단의 '프로젝트 2025'에 있는 '중앙인사기관: 관료체제 운영' 부분에 다음과 같은 내용이 나온다.

미국의 헌법은 대통령에게 행정에 관한 모든 권한을 부여했다. 따라서 대통령이 국민의 위임을 충실하게 성공적으로 이행하기 위해서는 행정부에 대한 모든 인사의 임명, 지휘, 해임 권한을 확립하는 것이 가장 중요하다. 인사가 바로 정책이다.[5]

'선출되지 않은 관료들'이 가진 권한을 '국민이 선출한 대통령'에게 돌려주자는 것이 이 주장의 핵심이다. 그렇게 하면 그 권한이 결국 국민에게 돌아간다고 주장한다. 정부가 국민을 위해 더 많이 일하는 과정에서 정부가 커졌지만, 이렇게 커진 정부가 결국 국민 위에 군림하고, 그 권한을 정부 기능을 담당하는 관료들이 행사한다. 국민에게 물어보지도 않은 채 불필요한 규제를 남발하고, 불필요한 해외 원정을 시작해 국가를 전쟁에 끌어넣는다. 새로운 대통령은 이처럼 국민과 별개로 움직이는 관료를 통제할 수 있도록 관료에 대한 통솔권을 확립해야 한다고 본다. '스케줄 F'를 신설하는 주장의 근거다. 딥 스테이트를 척결하기 위해 취임 즉시 복원하겠다는 것이 바로 이 행정명령인 만큼 '스케줄 F'는 어떤 형태로든 복원될 전망이다. 트럼프는 재임 중에 공무원 노조를 약화시키는 행정명령도 3개나 냈다. 헤리티지 보고서는 공공 부문의 노조가 적절한지 근본적인 재검토가 필요하다고 주장한다.

「리더십을 위한 지침」에 국무부에 관한 글을 쓴 키론 스키너 전 국무부 정책기획실장도 국무부 직원에 대한 대통령의 인사권을 확대해야 한다고 주장한다. 스키너는 국무부의 업무에 대한 지휘권을 정치적 임명자들에게 맡기되, 일반직 공무원을 써야 할 때는 대통령의 비전과 정책에 공감하는지를 철저하게 확인해야 하며, 전 정부에서 임명된 사람은 정권이 교체되는 그 날짜에 전원 사퇴시켜야 한다고 주장한다.

2023년 4월 보고서를 내면서 헤리티지재단의 케빈 로버츠(Kevin

Roberts) 회장이 쓴 서문을 보면, 트럼프의 MAGA 운동에 영향을 받는 미국의 보수주의가 지금 어떤 가치를 지향하는지 윤곽을 잡을 수 있다. 요지를 아래에 소개한다.

지금 미국의 보수는 4개의 중요한 투쟁 전선을 마주하고 있다. 가족을 복원하고, 국민의 자치권을 회복하며, 미국의 주권과 국경을 지키고, 신이 부여한 자유롭게 살 수 있는 권리를 확보하는 것이다.

첫째, 우리가 추구하는 것은 '정부'가 아니라 '공동체'다. 정부는 개인의 권리를 억압하는 데 반해 공동체는 개인의 삶을 풍요롭게 한다. 공동체의 중심은 가족이다. 좌파는 우리 공동체에 개입하려고 한다. 낙태 금지도 법제화해야 한다.

둘째, 작은 정부를 만들어야 한다. 행정국가를 해체해야 한다. 환경청의 규제, 국토안보부의 이민정책, 교육부의 간섭, 법무부와 국방부의 성전환 허용, 국무부의 해외 원조 프로그램에 스며들어 있는 좌파 극단주의를 척결하기 위해 '해임할 수 없는 관료들을 해임하는 방안'을 찾아야 한다.

셋째, 미국의 주권을 제약하는 모든 국제기구와 초국가적 기구에서 탈퇴해야 한다. 세계화를 주창하는 엘리트가 오늘날의 중국을 만들었다. 미국의 빅테크와 중국 공산당이 협력하는 대표적인 사례가 틱톡이다. 초국가적 국제기구, 세계화, 중국공산당, 제조업 재건, 빅테크 문제, 중국의 영향력 앞에 취약한 미국의 대학들. 이런 문제는 점진적인 해결이 안 된다. 문제의 근원을 뿌리째 뽑아야 한다. 국제기구는 개혁해서 될 일이 아니다. 탈퇴해야 한다. 불법 이민은 관리할 수 있는 것이 아니다. 국경을 봉쇄해야 한다. 중국에 대한 관여는 재검토할 일이 아니다. 중단해야 한다. 틱톡은 감시할 수 있는 일이 아니다. 불법화해야 한다. 중국의 영향 아래 놓인 대학은 등록을 취소해야 한다. 그리고 석유는 환경 문제로 접근해서는 안 된다. 이것은 미국의 생명선이다.

마지막으로, 우리는 자유와 행복을 추구할 권리를 누릴 수 있어야 한다. 정부가 경제를 통제해서 평등한 결과를 얻을 수 있는 것이 아니다. 한반도의 남과 북을 보라. 소련과 북한, 베네수엘라, 쿠바를 보라.

'프로젝트 2025'는 엘리트와 '각성한(woke) 문화 전사들'을 상대하기 위해 미국의 국민을 단결시키려는 미국 보수의 계획이다.

헤리티지재단은 레이건-부시 공화당을 대변해온 정통 보수 연구소다. 그런데도 로버츠 회장이 사용하는 어휘가 날카롭기 그지없다. 문화혁명으로 보이기까지 한다. 트럼프 2기 행정부가 들어선다면, 우리가 '한때의 일탈인가?'라고 의심한 '아메리카 퍼스트'가 일탈이 아니라 '뉴노멀(New Normal)'이 된다는 것을 의미한다.

트럼프의 귀환, 위기인가 기회인가?

트럼프가 다시 미국의 대통령으로 귀환할 수 있다. 우리에게는 위기인가, 기회인가? 위기라면, 이것을 기회로 바꿀 방법이 있는가?

트럼프 귀환의 도전

2018년 7월 키신저가 영국 《파이낸셜타임스》 인터뷰에서 한 말은 울림이 있다.

트럼프는 역사상 한 시대가 종언을 고할 때 등장해 그 시대의 가식을 벗겨내는 인물일 수 있다. 본인이 그것을 알고 있을 수도 있지만, 모르고 있을 수도 있다. 그냥 우연일 수도 있다.[1]

트럼프가 한 시대의 가식을 벗겨내는 인물이라면, 그 가식은 무엇인가? 바로 자유주의 질서다. 국제적으로는 자유주의 국제질서 또는 규칙기반 국제질서라고 한다.

미국에 대한 우리의 인식은 정형화돼 있다. 지금은 좀 바뀌었지만,

그래도 우리가 머릿속에서 그리는 미국은 자유가 숨 쉬고 모든 사람이 인간답게 생활할 권리를 갖는 나라다. 세계의 공장으로서 풍요가 넘친다. 자유와 풍요가 법과 질서를 유지하고, 예술과 문화를 꽃피운다. 미국은 세계 유일의 초강대국으로서 규칙기반 국제질서를 주창하고, 이를 지키기 위해 공공재를 제공한다. 세계 어느 구석에서든 문제가 생기면 미국의 군대와 외교관들이 뛰어가 해결한다. 국제규범은 지켜지고 그 가운데 평화가 유지된다. '아메리칸 드림'의 주인공은 미국민만이 아니다. 세계 모든 사람이 주인공이다. 우리가 알아온 미국은 이런 모습이었다. 실제로 그렇지 않았더라도 그렇다고 말해 왔다. 미국의 대통령은 이러한 미국을 상징해왔다.

그런데 트럼프는 미국이 세계인을 위한 '아메리칸 드림'의 나라가 아니라고 말한다. 미국이 세계의 질서와 평화를 위해 지금처럼 노력할 이유도 필요도 없다고 말한다. 트럼프는 '우리 땅에서 우리끼리 잘 살면 된다'라고 생각하는 미국을 대표한다. 이것이 "미국을 다시 위대하게 만들자(MAGA)"라는 트럼프 캠페인의 핵심 의제다. 트럼프는 다른 사람들이 미국 땅에 들어와 미국의 풍습과 문화를 바꾸는 것을 싫어한다. 미국은 이민자가 만든 나라지만, 트럼프는 이민에 반대한다. 세계와 교역해 무역적자가 생기고 미국의 일자리가 빠져나가는 것을 싫어한다. 그래서 국내 산업을 보호하고 미국의 제조업을 재건하겠다고 한다. 미국이 세계의 모든 곳으로 나가 경찰 역할을 하는 것을 싫어한다. 국내에 머물고 있다가 미국의 이익에 해를 끼치는 일이 생기면 그때 나가서 적절하게 해결하면 된다. '영원한 전쟁'으로 이어질 수 있는 해외개입을 최소한으로 축소하자는 주장이다. 트럼프는 선거를 통한 평화적 정권 교체를 믿지 않는다. 2016년에도, 2020년에도 부정선거를 말했다. 내가 이기면 공정한 선거지만, 내가 지면 부정선거다. 말이 안 되는데, 지금도 버젓이 이런 주장을 내세운다. 올 2024년 3월 오하이오에서도 말했다. "내가 지면, 온 나라는 피바다가 될 것이다."[2]

우리는 이런 모습의 미국을 본 적이 없다. 미국에서 이런 목소리를 낸 정치지도자가 트럼프가 처음은 아니다. 2차 대전 이전의 미국에 이런 생각을 하는 사람들이 있었다. 그러나 한국은 미국이 2차 대전에서 이겨 자유민주주의를 세계에 전파할 때 만났다. 냉전 40년 내내 미국은 '언덕 위의 빛나는 도시'로 자리매김해 있었다. 냉전이 끝난 1990년대에 대외정책의 고립주의를 주창하는 사람들이 나타나기는 했다. 그러나 소수에 불과했고, 그 사람들 중에 누가 대통령이 되지도 못했다. 그래서 우리 눈에 띄지 않았다. 2016년에 트럼프가 그런 말을 했지만, 4년이 지난 다음 물러났다. 우리는 미국이 한때의 일탈을 끝내고 정상화되었다고 생각했다. 그런데 트럼프가 다시 돌아오고 있다. 이렇게 되면 한때의 일탈이 아니다. 지속성을 가진 현상이다. 그동안 존재하면서도 겉으로 드러나지 않던, 그래서 우리가 보지 못하고 지나친 그런 미국이 모습을 드러내는 것이다.

트럼프는 2024년 대선과 차기 정권 수립의 목표를 '응징'과 '정의 구현'으로 설정하고 있다. 지난 행정부 때 트럼프는 백악관에 들어가자마자 이민 통제, 제조업 복귀, 해외개입 축소 등 핵심적인 MAGA

의제를 이행해나가기 시작했다. 시행착오를 거치면서도 MAGA 의제 시행은 성과를 거두고 있었다. 이민 입국을 통제하는 수많은 행정명령이 나왔고, 불법 이민을 막기 위해 멕시코 국경을 따라 수백 km에 이르는 장벽도 건설하기 시작했다. 중국 상품에 고율의 관세를 부과하고 공정한 교역조건을 달성하기 위해 각종 제재도 이행했다. '영원한 전쟁'을 끝내고 해외개입을 축소하는 차원에서 아프가니스탄과 시리아 주둔 미군을 철수하기로 했고, 독일 주둔 미군도 일부 철수했다. NATO 회원국과 한국, 일본에 방위비 분담을 증가하도록 압박했다. 그런데 저항과 방해를 만났다. 적어도 트럼프는 그렇게 느꼈다. 근거도 없는 러시아의 대선 개입을 2년 동안이나 물고 늘어졌고, 젤렌스키 우크라이나 대통령과 통화한 극비 내용을 '내부고발자'가 외부로 흘렸다. FBI 방첩부서 요원만이 알 수 있는 통화 내용이 언론에 유출되었고, 국방부와 군부는 해외 주둔 미군 철수에 노골적으로 반대했다. 이들이 민주당과 결탁하여 자기를 탄핵으로 몰아넣었으며, 가장 결정적으로는 2020년 대선을 훔쳐 갔다.

트럼프는 이 모두를 기득권층의 음모라고 규정한다. 기득권층이 반대 세력을 형성하여 정보기관, 국무부, 국방부, 미디어, 민주당은 물론, 심지어 공화당에도 숨어들어 MAGA 의제 추진을 방해한다고 본다. 트럼프는 이번에 재집권하면 바이든을 비롯한 정적에게 정치적 보복을 가하겠다고 공공연하게 말한다. 트럼프가 '응징'하겠다고 말하는 대상의 하나가 딥 스테이트다. 이들은, 선출되지 않았으면서도 정부 정책 결정과 집행의 중요한 길목을 점령하고 있으면서 대통령을 포함하여 국민이 선출한 공직자들을 조종하는 숨은 권력 집단이다. 이들이 불필요한 규칙과 규제를 만들어 개인을 구속하고 자유로운 활동을 제약한다. 특히 FBI, CIA 등 정보기관을 차지해 국민을 감시하고, 국무부와 국방부를 장악해 국민을 불필요한 해외 원정으로 끌고 간다. 트럼프의 귀환이 이루어지면 가장 먼저 할 일이 대통령의 권한을 최대한 강화하여 딥 스테이트를 해체하고 MAGA 의제에 대한 방해 세력을 제거하는 것이다. 그 구체적인 방안의 하나가 '스케줄 F'의 시행이다. 나아가 '파시스트, 공산주의자, 급진 좌파, 인종주의자, 글로벌리스트'들과도 투쟁해나갈 계획이다.

트럼프가 대통령과 행정부의 권한을 극대화하여 MAGA 의제를 추진하면 우리에게는 어떤 문제가 생기는가? 미국 국내적으로는 이민 문제가 핵심이지만, 우리에게 영향을 미치는 점에서는 '제조업 재건'과 '해외개입 축소'가 더 큰 관심사다.

트럼프가 제조업을 강화하겠다는 이유는 중국의 부상 때문이다. 중국이 자유무역 체제가 요구하는 규칙을 지키지 않아 무역 불균형이 생기고 미국의 제조업이 무너졌으니 이제 그 규칙을 바로잡고 제조업을 재건해 중국의 부상에 대응하겠다는 것이다. 미국이 중국과의 무역에 관세를 매기고 투자를 못 하게 하면 한중관계도 직접적인 영향을 받는다.

과도하게 우려할 이유는 없다. 첫째, 한국 정부와 경제계는 미중 경쟁이라는 환경에 이미 상당한 정도 적응이 이루어졌다. 트럼프가 시작한 전략경쟁 기조를 바이든 행정부가 거의 그대로 이었으니 벌써 8년째다. 둘째, 시간이 지날수록 미중관계가 제로섬 게임이 아니라는 점도 분명해지고 있다. 지금의 미중관계는 냉전 시대 미소관계와 다르다. '시장경제와 자유민주주의 vs. 공산주의경제와 프롤레타리아 독재체제'와 같은 선명한 구분이 어렵다. 바이든 대통령이 취임하면서 국제사회를 '민주주의 vs. 권위주의'로 구분하고 민주 세력 결집을 위한 '민주주의 정상회의'를 주창했지만, 어떤 나라를 초청할 것인가를 두고 처음부터 말이 많았다. 나아가 지금 미국과 중국 사이에는 행동의 자유를 제약하는 핵무기가 있고, 협력이 필요한 공통의 과제가 있다. 개방적 경제질서, 민주주의라는 정치 과정, 기후변화와 감염병 대응 등 초국가적 과제는 양측이 다 외면하지 못한다. 이런 상황에서는 경쟁도 일정한 틀 안에서 이루어질 수밖에 없다.

최근 트럼프 캠프에서 포괄적인 대중 전략이 필요하다는 주장이 나온다. 80년 전에 조지 케넌(George F. Kennan)이 소련을 두고 쓴 「X 아티클(X Article)」이 지금 중국에 대해서도 나와야 한다고 한다.* 그런데 중국에 대해 포괄적인 전략을 담은 「X 아티클」이 나올 수 있었으면 벌써 나오지 않았을까? 지금 트럼프 캠프 주변에서 나오는 강경한 주장이 어느 정도 실제 정책에 반영될지는 미지수다. 지난 정부 때 중국과 벌인 관세전쟁은 소리가 요란했지만, 무역적자 해소에는 그리 효과가 없었다는 연구 결과도 있다.[3]

---

* 「X 아티클」은 조지 케넌이 《포린 어페어스(Foreign Affairs)》 잡지 1947년 7월호에 'X'라는 가명으로 게재한 논문으로, 정식 제목은 '소련 행동의 근원(The Sources of Soviet Conduct)'이다. 이후 40년 동안 미국이 소련에 대해 봉쇄 정책을 추진하는 이론적 근거를 제공했다.

다음은 해외개입 축소다. 2023년 말 현재 미국의 병력은 국내에 약 114만 명이 있고, 해외에 약 17만 명이 나가 있다. 일본에 5만 3,000명, 독일에 3만 4,500명, 한국에 2만 8,000명, 이탈리아에 1만 2,000명, 영국에 1만여 명이 배치돼 있고, 중동에는 쿠웨이트, 카타르, 바레인, UAE 등에 약 3~4만 명이 순환 배치되고 있다.

트럼프가 해외개입 축소를 주장한 배경에는 2001년 이후 이어진 이라크와 아프간 전쟁이 있었다. 목표가 분명하지 않고 끝도 보이지 않는 '국가건설(nation-building)' 작업에 인력과 예산을 쏟아붓는 데 따른 미국민의 좌절과 분노가 있었다. 그런데 이제 '영원한 전쟁'은 웬만큼 해결되었다. 아프가니스탄은 완전히 철수했고, 이라크도 수천 명만 남기고 모두 철수했다. 트럼프가 해외 주둔 미군을 철수해야 하는 정치적 부담은 그만큼 줄어들었다. 우크라이나와 이스라엘-하마스 전쟁이 남아 있으나, 미군이 직접 참여하는 전쟁이 아니다. 나아가 우크라이나 전쟁은 트럼프가 푸틴과 협상할 수 있다고 자신감을 보이는 만큼 이른 시간에 휴전에 도달할 가능성도 있다. 하마스 문제에 대해 트럼프는 "어떨 때는 문제가 저절로 해결될 때까지 기다려야 한다"라고 말한다. 트럼프는 하마스 공격의 배후에 이란이 있다고 믿는다. 따라서 이 문제를 서둘러 절충하여 휴전으로 가져갈 일이 아니라고 본다. 지난번 재임할 때 트럼프는 이란을 견제하기 위해 이스라엘과 주변의 아랍 국가 관계를 정상화하는 아브라함 협약 체제를 추진했다. 이스라엘-이집트, 이스라엘-UAE 관계를 정상화했으나, 이스라엘-사우디 관계를 정상화하지 못한 채 백악관을 떠났다.

이스라엘이 하마스 문제를 해결하고 주변 아랍 국가들과 관계를 정상화하게 되면 미국은 중동 문제에서 일단 한시름 놓을 수 있다. 에너지 독립을 달성하고 나면 미국은 굳이 중동에 다시 무력으로 개입할 일이 많지 않을 것이다.

NATO가 GDP 2% 국방비 지출 약속을 지키지 않는다고 불만이 컸지만, 이 부분도 트럼프 4년 동안 성과가 있었다. 트럼프가 취임하기 직전인 2016년 NATO 유럽 회원국의 평균 국방비 지출은 GDP 1.46% 수준이었으나, 트럼프 마지막 해인 2020년에는 1.75%까지 올라갔다. 이것이 트럼프가 떠난 다음 2021년과 2022년에 1.7% 수준으로 낮아졌다가, 우크라이나 전쟁이 시작된 후 다시 급증했다. 2023년에 1.85%로 올랐으며, 2024년에는 NATO 창설 이래 최초로 유럽 회원국의 국방비 지출이 평균적으로 GDP 2%에 도달할 것이라고 한다.[4] 주요 개별 국가 중에 독일, 프랑스, 캐나다, 이탈리아, 스페인이 2% 목표에 미달하지만, 전체적으로 보면 '공정한 방위 분담' 목표가 웬만큼 달성돼가고 있다.

한국은 2025년까지 유효한 특별협정에 따라 주한미군의 현지 발생경비 대부분을 부담하고 있다. 2019년 협상 때 미국 측이 요구했다가 철회한 작전지원(Operation Support) 비용을 포함하지 않는다면, 미국이 불만을 가질 이유가 없다. 국방비에서도 한국은 2022년 GDP 2.7%를 지출해 미국의 3.5%에는 미치지 못하지만, 일본의 1.1%보다는 훨씬 높으며, 절대 액수에서도 일본의 460억 달러보다 많은 464억 달러에 이르렀다.[5]

이렇게만 보면 미국의 제조업 재건이나 해외개입 축소라는 부문에서 한국이 받을 수 있는 충격은 예측 가능한 수준이며, 이 정도면 특별히 놀랄 이유가 없다. 그러나 트럼프를 트럼프답게 만드는 것은 예상을 뛰어넘는 사고와 즉흥적인 행동이다. 2017년에 취임하자마자 얼마 안 되어 북한 김정은 위원장과 험한 말을 주고받을 때, 트럼프가 한 말이 있다.

약한 모습을 보이면 안 돼. 언제나 힘을 과시해야 해. 상대가 김정은이든 누구든, 트럼프는 자기 이익을 위해 무슨 짓이든 할 수 있다고 믿게 해야만 해. (…) 이건 의지의 대결이야. 지도자와 지도자. 남자 대 남자. 트럼프와 김정은.[6]

트럼프는 현실적이고 유연하지만, 즉흥적이고 기회주의적이다. 트럼프가 시진핑이나 푸틴, 김정은 또는 이란의 알리 하메네이를 상대할 때, '트럼프는 무슨 일이든 저지를 수 있는 인간'이라고 믿게 만들려고 긴장을 극도로 고조시킬 가능성을 배제하지 못한다. 트럼프가 시진핑과 기 싸움을 작정하고, 대만 해역의 군사력 강화에 나설 가능성을 배제하지 못한다. MAGA 공약에도 들어 있는 '완벽한 미사일방어체계'를 주한미군 보호를 위해 한반도에 배치하겠다고 나설 가능성을 배제하지 못한다.

트럼프가 백악관으로 돌아간다면, 이번에도 우리에게 충격적인 뉴스를 많이 제공할 것이다. 2023년 7월 폭스뉴스 인터뷰에서 트럼프는 "다시 집권하면 우크라이나 전쟁을 하루 만에 끝내겠다"라고 했다.[7] 트럼프가 어떻게 '하루 만에 전쟁을 끝낼 수 있을지'는 잘 모르지만, 트럼프가 '자유 vs. 독재'라는 공식으로 사태를 보지 않을 것만은 분명하다. 2023년 9월 NBC 인터뷰에서 사회자가 물었다. "중국이 대만을 침공하면 대만을 보호하러 나설 것인가?" 트럼프는 "말하지 않겠다. 내가 가진 카드를 다 보여줄 수는 없다"라고 하면서 대답을 피했다.[8] 2024년 1월 폭스뉴스 인터뷰에서도 "대만이 미국의 반도체 산업을 모조리 가져갔다"라고만 말했다.[9]

동맹을 대하는 트럼프의 태도는 바이든과 확연하게 다르다. 두 사람 사이에는 고립주의와 자유주의적 국제주의라는 근본적인 차이가 있다. 다만 그렇다고는 해도 트럼프가 동맹을 팔아넘긴 적은 없다. 북부 시리아에서 ISIS와 싸우던 미군을 일방적으로 철수시킨다고 발표하여 트럼프가 비판을 받았고 그 일로 당시 매티스 국방장관이 사임까지 했으나, 트럼프는 동맹을 팔아넘긴다고 생각하지 않았을 것이다. 역사와 문화가 얽히고설킨 쿠르드 문제를 떠안을 생각이 아니라면, ISIS 격퇴라는 최초 출정 목적을 달성했으니 당연히 돌아와야 한다고 보지 않았을까? 물론 트럼프가 발표하기 전에 국방장관에게 미리 알렸으면 더 좋았겠지만, 매티스 장관도 처신을 잘했다고만 할 수는 없다. ISIS를 소탕하기 위해 북부 시리아에 나간 미군에게 쿠르드 보호라는 새로운 임무를 부여하고 주둔을 연장할 필요가 있었으면, 통수권자인 트럼프에게 미리 보고했어야 했다. 그런데 그렇게 하지 않았으며, 트럼프의 발표에 항의하여 사표를 써 들고 갔다. 항의라기보다 '군대 일은 내가 잘 안다'라는 오만함으로 비쳤을 것이다.

트럼프 귀환의 기회

트럼프는 우리가 경험해보지 않은 미국을 보여준다. 두 가지 측면
이 있다. 트럼프가 표방하는 질서는 2차 대전 이후 한국이 현대 국가
로 발전하는 데 토대가 되어준 자유주의적 국제주의 질서가 아니다.
우리에게 생소한 미국의 모습이며, 우리가 한 번도 가보지 않은 낯선
영역을 제시한다. 거기에다 트럼프의 성격이나 의두가 예측을 어렵
게 한다. 사람은 잘 모르는 상대를 마주칠 때 불안하고, 두려워한다.
외면해버리고 싶을 수도 있다. 그러나 외면할 수도 없고, 외면한다고
해서 없어지지도 않는다.

트럼프가 대통령이 되느냐 마느냐를 결정하는 것은 미국 국민의
몫이다. 트럼프 시대는 우리가 오지 말라고 해서 오지 않는 것도 아
니고, 피하려고 해서 피할 수 있는 것도 아니다. 피할 수 없으면 즐기
라는 말이 있다. 위기는 위험과 기회를 모두 내포한다. 위기에서 기
회를 포착하려면 보이는 데까지 정확하게 보고, 보이지 않는 부분은
신축적으로 대응할 수 있도록 최대한 유연한 자세로 접근하는 것이
관건이다.

트럼프는 거래적으로 접근하고, 현실적으로 판단한다. 직설적이
며, 막말을 내뱉는다. '정치적 올바름'이라는 모범답안에 구애받지

않는다. 다른 상류사회 사람과 달리, 트럼프는 고급스러움을 풍기거나 엘리트처럼 보이려고 하지 않는다. '트럼프 1호기'라고 써 붙인 보잉 747을 몰고 다니는 슈퍼 부자 트럼프가 서민적이라고 하는 것이 우습지만, 미국의 '보통 사람들'은 그런 트럼프에게서 동류의식을 느낀다. 트럼프는 이런 태도로 '미국의 보통 사람들'과 소통했고, 그들의 지지를 얻을 수 있었기에 오늘의 위치에 이르렀다. 트럼프가 8년 전에 1기 정권을 수립한 것도, 자기를 반기지 않는 공화당을 안에서부터 장악한 것도, 이제 다시 2기 정권을 놓고 바이든과 재대결에 나서는 것도 모두 이들 '보통 사람들'의 지지가 있기에 가능했다. 다른 누구보다도 트럼프가 이 사실을 잘 안다. 그렇기에 트럼프는 지지자들과 부단하게 소통한다. 전에는 트위터로, 지금은 자기가 만든 플랫폼 '트루스 소셜'을 통해 쉴 새 없이 소통한다.

트럼프가 지지자들과 소통하는 것은 사랑받기를 바라는 욕구와 통한다. 지지자들의 사랑을 얻으려면 그들이 원하는 것을 줄 수 있어야 한다. 이 점에서 트럼프도 다른 정치인들과 다르지 않다. 유권자들이 원하는 것을 주거나 주는 모습으로 비칠 수 있어야 하며, 지지자들과 약속한 MAGA 의제 이행에 성과를 내야 한다. 이것이 트럼프를 이해하고 트럼프에게 접근하는 데서 가장 기본적으로 고려할 조건이다. 언론에 나타나는 트럼프는 괴짜다. 쿠슈너가 트럼프를 알기 위해 읽어보라고 권한 4개의 글을 보아도 트럼프는 혼란하고 방향감각이 없으며 고집이 세고 남을 조종하려 드는 참 어려운 사람이다. 그런데 트럼프가 지지자들과 해야 할 거래를 염두에 두고 보면,

의외로 이해가 쉬울 수 있다. 결국 에고의 문제다. 이 조건만 충족해주면, 트럼프는 한없이 유연할 수 있다. 위기를 기회로 만들 가능성이 여기에서 나타난다. 도덕적 의무감이나 책임감으로는 할 수 없는 부분이다.

트럼프의 에고에는 양면이 있다. 트럼프는 때로 가슴이 따뜻하며 한없는 만족감으로 주변을 비춘다. 때로는 의심하고 미워하고 지지 않겠다고 하여 주변을 긴장시킨다. 앞의 모습은 자기도취며, 뒤의 모습은 지배 욕구다. 자기도취적인 트럼프는 언제나 언론의 관심을 끌고 화제의 한가운데에 있으려고 한다. 싱가포르 정상회담에 관해 가장 먼저 떠올리는 것이 '수많은 카메라'라고 한 대목이 트럼프의 자기도취가 전형적으로 나타난 사례다. 반면 러시아 커넥션을 파고드는 코미 FBI 국장을 해임하는 모습에는 뉴욕 뒷골목 로이 콘의 그림자가 어른거린다. 지배 욕구를 가진 트럼프는 사적인 영역에서도, 공적인 영역에서도 군림하려고 한다. 굽히고 들어오면 품는다. 강하게 나오는 상대에게는 맞선다. 그러면서도 존중해준다. 비겁하고 제 몫을 다하지 않는 상대는 높게 평가하지 않는다. 트럼프가 미국에 안보를 의존하는 유럽이나 아시아 동맹국들보다 자신에게 맞서는 권위주의적 지도자들에게 호의적인 태도를 보이는 것은 바로 이러한 성격에서 비롯되었을 수 있다.

트럼프는 일단 MAGA 의제를 진전시키고 자기의 에고가 존중받는다고 느끼면, 그때부터 유연해질 수 있다. 즉흥적이라고 할 만큼 유연해진다.

사람들이 나보고 변한다고 하는데, 맞는 말이다. 나는 유연성을 좋아한다. 정책을 추진하다 보면 벽에 부딪힐 때가 있다. 나는 벽을 뚫지 않고도 지나가는 길이 있을 때는 굳이 그 벽을 뚫으려고 하지 않는다.[10]

이러한 유연성으로 트럼프는 김정은과의 정상회담을 수용할 수 있었다. 핵미사일 시험발사로 위기를 조성하던 김정은이 먼저 회담을 요청해온 것은 트럼프의 에고를 충족시킬 수 있었고, 직접 회담을 통해 얻을 수 있는 한반도 긴장 완화는 해외개입 축소를 바라는 MAGA 지지층에게 호소력을 가질 수 있었다.

일본의 아베 총리와 독일의 메르켈 총리가 트럼프를 상대한 방식은 대조적이었다. 아베는 트럼프가 취임하기 전 당선자 시절에 뉴욕 트럼프 타워로 찾아가 만난 유일한 외국 정상이었다. 아베는 고립주의 충동을 가진 트럼프에게 '자유롭고 개방된 인도-태평양(Free and Open Indo-Pacific, FOIP)'이라는 전략 개념을 팔았다. 중국의 부상에 대응하는 포괄적 전략으로서 미국을 인도-태평양에 잡아두는 데 목적이 있으면서도, 인도와 호주를 포함한 다자협의체로 만들고 미국의 부담을 완화하여 MAGA 의제와 이해의 일치점을 확보할 수 있었다. 아베는 형식뿐만 아니라 실질적인 면에서도 트럼프와의 관계를 성공적으로 관리해냈다. 이에 비하면 독일 메르켈 총리와 트럼프의 관계는 임기 내내 매끄럽지 못했다. 2017년 5월 NATO 정상회의와 G7 정상회담을 마친 다음 메르켈 총리는 NATO의 의미를 평가절하하는 트럼프를 비판하면서 "이제 유럽의 운명을 유럽 사람이 맡을 때가 되었다"라고 선언했다. 트럼프의 에고에도, MAGA 의제에도 공감을 표시해주지 않았다. 결국 2020년 트럼프는 독일 주둔 미군 3만 4,500명의 3분의 1 병력을 철수시켰다.

트럼프는 익숙한 상대가 아니지만, 접근이 꼭 어렵지만은 않을 수 있다. 트럼프의 에고를 고려하고 MAGA 의제와 이해의 일치점을 찾는 것이 지름길이다. 나아가 트럼프는 트럼프 나름대로 상대를 평가하는 기준이 있다.

트럼프는 임기 내내 중국과 무역전쟁을 벌였지만, 시진핑에 대해 좋은 말을 많이 했다. 심지어 시진핑이 잘생겼다는 말도 했다. 2023년 11월 뉴햄프셔에서 가진 재향군인의 날 행사에서 트럼프는 마약 사범을 사형에 처하는 중국을 칭찬하다가 갑자기 시진핑의 외모에 찬사를 보냈다. "시진핑은 틀에서 뽑은 것처럼 잘생겼다. 할리우드에는 시진핑의 외모, 힘, 목소리를 연기해낼 수 있는 사람이 없어."[11] 이런 말이 갑자기 튀어나온 것을 보면, 평소에 시진핑이 '잘생겼다'라는 인식을 가졌던 것이 틀림없다. 그런가 하면 2020년 1월 미중 1단계 무역협정 서명식에서는 시진핑에 대해 이런 말도 했다. "우리는 서로 다른 나라를 대표한다. 그는 중국을 대표하고 나는 미국을 대표한다. 그렇지만 우리는 말할 수 없이 좋은 관계를 발전시켜왔다."[12] 트럼프가 좋아하는 것은 시진핑이 지도자로서 자기가 대표하는 중국을 위해 최선을 다하는 모습이다. 물론 시진핑도 미국을 대표하는 지도자로 트럼프에게 최상의 예우를 다해준다. 트럼프는 2017년 11월 베이징을 방문했을 때 시진핑이 깔아준 화려한 레드카

펫을 오래 기억한다.

트럼프는 재임 중 아베 총리와 각별하게 잘 지냈다. 우리 한국 사람들은 아베를 좋지 않게 보며 거기에는 그만큼 합당한 이유가 있지만, 트럼프는 아시아 문제에 관해 상의할 외국 지도자가 필요할 때 아베 총리를 가장 많이 찾았다. 트럼프 임기 중에 5번의 양자 정상회담과 다자회담 계기에 7번 등 모두 12번이나 직접 얼굴을 맞대어 협의했으며, 수시로 전화했다. 그런 아베가 2022년 7월 암살되자, 트럼프가 '트루스 소셜'에 글을 올렸다. "아베가 얼마나 위대한 지도자였는지 아는 사람이 많지 않다. 아베는 무엇보다도 멋있는 자기 나라 일본을 사랑했다." 미국과 우호를 증진하기 위해 노력했다고 치하할 법도 한데, 그러지 않았다. "자기 나라 일본을 사랑했다"라고 말했다. 트럼프는 아베의 그런 모습을 높이 평가하고 좋아했다. 트럼프가 권위주의적 지도자들, 즉 시진핑이나 푸틴 혹은 김정은 같은 터프 가이(tough guy)들을 좋아한다지만, 트럼프가 다른 나라 지도자를 판단하는 기준은 '터프하냐, 아니냐'가 아니다.

트럼프와 한반도 문제

우리는 미국 외교에 나타나는 고립주의적 충동을 잘 모른다. 우리는 그것을 직접 경험하거나 목격하지 못했다. 우리는 자유주의적 국제질서를 수립하고 관리하는 패권국 미국만 보아왔다. 우리의 경험에서 한미동맹과 주한미군은 언제나 상수로 존재해왔다.

그런데 지난 행정부 때 한반도와 관련해 트럼프가 제기만 하고 해결하지 못한 몇 가지 문제들이 있다. 첫째, 방위비 분담금 문제다. 2017년에 트럼프는 50억 달러의 방위비 분담금을 요구한 적이 있다. 50억 달러면 주한미군 주둔경비의 총액보다도 많다. 투자보다 수익이 많은, 즉 상업적으로 이익을 남기는 수준이다. 결국 10억 달러 남짓한 수준에서 협상을 마무리했지만, 트럼프는 이 일을 지금까지도 기억하고 있다. 2021년 11월 《뉴욕타임스》 기자가 플로리다 마라라고 리조트에서 트럼프 전 대통령을 만났는데, 트럼프가 한국에 관해서도 언급했다. "백악관에 있을 때, 독일 수입차에 관세를 제대로 매기지 못하고 한국으로부터 방위비 분담금 50억 달러를 받아내지 못한 것이 가장 유감스럽다. 이 두 가지 일은 다음에 백악관에 들어가서 마무리할 생각이다."[13]

트럼프는 지난번 재임 때는 물론 이번 선거 캠페인 과정에서 NATO 유럽 회원국에도 국방비 증액과 방위 분담 강화 요구를 여러 차례 제기했다. 2024년 2월 11일 사우스캐롤라이나 콘웨이 집회에서 트럼프가 말했다. "어느 NATO 회원국 대통령이 묻더라. '돈을 안 내면 러시아가 침공하더라도 지원해주지 않을 것이냐?' 내가 바로 대답해주었다. '물론이다. 오히려 러시아가 하고 싶은 대로 하라고 말하겠다.'"[14] 트럼프가 말하는 방식은 통상적인 미국 지도자의 모습과 다르다. 그런데 방식은 거칠지만, 뜻은 분명하다. 거래 조건이 맞지 않는다는 주장이다. 나름의 논리 구조를 갖추고 있다. 사실 NATO

가 결성되었을 때 미국과 유럽의 힘의 차이는 비교할 수 있는 수준이 아니었다. 그러나 시간이 가면서 유럽은 복구되었고, 미국의 상대적 우위는 줄어들었다. NATO 내부의 권력관계나 부담 의무도 이에 맞추어 바뀌는 것이 맞다. 트럼프는 그 균형을 다시 따져보자는 것이다. 한미관계에서도 방위 분담과 한미 군의 역할 분담 문제가 어떤 형태로든 다시 제기될 수밖에 없을 것이다.

둘째로, 트럼프는 지난 재임 때 주한미군 철수 문제도 여러 차례 언급했다. 방위비 분담금을 더 받아내기 위한 압박 카드 차원이 아니라, "왜 2만 8,000여 명의 미군이 한국에 주둔해야 하는가?"라는 근본적인 질문을 여러 번 제기했다고 한다. 미국이 주한미군을 철수하거나 어떤 형태로든 개입을 축소한다면, 그 빈 자리에 새로운 세력이 들어오려 할 수 있고, 또한 새로운 균형이 만들어지는 과정에서 갈등이, 심지어 충돌도 일어날 수 있다. 70여 년 전에 겪었던 한국전쟁은 바로 이러한 상황에서 일어난 비극이었다.

셋째로, 트럼프는 북한 김정은과 대화를 시작했으나, 성과를 거두지 못한 채 중단했다. 지난번 재임 때 트럼프가 김정은과 대화를 한 과정을 보면, 몇 가지 특징이 있다.

트럼프는 처음부터 북한과 대화하는 데 긍정적이었다. 김정은에 대한 평가도 "나쁘지만, 강인하며, 젊은 나이에 나라를 물려받아 이끄는 똑똑한 사람"이라는 정도다. 굳이 부정적인 표현이라고 할 수 없다. 2017년에 거친 말이 오간 다음에는 트럼프가 김정은에 대해 악담을 보낸 적이 없다. '하노이 노딜' 이후에 몇 차례 주고받은 서한에 대해서도 "매우 아름다운 편지를 받았다"라고 했다.[15] 단, 그러면서도 북한에 대한 제재를 완화해주지는 않았다. 평가와 거래는 냉정하게 구분한다. 김정은도 수없이 많은 미사일 발사 도발을 하면서도 트럼프를 향해 부정적인 말을 하지 않았다. 두 사람 모두 나중을 위해 말을 아끼지 않았을까?

다음으로, 트럼프는 뒷골목 용어로 하자면, 김정은을 '한판 붙어볼 만한 사람'으로 보았다. 2017년 여름 트럼프가 북한에 대해 '화염과 분노'를 말하고 있을 때, 틸러슨 국무장관은 북한과 대화를 트려고 네 가지의 '하지 않겠다'는 메시지를 보내고 있었다. 체제 변화를 추구하지 않겠다. 붕괴를 추구하지 않겠다. 통일을 앞당기려고 하지 않겠다. 북한에 군대를 보낼 구실을 찾지 않겠다. 그때 트럼프가 트윗을 날렸다. "쪼끄만 로켓맨과 협상하는 우리 훌륭한 국무장관에게 이야기했어요. 시간 낭비하지 말라고. (…) 틸러슨 장관, 힘을 아끼시오. 우리는 해야 할 일을 해야 하니까요."[16] 트럼프는 그때까지 '남자 대 남자'의 대결에서 김정은의 기가 꺾이지 않았다고 보았다. 거래의 달인은 아직 협상할 때가 아니라고 판단하고 있었다.

마지막으로, 트럼프는 비핵화를 전제로 한 한반도의 현상 변경에 열린 자세를 보였다. 참모진은 준비 없는 정상회담 개최에 반대했지만, 트럼프는 선뜻 응했다. 트럼프는 북한과 평화협정을 체결하는 데 긍정적이었다. 북한에 안전보장을 제공하고 경제를 지원하겠다고도 했다. 특히 트럼프는 한미연합군사훈련을 '값비싸고 도발적인 전쟁게임'이라고 했다. 이 때문에 트럼프가 미국 외교안보 전문가들과 군부로부터 비난을 받았지만, 트럼프가 보기에는 MAGA 지지층에게 호소력을 갖는 발언이었다.

지난 행정부 때 트럼프는 방위비 분담, 주한미군 주둔, 그리고 핵 문제 해결과 북미관계 개선 등 세 가지 과제를 따로따로 논의했다. 그런데 조금 더 여유를 갖고 들여다보면, 세 가지가 서로 분리된 이슈가 아니라는 사실을 금방 알 수 있다. 방위비 분담금을 대폭 증액하려면 미군의 역할과 기능에 관한 새로운 논리가 필요하며, 이는 북한 문제와 떼어서 생각할 수 없다. 트럼프는 북한과도 거래할 용의를 갖고 있다. 트럼프는 '하노이 노딜' 이후 김정은과 실질적인 협상을 재개할 기회를 잡지 못했으나, 백악관을 떠날 때까지 대화의 문을 닫아걸지는 않았다. 트럼프에게 북한과의 공존은 조건을 협상하는 거래의 문제일 뿐, 얼마든지 가능한 일이다. 트럼프가 평양에 들어가거나 김정은을 워싱턴에 불러오는 그림은 트럼프의 에고와 과시 욕구를 충족하기에 충분하다. 노벨 평화상 감이다. MAGA 의제로서 지지자들에게 설명하기도 쉽다.

트럼프는 거래의 달인을 자처한다. 지난번 재임 때 트럼프는 중동 지역의 전략 구도를 근본적으로 바꾸어놓으려고 했다. 이스라엘과 아랍 국가들의 관계를 정상화하고 이란을 고립시키는 전략을 구상했다. 바로 '아브라함 협약' 체제다. 이 구상이 실현되었으면, 미군이 대규모로 주둔하지 않고도 이란 견제가 가능하다. 트럼프로서는 MAGA의 중요 공약인 해외개입 축소가 이루어진다.

방위비 분담금을 다섯 배나 올려달라는 이상한 사람으로만 보지 않으면, 트럼프의 새로운 모습을 볼 수 있다. 트럼프가 한반도에 갖고 있는 세 가지 미완의 과제를 실현하는 길은 동북아시아의 전략 구도를 바꾸는 데 있다. 한국은 냉전 속에서 태어나고, 지금도 남북으로 나뉘어 생존을 걸고 투쟁하다 보니 사고 체계가 이념적이고 세계를 흑백논리로 보는 경향이 강하다. 한반도의 전략적 상황을 보는 시각도 경직되고 정형화되어 있다. 신냉전이니, '북방삼각 vs. 남방삼각'이라는 말을 잘한다. 트럼프는 그렇지 않다. 트럼프는 이념적이지 않으며, 사고가 유연하고 기회를 포착하는 데 강하다. 시진핑과도, 푸틴과도, 김정은과도 대화하는 데 거리낌이 없다. 트럼프는 골프에서도 모든 퍼팅이 다 다르다고 하지 않던가? 트럼프의 세계는 구체적이고 한없이 다채롭다.

트럼프가 다시 백악관에 돌아온다면, 한반도의 전략적 구도를 바꾸려고 시도할 가능성이 크다. 성공한다는 보장은 없지만, 미국이라는 초강대국이 열린 자세로 모든 선택지를 논의하고 그 과정에 힘을 싣는다면, 성공할 확률은 그만큼 높아진다.

트럼프는 MAGA 의제를 진전시킨다는 전제하에 한반도 현상 변경에 열린 자세를 갖고 있다. 이것이 한반도에 항구적 평화 구조를 구축하는 길로 연결될 수 있다면, 우리로서는 마다할 이유가 없다. 쌍수를 들어 환영할 일이다. 평화협정과 평화체제, 북한 핵과 남한 핵, 북미관계와 북일관계 개선, 동북아 경제협력 등 지난 수십 년 동안 논의해온 모든 의제를 올려놓고 통 큰 거래를 한번 생각해보자. 한국은 힘닿는 데까지 트럼프가 바라는 미국의 제조업 재건에 힘을 보태줄 수 있고, 우주개발 같은 미래 첨단산업에서 미국의 과감한 협력을 확보할 수도 있다. 트럼프의 귀환을 기회로 만들어내는 것은 우리에게 달렸다. 가장 먼저 할 일은 우리 스스로 이분법적 세계관과 흑백논리를 버리는 것이다.

미주

1부 트럼프의 성장과 성격

1장 | 출생과 성장

1 Ashford, Grace (2019). "Michael Cohen Says Trump Told Him to Threaten Schools Not to Release Grades", *The New York Times*, February 27, 2019.

2 Scgwartzman, Paul (2016). "How Trump got religion — and why his legendary minister's son now rejects him", *The Washington Post*, January 21, 2016.

3 Zauzmer, Julie (2016). "Paula White, prosperity preacher once investigated by Senate, is a controversial pick for inauguration", *The Washington Post*, December 29, 2016.

4 Rettner, Rachael (2017). "Trump thinks that exercising too much uses up the body's 'finite' energy", *The Washington Post*, May 14, 2017.

5 Schecter, Anna (2018). "Trump doctor Harold Bornstein says bodyguard, lawyer 'raided' his office, took medical files", NBC News, May 2, 2018.

6 Stump, Scott (2015). "Donald Trump: My dad gave me 'a small loan' of $1 million to get started", CNBC, October 26, 2015.

7 Barstow, David; Craig, Susanne; Buettner, Russ (2018). "11 Takeaways From The Times's Investigation into Trump's Wealth", *The New York Times*, October 2, 2018.

8 Kessler, Glenn (2016). "Trump's false claim he built his empire with a 'small loan' from his father", *The Washington Post*, March 3, 2016.

9 Peterson–Withorn, Chase (2018). "Donald Trump Has Gained More Than $100 Million On Mar–a–Lago", *Forbes*, April 23, 2018.

10 Hogan, Kevin (2016). "The Strange Tale of Donald Trump's 1989 Biking Extravaganza", *POLITICO*, April 10, 2016.

11 "Take a look at the golf courses owned by Donald Trump", Golfweek, July 24, 2020.

12 Bump, Philip (2021). "Trump's presidency ends where so much of it was spent: A Trump Organization property", *The Washington Post*, January 20, 2021.

13 Mayer, Jane (2016). "Donald Trump's Ghostwriter Tells All", *The New Yorker*, July 25, 2016.

14 Grynbaum, Michael M. & Parker, Ashley (2016). "Donald Trump the Political Showman, Born on 'The Apprentice'", *The New York Times*, July 16, 2016.

2장 | 트럼프의 성격

1 Wolff, Michael (2018). *Fire and Fury: Inside the Trump White House*, New York: Henry Holt and Company, p. 21.

2 President Donald J. Trump's State of the Union Address, February 28, 2017.

3 Woodward, Bob (2018). *Fear: Trump in the White House*, New York: Simon & Schuster, p. 75.

4 *Fire and Fury*, p. 21.

5 Kim, Seung Min (2016). "Sen. Graham takes a call with Trump: He's a 'funny' guy", *POLITICO*,

May 12, 2016.

6 Friedman, Vanessa (2023). "Trump Is Selling Pieces of His Mug Shot Suit", *The New York Times*, December 14, 2023.

7 Kelly, Jemina (2023)."The Irresistible comedic value of Trump", Financial Times, June 29, 2023.

8 Tumulty, Karen & Rucker, Philip (2015). "Trump roils first debate among GOP contenders", *The Washington Post*, August 6, 2015.

9 Reston, Maeve (2015). "No one eclipses Donald Trump at GOP debate", CNN, August 7, 2015.

10 *Fear*, p. 231.

11 *Fire and Fury*, p. 188.

12 *Fear*, p. 230.

13 *Fire and Fury*, p. 208.

14 Woodward, Bob (2020), *Rage*, New York, Simon & Schuster, p. 31.

15 *Fear*, p. 158.

16 *Fear*, p. xix.

17 *Fear*, p. xxiii.

18 *Fear*, p. xviii.

19 *Fear*, p. xx.

20 *Rage*, p. 323.

21 *Rage*, p. 182.

22 *Rage*, p. 262.

23 *Rage*, p. 262.

24 *Fear*, p. 77.

25 Davis, Julie (2018). "As a Nation Mourns McCain, Trump Is Conspicuously Absent", *The New York Times*, August 26, 2018.

26 *Fear*, p. 83.

27 *Fire and Fury*, pp. 222–224.

28 *Rage* p. 146.

29 *Fire and Fury*, p. 71.

30 *Fire and Fury*, p. 70.

31 *Fire and Fury*, p. 211.

32 *Fire and Fury*, p. 213.

33 Smith, David (2017). "Trump fires FBI Director Comey raising questions over Russian investigation", *The Guardian*, May 10, 2017.

34 *Fire and Fury*, p. 218.

35 Woodward, Bob (2021). *Peril*, New York: Simon & Schuster, pp. 156–158.

36 *Peril*, p. xiv.

37 *Peril*, p. xiii.

38 *Peril*, p. xvii.

39 *Peril*, p. xvii.

40 *Peril*, pp. xiv–xv.

41 *Peril*, p. 129.

42 *Rage*, p. 192.

43 *Fire and Fury*, p. 22.

44 도널드 트럼프 지음, 이재호 옮김 (2016). 『거래의 기술』, 살림, p. 217.

45 Brooke, Jill (2018). "The Real Story Behind Donald Trump's Infamous 'Best Sex I've Ever Had' Headline (Guest Column)", *The Hollywood Reporter*, April 12, 2018.

46 Sudjic, Deyan (2005). *The Edifice Complex*: How the Rice and Powerful Shape the World, New York: Penguin Press, p. 12.

47 도널드 트럼프 지음, 이재호 옮김 (2016). 『거래의 기술』, 살림, p. 73.

48 Baker, Peter & Glasser, Susan (2022). *The Divider: Trump in the White House* 2017–2021, New York: Doubleday, p. 10.

49 *The Divider*, p. 1.

50 *The Divider*, p. 2.

51 *The Divider*, p. 3.

52 *The Divider*, p. 3.

53 *Fear*, p. 233.

54 Gehrke, Laurenz & Brown, Stephen (2020). "Trump on China's Xi: 'We love each other'", *POLITICO*, January 21, 2020.

55 Ward, Myah (2020). "15 times Trump praised China as coronavirus was spreading across the globe", *POLITICO*, April 15, 2020.

56 Bharade, Aditi (2023). "Donald Trump called Chinese leader Xi Jinping a 'brilliant man' and said there is no one in Hollywood with the good looks or brains to play him in a movie", Business Insider, April 12, 2023.

57 *Rage*, p. 183.

58 *Rage*, p. 184.

59 *Rage*, p. 176.

60 Garrity, Kelly & McGraw, Meridith (2023). "One year of Trump's praise for authoritarians", *POLITICO*, December 18, 2023.

61 Garrity, Kelly (2023). "Trump quotes Putin in bid to portray Biden as authoritarian", *POLITICO*, December 16, 2023.

62 Adkins, William (2021). "Trump called Angela Merkel and Theresa May 'losers'", *POLITICO*, February 11, 2021.

63 *Rage*, p. 227.

64 *Rage*, p. 226.

65 *Rage*, p. 237.

66 *Rage*, p. 384.

67 *Rage*, p. 383.

68 *Fire and Fury*, p. 248.

69 *Fire and Fury*, p. 303.

70 *Fire and Fury*, p. 198.

71 박영규 (2020). 「트럼프, 아베, 문재인」, 김영사, p. 43.

72 *Peril*, p. 151.

73 Schmidt, Michael S. (2017). "In a Private Dinner, Trump Demanded Loyalty. Comey Demurred.", *The New York Times*, May 11, 2017.

74 *Fear*, p. 317.

75 *Fire and Fury*, p. 163.

76 *The Divider*, p. 61.

77 *Rage*, p. 181.

78 *Fire and Fury*, p. 229.

79 *Fire and Fury*, p. 226.

80 *Fear*, pp. 234–235.

81 *Fear*, p. 235.

82 *Fear*, pp. 235–236.

83 *Fear*, p. 160.

84 Attiah, Karen (2018). "The tragedy of Secretary Tillerson's last trip to Africa", *The Washington Post*, March 14, 2018.

85 *Rage*, pp. 149–151.

86 Brooke, Jill (2018). "The Real Story Behind Donald Trump's Infamous 'Best Sex I've Ever Had' Headline", *The Hollywood Reporter*, April 12, 2018.

87 *Rage*, p. 247.

88 *Fear*, p. 287.

89 *Fear*, p. 87.

90 *The Divider*, p. 5.

91 *Peril*, p. 127.

92 *Fear*, p. 14.

93 *Fear*, p. 175.

94 *Fear*, p. 275.

95 *Fear*, pp. 40–42.

96 "List of nicknames used by Donald Trump" (https://en.wikipedia.org/wiki/List_of_nicknames_used_by_Donald_Trump#cite_note-27)

97 Stack, Liam (2016). "Donald Trump Featured Paula Jones and 2 Other Women Who Accused Bill Clinton of Sexual Assault", *The New York Times*, October 9, 2016.

98 *The Divider*, p. 144.

99 *The Divider*, pp. 257–259.

101 *Rage*, p. 259.

102 Rage, p. 260.

103 *Rage*, p. 263.

104 *Rage*, p. 146.

105 Baker, Peter (2022). "How Jared Kushner Washed His Hands of Donald Trump Before Jan.

6", *The New York Times*, June 8, 2022.

106 *Rage*, p. 390.

107 *Rage*, p. 189.

2부 트럼프의 정치

1장 | 진영정치

1 Moody, Chris (2015). "Trump in '04: 'I probably identify more as Democrat'", *CNN*, July 21, 2015.

2 Watkins, William J. Jr. (2021). "America Needs a Robert A. Taft", *National Review*, February 20, 2021.

3 Dionne, E. J. Jr. (1992). "BUCHANAN SLASHES BUSH FOR CIVIL RIGHTS ACTION", *The Washington Post*, February 21, 1992.

4 Greenfield, Jeff (2016). "Trump Is Pat Buchanan With Better Timing", *POLITICO Magazine*, September/October 2016.

5 Douthat, Ross (2010). "The Roots of White Anxiety", *The New York Times*, July 18, 2010.

6 Weiner, Rachel (2011). "Sarah Palin and Donald Trump share pizza in Times Square", *The Washington Post*, May 31, 2011.

7 Vance, J. D. (2016). *Hillbilly Elegy: A Memoir of a Family and Culture in Crisis*, London: William Collins, pp. 5–8.

8 Hochschild, Arlie Russell (2016). *Strangers in their Own Land: Anger and Mourning on the American Right*, New York: New Press, p. 136.

9 *Strangers in their Own Land*, pp. 137–140.

10 Voelz, Johannes (2016). "Polarization and the Limits of Empathy: On Arlie Russell Hochschild's Strangers in Their Land(2016)"; Kelleter, Frank & Starre, Alexander (eds.) (2022). *Culture 2: Theorizing Theory for the Twenty-First Century*, Vol. 1, p. 236.

11 *Rage*, p. 369.

12 *Fear*, p. 11.

13 Lindara, Dara (2015). "The real costs of Donald Trump's anti-Mexican slur controversy, explained", *VOX*, July 8, 2015.

14 빅터 데이비스 핸슨 지음, 홍지수 옮김 (2020). 「미국은 왜 아웃사이더 트럼프를 선택했는가」, 김앤김북스, p. 13.

15 *The Divider*, p. 7.

16 *The Divider*, p. 8.

17 Seipel, Brooke (2017). "Report: Bush called Trump's inauguration speech 'some weird shit'", *The Hill*, March 29, 2017.

18 *The Divider*, p. 15.

19 *The Divider*, p. 53.

20 *The Divider*, p. 52.

21 Scherer, Michael & Miller, Zeke J. (2017). "Donald Trump After Hours", *TIME*, May 2017.

22 *Rage*, p. 381.

23 *Fear*, p. 239.

24 *Fear*, p. 239.

25 *Fear*, p. 240.

26 *Peril*, p. 2.

27 *Fear*, p. 243.

28 *Fear*, p. 244.

29 *Fear*, pp. 245–246.

30 *Fear*, p. 248.

31 *Fear*, 252.

32 *Peril*, pp. 74–75.

33 Burch, Audra D. S.; Cai, Weiyi; Gianordoli, Gabriel; McCarthy, Morrigan; Patel, Jugal K. (2020). "How Black Lives Matter Reached Every Corner of America", *The New York Times*, June 13, 2020.

34 Betz, Bradford (2020). "George Floyd unrest: Riots, fires, violence escalate in several major cities", *FOX News*, May 31, 2020.

35 "READ: President Trump's Rose Garden speech on protests", *CNN*, June 1, 2020.

36 Cotton, Tom (2020). "Send in the Troops", *The New York Times*, June 3, 2020.

37 Tracy, Mark (2020). "Senator's 'Send In the Troops' Op–Ed in The Times Draws Online Ire", *The New York Times*, June 3, 2020.

38 Lamothe, Dan (2020). "Jim Mattis blasts Trump in message that defends protesters, says president 'tries to divide us'", *The Washington Post*, June 3, 2020.

39 Cooper, Helen (2020). "Milley Apologizes for Role in Trump Photo Op: 'I Should Not Have Been There'", *The New York Times*, June 11, 2020.

40 *Rage*, p. 360.

41 *Rage*, pp. 356–363.

42 *Rage*, p. 375.

43 *Rage*, pp. 152–153.

44 Olorunnipa, Toluse & Wootson, Cleve R. Jr. (2020). "Trump refused to condemn white supremacists and militia members in presidential debate marked by disputes over race", *The Washington Post*, September 30, 2020.

45 Berry, Dan & Frenkel, Sheera (2021). "'Be There. Will Be Wild!': Trump All but Circled the Date", *The New York Times*, January 6, 2021.

46 Savage, Charlie (2021). "Incitement to Riot? What Trump Told Supporters Before Mob Stormed Capitol", *The New York Times*, January 10, 2021.

47 *Peril*, p. 254.

48 *Peril*, p. 256.

49 Shear, Michael D.; Haberman, Maggie; Confessore, Nicholas; Yourish, Karen; Buchanan, Larry; Collins, Keith (2019). "How Trump Reshaped the Presidency in Over 11,000 Tweets", *The New York Times*, November 2, 2019.

50 *Fear*, p. 205.

51 *Fear*, pp. 206–207.

52 Adler, Paul S.; Adly, Amr; Armanios, Daniel Erian; Battilana, Julie; Bodrožić, Zlatko; Clegg, Stewart; Davis, Gerald F.; Gartenberg, Claudine; Glynn, Mary Ann; Gümüsay, Ali Aslan;

Haveman, Heather A.; Leonardi, Paul; Lounsbury, Michael; McGahan, Anita M.; Meyer, Renate; Phillips, Nelson; Sheppard-Jones, Kara (2022). "Authoritarianism, Populism, and the Global Retreat of Democracy: A Curated Discussion" (PDF). *Journal of Management Inquiry* 32, (1): 3-20.

53 "Trumpism", Wikipedia (https://en.wikipedia.org/wiki/Trumpism, Jan. 18, 2024).

2장 | 아메리카 퍼스트

1 *Fear*, p. 15.

2 *Fear*, p. 15. (원어 표현: The elites in this country are comfortable with managing the decline. (⋯) She is the tribune of a corrupt and incompetent status quo of elites who are comfortable managing the decline. You are the tribune of the forgotten man who wants to make America great again... Number one, we are going to stop mass illegal immigration and start to limit legal immigration to get our sovereignty back. Number two, you are going to bring manufacturing jobs back to the country. And number three, we are going to get out of these pointless foreign wars.)

3 *Fear*, p. 320.

4 Kurtz, Howard (1987). "BETWEEN THE LINES OF A MILLIONAIRE'S AD", *The Washington Post*, September 2, 1987.

5 Plaskin, Glenn (1990). "The 1990 Playboy Interview With Donald Trump", *Playboy*, March 1, 1990.

6 Wright, Thomas (2016). "Trump's 19th Century Foreign Policy", *POLITICO Magazine*, January 20, 2016.

7 "Trump's 19th Century Foreign Policy"

8 "Trump's 19th Century Foreign Policy"

9 Shear, Michael D. & Cooper, Helene (2017). "Trump Bars Refugees and Citizens of 7 Muslim Countries", *The New York Times*, January 27, 2017.

10 Hirsh, Michael (2023)."Trump's Most Enduring Legacy Isn't What You Think", *Foreign Policy*, July 8, 2023.

11 *Fear*, p. 208.

12 Rucker, Philip; DeYoung, Karen; Birnbaum, Michael (2017). "Trump chastises fellow NATO members, demands they meet payment obligations", *The Washington Post*, May 25, 2017.

13 Merkel, Angela (2017). "Europe must take 'our fate' into own hands", *POLITICO*, May 28, 2017.

14 *Fear*, p. 221.

15 *Fear*, p. 225.

16 *Fear*, p. 138.

17 *Fear*, p. 141.

18 "Proclamation on Recognizing The Sovereignty Of The Kingdom Of Morocco Over The Western Sahara", *The White House*, December 10, 2020.

19 *Rage*, p. 191.

20 Shelbourne, Mallory (2017). "Obama told Trump that North Korea was most urgent problem he'd face: report", *The Hill*, March 4, 2017.

21 *Rage*, p. 40.

22 *Rage*, p. 43.

23 *Rage*, p. 72.

24 "[전문] 北 김정은 2018년 신년사", 《중앙일보》, 2018년 1월 1일.

25 Cao, Rachel (2017). "Trump once said he'd 'negotiate like crazy' with North Korea", *CNBC*, August 9, 2017.

26 Kopan, Tal (2016). "Donald Trump would speak with North Korea's Kim Jong Un", *CNN*, May 18, 2016.

27 *Fear*, p. 181.

28 Gass, Nick (2016). "Trump: I'll meet Kim Jong Un in the U.S.", *POLITICO*, June 15, 2016.

29 Talev, Margaret (2017). "Trump Says He'd Meet With Kim Jong Un Under Right Circumstances", *Bloomberg*, May 2, 2017.

30 *Rage*, p. 176.

31 Smith, Josh & Shin, Hyonhee (2019). "Trump says Cohen hearing may have contributed to North Korea summit failure", *Reuters*, March 4, 2019.

32 "Trump says Cohen hearing may have contributed to North Korea summit failure"

3장 | 트럼프와 공화당

1 Cheney, Kyle (2016). "Trump kills GOP autopsy", *POLITICO*, March 4, 2016.

2 *Rage*, p. 264; Azari, Julia (2023). "Trump's Dominance in the GOP Isn't What It Seems", *POLITICO*, May 18, 2023. (https://www.*POLITICO*.com/news/magazine/2023/05/18/donald-trump-paradox-gop-00097458)

3 Burns, Alexander & Martin, Jonathan (2019). "Trump's Takeover of the Republican Party Is Almost Complete", *The New York Times*, April 3, 2019.

4 Shear, Michael D. & Stolberg, Sheryl Gay (2017). "Trump and McConnell Strive for Comity Amid Rising Tensions", *The New York Times*, October 16, 2017.

5 Sherman, Jake (2018). "Why Ryan called it quits", *POLITICO*, April 11, 2018.

6 Swan, Jonathan (2019). "How Donald Trump conquered the Republican Party headshot", *AXIOS*, July 14, 2019.

7 "How Donald Trump conquered the Republican Party headshot"

8 Martin, Jonathan; Burns, Alexander; Vigdor, Neil (2022). "McCarthy Said Trump Acknowledged 'Some Responsibility' for Jan. 6", *The New York Times*, April 22, 2022.

9 "Transcript: Donald Trump's RNC speech", *CNN*, August 28, 2020.

10 Sayers, Devon M.; Gangel, Jamie; Nobles, Ryan (2021). "McCarthy and Trump discuss Republicans' plans to win House majority at Florida meeting Thursday", *CNN*, January 28, 2021.

11 Weisman, Jonathan & Epstein, Reid J. (2022). "G.O.P. Declares Jan. 6 Attack 'Legitimate Political Discourse'", *The New York Times*, Feb. 4, 2022.

12 McGraw, Meridith (2022). "Trump's biggest midterm bets don't pay out", *POLITICO*, November 9, 2022.

13 Blake, Aaron (2016). "The final Trump–Clinton debate transcript, annotated", *The New York Times*, October 19, 2016.

14 Baum, Lawrence & Devins, Neal (2017). "Federalist Court: How the Federalist Society became the de facto selector of Republican Supreme Court justices.", *SLATE*, January 31, 2017.

15 Greenwood, Max (2022). "Six ways Trump has changed the GOP", *The Hill*, October 20, 2022.

4장 │ 위기와 탄핵의 백악관 4년

1 *Fire and Fury*, p. 15.

2 "Chris Christie on Trump's transition to power", *Center for Presidential Transition*, July 20, 2020. (https://presidentialtransition.org/blog/chris-christie-on-trumps-transition-to-power/)

3 *The Divider*, p. 33.

4 *Fire and Fury*, p. 114.

5 Sanger, David (2017). "Putin Ordered 'Influence Campaign' Aimed at U.S. Election, Report Says", *The New York Times*, Jan 6, 2017.

6 Perez, Evan; Sciutto, Jim; Tapper, Jake; Bernstein, Carl (2017). "Intel chiefs presented Trump with claims of Russian efforts to compromise him", *CNN*, January 12, 2017.

7 Ignatius, David (2017). "Why did Obama dawdle on Russia's hacking?", *The Washington Post*, January 12, 2017.

8 Miller, Greg; Entous, Adam; Nakashima, Ellen (2017). "National security adviser Flynn discussed sanctions with Russian ambassador, despite denials, officials say", *The Washington Post*, February 9, 2017.

9 *Fear*, p. 65.

10 Baker, Peter (2017). "In Trump's Firing of James Comey, Echoes of Watergate", *The New York Times*, May 9, 2017.

11 Galioto, Katie (2019). "'I'm f——ed': Trump called Mueller appointment 'the end of my presidency'", *POLITICO*, April 18, 2019.

12 *Fire and Fury*, p. 276.

13 *The Divider*, p. 123.

14 Jenkins, Aric (2017). "Steve Bannon: 'There's No Military Solution' to North Korea", *TIME*, August 16, 2017.

15 *Fear*, p. 259.

16 *The Divider*, p. 109.

17 *Fear*, p. 262.

18 Tenpas, Kathryn Dunn (2018). "Why is Trump's staff turnover higher than the 5 most recent presidents?", *Brookings Institution*, January 19, 2018.

19 *Rage*, p. 154.

20 "Transcript: Trump And Putin's Joint Press Conference", *NPR*, July 16, 2018.

21 Mueller, Robert S. (2019). "Report On The Investigation Into Russian Interference in The 2016 Presidential Election", Volume I of II, Special Counsel Robert S. Mueller, III, Submitted Pursuant to 28 C.F.R. § 600.8(c), Washington, D.C., March 2019.

22 "Report On The Investigation Into Russian Interference in The 2016 Presidential Election", p. 182.

23 "Letter from Attorney General Barr to the House and Senate Judiciary Committees", US Department of Justice, April 18, 2019.

24 Shear, Michael D. & Karni, Annie (2019). "Trump Says He's Having a 'Good Day', but Avoids Questions", *The New York Times*, April 18, 2019.

25 *The Divider*, p. 279.

26 Stolberg, Sheryl Gay; Haberman, Maggie; Baker, Peter (2019). "Trump Was Repeatedly Warned That Ukraine Conspiracy Theory Was 'Completely Debunked'", *The New York*

Times, Sept. 29, 2019.

27 Vogel, Kenneth P. & Kramer, Andrew E. (2019). "Giuliani Renews Push for Ukraine to Investigate Trump's Political Opponents", *The New York Times*, Aug. 21, 2019.

28 "Letter from White House counsel Pat Cipollone to House leaders", *The Washington Post*, October 9, 2019.

29 "Read the Articles of Impeachment Against President Trump", *The New York Times*, December 13, 2019.

30 Haberman, Maggie & Rogers, Katie (2019). "Trump Attacks Whistle-Blower's Sources and Alludes to Punishment for Spies", *The New York Times*, September 26, 2019.

31 Karni, Annie & Sullivan, Eileen (2019). "Trump Seeks Whistle-Blower's Identity", *The New York Times*, September 30, 2019.

32 Baker, Peter; Haberman, Maggie; Hakim, Dany; Schmidt, Michael (2020). "Trump Fires Impeachment Witnesses Gordon Sondland and Alexander Vindman in Post-Acquittal Purge", *The New York Times*, February 7, 2020.

33 Swan, Jonathan; Treene, Alayna (2020). "Ex-Trump aide John McEntee to lead White House office of personnel", *AXIOS*, February 13, 2020.

34 Flynn, Meagan (2019). "'It's a dumb thing to say': Critics blast Trump for calling his impeachment inquiry a 'COUP'", *The Washington Post*, October 2, 2019.

35 "Trump Job Approval at Personal Best 49%", *GALLUP*, 2February 4, 2020.

36 Summers, Joshua (2020). "Timeline: How Trump Has Downplayed The Coronavirus Pandemic", *NPR*, October 2, 2020.

37 Haberman, Maggie & Sanger, David E. (2020). "Trump Says Coronavirus Cure Cannot 'Be Worse Than the Problem Itself'", *The New York Times*, March 23, 2020.

38 Gorden, Michael R. (2020). "Trump to Pull Thousands of U.S. Troops From Germany", *The Wall Street Journal*, June 5, 2020.

39 Browne, Ryan & Cohen, Zachary (2020). "US to withdraw nearly 12,000 troops from Germany in move that will cost billions and take years", *BBC*, July 29, 2020.

40 Gambino, Lauren (2016). "What would happen if Donald Trump refused to concede this election?", *The Guardian*, October 21, 2016.

41 Feuer, Will (2020). "President Trump won't agree to accept 2020 election results as Biden leads in polls — 'I have to see'", *CNBC*, July 19, 2020.

42 Axelrod, Tal (2020). "A timeline of Donald Trump's election denial claims, which Republican politicians increasingly embrace", *ABC*, September 8, 2020.

43 Schmitt, Eric; Cooper, Helene; Gibbons-Neff, Thomas; Haberman, Maggie (2020). "Esper Breaks With Trump on Using Troops Against Protesters", *The New York Times*, June 3, 2020.

44 Shubber, Kadhim (2020). "Lawsuit tracker: Donald Trump's legal battle runs into repeated dead ends", *Financial Times*, December 12, 2020.

45 Gardner, Amy (2021). "'I just want to find 11,780 votes': In extraordinary hour-long call, Trump pressures Georgia secretary of state to recalculate the vote in his favor, *The Washington Post*, January 3, 2021.

46 *Peril*, p. 231.

47 *Peril*, pp. 229-230.

48 Lang, Marissa J. (2020). "Jan. 6 protests multiply as Trump continues to call supporters to Washington", *The Washington Post*, December 30, 2020.

49 *Peril*, p. 254.

50 *Peril*, p. 256.

51 Farzan, Antonia Noori (2021). "Trump promises 'orderly transition' to Biden administration, one day after inciting mob to storm Capitol", *The Washington Post*, January 7, 2021.

52 "Permanent suspension of @realDonaldTrump", *X Blog*, January 9, 2021.

53 Fandos, Nicholas (2021). "The House formally called on Pence to invoke the 25th Amendment to strip Trump of power. He declined.", *The New York Times*, January 12, 2021.

54 Collins, Sean (2021). "Americans are divided on whether to remove Trump, according to the polls", *VOX*, January 10, 2021.

3부 재집권을 향한 도전

1장 | 재집권 로드맵

1 Palmeri, Tara; Daniels, Eugene; Lizza, Ryan (2021). "There's a new honcho atop Trump world", *POLITICO*, April 1, 2021.

2 "Ipsos/Reuters Poll: The Big Lie", *Ipsos*, May 21, 2021.

3 Dawsey, Josh & Fahrenthold, David A. (2021). "GOP candidates are flocking to Mar-a-Lago to pay Trump for the privilege of hosting their events", *The Washington Post*, December 16, 2021.

4 LoBianco, Tom (2021). "Donald Trump elevates a loyal Florida operative to shore up his post-presidency political operation", *Business Insider*, April 1, 2021.

5 *Peril*, p. 416.

6 Itkowitz, Colby (2021). "House MAGA squar seeks to expand by boosting challenges to fellow Republicans", *The Washington Post*, December 26, 2021.

7 Parker, Ashley; Dawsey, Josh; Scherer, Michael (2022). "Trump campaign operation takes shape ahead of expected 2024 announcement", *The Washington Post*, November 14, 2022.

8 Isenstadt, Alex (2020). "Swift Boat mastermind to launch massive super PAC to boost Trump", *POLITICO*, August 31, 2020.

9 Basu, Zachary (2023). "Trump campaign defends 'vermin' speech amid fascist comparisons", *AXIOS*, November 13, 2023.

10 Nuzzi, Olivia (2022). "Donald Trump on 2024: I've Already Made That Decision", *New York Magazine(Intelligencer)*, July 14, 2022.

11 *Peril*, p. 344.

12 Isenstadt, Alex (2022). "Trump to unleash millions in the midterms in possible prelude to 2024", *POLITICO*, September 22, 2022.

13 "Donald Trump on 2024: I've Already Made That Decision"

14 Olander, Olivia (2022). "Ivanka Trump on dad's announcement night: I'm done with politics", *POLITICO*, November 15, 2022.

15 Renshaw, Jarrett & Hunnicutt, Trevor (2022). "Biden's team warily welcomes Trump's 2024 presidential run", *Reuters*, November 18, 2022.

16 https://www.donaldjtrump.com/agenda47

17 Bender, Michael C. & McNamara, Mei-Ling (2023). "Trump Tries a New Campaign Tack: Small-Scale", *The New York Times*, January 28, 2023.

18 Haberman, Maggie & Bender, Michael C. (2023). "Can Trump Count on Evangelicals in 2024?

Some Leaders Are Wavering", *The New York Times*, January 19, 2023.

19 Knowles, Hannah & DeChalus, Camilia (2023). "As Trump hits the trail in two states, some vulnerabilities come into focus", *The Washington Post*, January 28, 2023.

20 Downwn, Robert & Melhado, Wlilliam (2023). "Trump vows retribution at Waco rally: 'I am your warrior, I am your justice'", *The Texas Tribune*, March 25, 2023.

21 Neukam, Stephen (2023). "Trump opens campaign rally with song featuring Jan. 6 defendants", *The Hill*, March 26, 2023.

22 Mascaro, Lisa & Jalonick, Mary Clare (2021). "McConnell: Trump 'provoked' Capitol siege, mob was fed lies", *AP*, January 20, 2021.

23 Slisco, Aila (2023). "Trump Explains 'Ron DeSanctimonious' Nickname for Ron DeSantis", *Newsweek*, June 20, 2023.

24 Sforza, Lauren (2024). "Trump declares 'DeSanctimonious' nickname 'officially retired'", *The Hill*, January 21, 2024.

25 Gold, Michael (2024). "Trump Ally and Daughter-in-Law Officially Take Over R.N.C. Leadership", *The New York Times*, March 8, 2024.

26 McGraw, Meridith & Garrity, Kelly (2023). "Trump goes on offensive after indictment, pledging to investigate Biden", *POLITICO*, June 13, 2023.

27 Sharp, Rachel (2023). "Trump says he would weaponise DOJ and FBI against political enemies", *The Independent*, November 10, 2023.

28 Swan, Jonathan; Savage, Charlie; Haberman, Maggie (2023). "Trump and Allies Forge Plans to Increase Presidential Power in 2025", *The New York Times*, November 17, 2023.

29 Project 2025. (https://www.project2025.org/about/advisory-board/)

30 "Policy and Supporting Positions", Committee on Oversight and Reform, U.S. House of Representatives, 116th Congress, 2d Session, December, 2020.

31 https://americafirstpolicy.com/

32 Allen, Mike (2021). "Trump alumni launch largest post-administration group", *Axios*, April 13, 2021.

33 https://americarenewing.com/about/

34 Rutenberg, Jim & Myers, Steven Lee (2024). "How Trump's Allies Are Winning the War Over Disinformation", *The New York Times*, March 17, 2024.

35 Schwartzman, Paul (2023). "Steps from the Capitol, Trump allies buy up properties to build MAGA campus", *The Washington Post*, March 15, 2023.

36 Aleem, Zeesham (2023). "If Trump wins in 2024, he has a dangerous tool for wrecking the government", *MSNBC*, November 15, 2023.

2장 | 진영 플러스알파

1 Bishop, Bill (2016). "Caught in a Landslide — County-Level Voting Shows Increased 'Sorting'", The Daily Yonder, November 21, 2016. Bishop, Bill (2020). "For Most Americans, the Local Presidential Vote Was a Landslide", The Daily Yonder, December 17, 2020. Aisch, Gregor; Pearce, Adam; Yourish, Karen (2016). "The Divide Between Red and Blue America Grew Even Deeper in 2016", *The New York Times*, November 10, 2016.

2 *Peril*, p. 409.

3 "Trump Speaks at CPAC 2023 Transcript", *Rev*, March 6, 2023.

4 "Donald Trump Hosts First 2024 Presidential Campaign Rally in Waco, Texas Transcript", *Rev*, March 27, 2023.

5 Rashbaum, William K. (2023). "This is what will happen when Trump is arrested in the coming days", *The New York Times*, March 30, 2023.

6 Roarty, Alex (2023). "'We gotta get DeSantis indicted': Ally quips DeSantis would benefit from prosecution", *Miami Herald*, July 31, 2023.

7 Dawsey, Josh; Knowles, Hannah; Arnsdorf, Isaac; Sanchez, Yvonne Wingett (2023). "How 91 felony charges boosted Trump's standing in the GOP", *The Washington Post*, October 13, 2023.

8 Klass, Brian (2023). "Trump Floats the Idea of Executing Joint Chiefs Chairman Milley", *The Atlantic*, September 25, 2023.

9 Astor, Maggie (2022). "Trump's Call for 'Termination' of Constitution Draws Rebukes", *The New York Times*, December 4, 2022.

10 Gold, Michael (2023). "In Veterans Day Speech, Trump Promises to 'Root Out' the Left", *The New York Times*, November 11, 2023.

11 LeVine, Marianne & Sacchetti, Maria (2023). "Trump reprises dehumanizing language on undocumented immigrants, warns of 'invasion'", *The Washington Post*, December 18, 2023.

12 Concepcion, Summer (2023). "Biden compares Trump's 'vermin' remarks to Nazi rhetoric", *NBC*, November 15, 2023.

13 Tabet, Alex (2023). "Trump's secret weapon consolidating the GOP: Fear", *NBC*, December 15, 2023.

14 Griffing, Alex (2013). "'You Have No Choice': Trump Tells Glenn Beck He Will Absolutely 'Lock People Up' If Returned to White House", *MEDIA—ITE*, August 29, 2013.

15 Tharoor, Ishaan (2022). "Trump's personality cult and the erosion of U.S. democracy, *The Washington Post*, August 19, 2022.

16 Knowles, Hannah & Kornfield, Meryl (2024). "Loyalty, long lines, 'civil war' talk: A raging movement propels Trump", *The Washington Post*, January 21, 2024.

17 Medina, Jennifer & Igielnik, Ruth (2024)."Latinos, Shifting Toward Trump, Land at the Center of the 2024 Campaign", *The New York Times*, March 15, 2024.

18 Dawsey, Josh (2024). "Trump says Black voters like him more because of his indictments and mug shot", *The Washington Post*, February 24, 2024.

19 Jordon, Kei'Yona (2024). "Black Conservative Federation defends Trump's remarks about Black community", *NBC Montana*, February 28, 2024.

20 "Biden and Trump Evenly Matched in U.S. Favorable Ratings", *Gallup*, January 9, 2024.

21 "Elections and Presidents – How Groups Voted", *Roper Center*. (https://ropercenter.cornell.edu/how_groups_voted)

22 "Remarks by National Security Advisor Jake Sullivan on Renewing American Economic Leadership at the Brookings Institution", *The White House*, April 27, 2023.

23 Lange, Jason (2024). "Trump vs. Biden: The rematch many Americans don't want", *Reuters*, January 26, 2024.

3장 | 아메리카 퍼스트 2.0

1 Kaonga, Gerrard (2023). "Tucker Carlson Praises Trump Day After Leaked Texts Revealed His 'Hate'", *Newsweek*, March 9, 2023.

2 "Trump Administration Accomplishments", *The White House*, January 2021. (https://trumpwhitehouse.archives.gov/trump—administration—accomplishments/)

3 Smith, Benedict; Bowman, Verity; Millward, David (2024). "Nikki Haley vs. Donald Trump:

Where they stand on key issues", *The Guardian*, February 24, 2024.

4 Haberman, Maggie; Swan, Jonathan; Savage, Charlie (2023). "Trump Campaign Officials Try to Play Down Contentious 2025 Plans", *The New York Times*, November 13, 2023.

5 Devine, Donald; Kirk, Dennis Dean; Dans, Paul (2022). "Central Personnel Agencies: Managing the Bureaucracy", 「Mandate for Leadership: The Conservative Promise」, *The Heritage Foundation*, April 2022, pp. 69–85.

글을 나가며 | 트럼프의 귀환, 위기인가 기회인가?

1 Luce, Edward (2018). "Henry Kissinger: 'We are in a very, very grave period'", *Financial Times*, July 20, 2018.

2 Kinard, Meg (2024). "Trump warns of 'bloodbath' if he isn't reelected at Ohio rally for Senate candidate Moreno", *AP*, March 17, 2024.

3 Roach, Stephen (2022), *Accidental Conflict: America, China and the Clash of False Narratives*, New Have: Yale University Press., pp. 73–166.

4 Babb, Carla (2024). "NATO's European Allies Collectively at 2% GDP Defense Spending for 1st Time Ever", *Voice of America*, February 15, 2024.

5 Tian, Nan; Silva, Diego Lopes; Liang, Xiao; Scarazzato, Lorenzo; Béraud-Sudreau, Lucie; Assis, Ana (2023). "TRENDS IN WORLD MILITARY EXPENDITURE, 2022", *SIPRI*, April 2023, p. 2. (https://www.sipri.org/sites/default/files/2023-04/2304_fs_milex_2022.pdf)

6 *Fear*, p. 281.

7 Hagstrom, Anders (2023). "Trump describes how he could solve Russia–Ukraine conflict in 24 hours", *FOX News*, July 16, 2023.

8 Everington, Keoni (2023). "Trump 'won't say' if he will send troops to Taiwan if China invades", *Taiwan News*, September 18, 2023.

9 Kika, Thomas (2024). "Donald Trump's Taiwan Remarks Spark Fury and Concern", *Newsweek*, January 21, 2024.

10 *Rage*, p. 182.

11 "In Veterans Day Speech, Trump Promises to 'Root Out' the Left", *The New York Times*, November 11, 2023.

12 "Remarks by President Trump at Signing of the U.S.–China Phase One Trade Agreement", *The White House*, January 15, 2020.

13 *The Divider*, p. 646.

14 "Trump says he would encourage Russia to 'do whatever the hell they want' to any NATO country that doesn't pay enough", *CNN*, February 11, 2024.

15 *Rage*, p. 181.

16 Baker, Peter & Sanger, David E. (2017). "Trump Says Tillerson Is 'Wasting His Time' on North Korea", *The New York Times*, October 1, 2017.

DoM 028

트럼프의 귀환:
위기인가 기회인가

초판 1쇄 발행 2024년 5월 30일
초판 2쇄 발행 2024년 8월 14일

지은이	조병제
펴낸이	최만규
펴낸곳	월요일의꿈
출판등록	제25100-2020-000035호
연락처	010-3061-4655
이메일	dom@mondaydream.co.kr

ISBN 979-11-92044-45-3 (03340)
ⓒ 조병제, 2024

'월요일의꿈'은 일상에 지쳐 마음의 여유를 잃은 이들에게 일상의 의미와 희망을 되새기고 싶다는 마음으로 지은 이름입니다. 월요일의꿈의 로고인 '도도한 느림보'는 세상의 속도가 아닌 나만의 속도로 하루하루를 당당하게, 도도하게 살아가는 것도 괜찮다는 뜻을 담았습니다.

"조금 느리면 어떤가요? 나에게 맞는 속도라면, 세상에 작은 행복을 선물하는 방향이라면 그게 일상의 의미이자 행복이 아닐까요?" 이런 마음을 담은 알찬 내용의 원고를 기다리고 있습니다. 기획 의도와 간단한 개요를 연락처와 함께 dom@mondaydream.co.kr로 보내주시기 바랍니다.